陪我散步吧

简媜

著

江苏凤凰文艺出版社
JIANGSU PHOENIX LITERATURE AND
ART PUBLISHING

图书在版编目（CIP）数据

陪我散步吧 / 简媜著. -- 南京 : 江苏凤凰文艺出
版社，2025. 9. -- ISBN 978-7-5594-9996-7

Ⅰ. I267

中国国家版本馆CIP数据核字第2025CY3281号

著作权合同登记号：10-2025-5

本著作物经北京时代墨客文化传媒有限公司代理，由作者
简媜授权在中国大陆独家出版、发行中文简体字版。

陪我散步吧

简 媜 著

责任编辑　项雷达
总 策 划　刘　平
图书策划　王慧敏　大　仙
营销支持　卢　琛
封面设计　所以设计馆
责任印制　杨　丹
出版发行　江苏凤凰文艺出版社
　　　　　南京市中央路 165 号，邮编：210009
网　　址　http://www.jswenyi.com
印　　刷　北京中科印刷有限公司
开　　本　787 毫米 ×1092 毫米　1/32
印　　张　12.5
字　　数　239 千字
版　　次　2025 年 9 月第 1 版
印　　次　2025 年 9 月第 1 次印刷
书　　号　ISBN 978-7-5594-9996-7
定　　价　68.00 元

江苏凤凰文艺版图书凡印刷、装订错误，可向出版社调换，联系电话025-83280257

序
野地里兀自开落的情怀

1. 不知被什么风吹到这里

如果您不知被什么风吹到这里，抬头不看天光云影，不问草木鸟树，单单只把眼光落在蚂蚁队伍一般的这行字上，那么，我们算是打过招呼了。

如果此时此刻您厌倦了脑海中不止息的思潮，起了纸上散步的兴趣，不反对往前走一会儿，那么，在您面前的是一条开着碎花绕着蝴蝶的丛林小径，我的回忆像四月油桐、五月相思花、九月栾树一般纷纷飘落，颇适合晴天游览，也宜乎雨日漫行。

2. 举步之前

在您举步之前，我应该做个行前说明。

法国思想家卢梭（Jean‑Jacques Rousseau）写给自己的札记（后被辑为《一个孤独漫步者的遐想》）中有一段话：

"有一天我老得不能再老了，真的是垂死之时，如果我能如同自己所希望的那样仍然身处孤寂之中，再回头去读它们，我会想起我在撰写它们的时候所得到的那份温馨的感觉。旧梦重温，时光重现，由此等于将我的生命延长了一倍……因为这样一来我便能在耄耋之年与旧我相守一处，这不正是如同和一个稍微年轻的朋友在一道吗？"

当我掏出积存多年的稿子，读来亦有此感，真恨不得邀卢梭老先生一起喝杯咖啡配芝士蛋糕，聊一聊旧梦重温、时光再现的感触。相谈若甚欢，不反对给他一个吻。

十多年来，我的写作习惯转变成以执行特定主题为主，便积下不少无法收入书内的稿子。上一本书《我为你洒下月光》起心动念之时，鼓起勇气拉出储藏室里的旧皮箱，翻出里面的札记与旧物，这些稿子才附随现身：有的曾发表或是写成但未定稿，有的只写一半或是只记下构想胡乱塞入"待写"档案夹，不负责任地丢给未来的自己处理。

那真是让我惊出冷汗的事，庆幸自己能在神志清楚、体力尚足的时候"整理旧我"——好似一只优雅的恐龙。我辈当文青时，启蒙我们的文学大师之一卡夫卡就没这么幸运了；四十一岁早逝的他，生前身体一向欠佳，自知来日不多，写遗嘱给挚友马克斯，交代他帮忙处理书稿，这封遗嘱太经典了，值得作家同行们细读：

"我最后的请求——我的遗物当中的一切（也就是在书柜、衣柜、书桌上，无论是在家中、办公室或者你所知道的其他可能去处）日记、手稿、他人与我的信件、所画的素描等等，必要彻底且未经阅读地焚毁，包括你或其他人拥有的一切我所写与所画的，你应当以我的名义请求他们。若人们不愿将信件移交给你，那么他至少应有义务自行焚毁。"（引自《观察·判决·司炉》）

卡夫卡甚至交代已出版的书将来不要再印，"它们应当全然佚失"。

我必须承认文学启蒙大师的遗嘱再次"启蒙"了中年的我：一、所有遗嘱都有可能被背叛。二、我们生前认为可靠的人，在我们死后有可能变得极不可靠。三、平日若不养成整理文稿习惯，势必留下祸根。四、若是抱持"即存在即完成、不存在即应消失"理念，生前便应自行处置，既然不处置且交托他人，意味着替已存在之物留下一丝缝隙，让他人的意愿得以行使。五、到底应该感谢马克斯背叛了卡夫卡，还是斥责他是个不可靠的家伙？六、我希望这种事发生在我身上吗？

说真的，大师也有糊涂之处，怎么这样没长心眼呢？"一切我所写与所画的""我所书写的一切""特别勿忘几册波拉克小姐拥有的手记"——本来没反应，一看到这儿，窥伺的兴趣就来了。这不等于对饥民说："柜子里有馒头，波拉克小姐那儿有一锅东坡肉，你帮我倒掉吧。"

我的性格有带刀的成分，与其将来写一封啰唆遗嘱给一个不可靠的人，不如趁早自行解决。

一向最不耐烦整理旧稿，但卡夫卡的魅影不时浮现，遂痛下决心"清仓"，逐一阅读，发觉其中不乏可喜文字如斑斓羽毛，我收拢编理，俨然一只高歌的云雀，引我重回往日。某些主题又引发更多的触动，一下笔竟不能自拔，林木丛花一路开着，步道成形。

"重返"，是个迷人的谜，我在整理、编撰过程中充分享受"漫行"的乐趣，不论是指时间上、情感上或是记忆，这种感觉颇像散步，遂以此为书名。

3. 回头一望

人生的每个阶段就像一条步道，我们被莫名的力量导引而置身其中——越年少时能做的选择越少，然而，在这少之又少的机会中，所做的每一个选择都具有不可思议的力量，决定了人生往哪一条路径走。时光推着我们向前，一条又一条的路径，行走其间之时觉得这就是一切，时间缓慢，仿佛进入不见出口的循环之中流转；悲离如此沉重，欢合何等生动，怎料一阵清风吹过，回头一望，在无法察觉的某一步当下，人生已走进另一条路径。昔日如此沉重的悲离故事，竟是需透过树枝缝隙眺望、借助星斗标示方位才看得到的遗迹了。

"回头一望"，是个牵动情愫的姿势，临别之时回望他人大多是出于眷恋，于形上层次回望自己，则必然是在寂静时刻让回忆的涛浪拍岸而来。然而有趣的是,回望他人时,若他人亦同时回望,四目交接瞬间彼此眷恋的心意实时传递,等同于空中一拥。回望自己则不然,昔年的自己于当时并不知(或尚未意识)将来的自己会回望、审视,故于经历当下便视作一生燃尽于此再无其他可能;有欢则尽欢,有悲则悲绝,有恩不见得立刻报恩,有仇则明日必报,悲欢、恩怨各自启动了不同方向的路径,等到行路过桥够远了,回望人生,在全知全能观照之下审视年轻的自己,涌上心头的那股无法形容的感触或是感动,就是封存于岁月坑道内、自己留给自己的一坛酒,这酒有个名字,叫"人生滋味"。

说来,这滋味只有两种。让七十岁的自己衷心感谢十七岁的自己为人生做了关键且漂亮的选择,忍不住要对那个美少年(美少女)深深一鞠躬。或是,晚年的自己像一个被逆孙施暴的爷爷奶奶,绝望地问:"你为什么要这么做?"酿给往后人生的那一坛是醇酒还是割喉的强酸,开封那天才知道。酒也好、酸也罢,都需饮下。

人生最惊险之处在于,只有一次机会活着。这绝无仅有的一次使得每条路径都埋伏了悬崖空隙,看似平常的步道都有失足的可能。当然,跌入深渊的经验也有可能成就传奇,如果爬得上来的话。

倘若人不具有回顾能力,活在当下,记忆像个竹筛盘只装事件不装感受,人生是否会愉快些?然而岁月像一根具有弹性的金属线,一寸寸埋入我们的脊椎骨内,年纪越大体内的金属线越强韧，心念一转就能把我们弹回旧日时光；是以，"回头一望"等同于再次经验。只是，当年初次经验时是年轻的自己，如今经验的是孤独的熟年自己，昔日有事件相关的人物互动，于今则是踽踽独行。当那根金属线把我们弹回眼皮底下的时间刻度，回来了，带着新的感受回来：当年发生什么事、昔日何种感受变淡了，于今认为发生了什么事、存藏什么感受变得鲜明生动。人生岂止需要经历而已，也必须给自己一个"诠释"。

回头一望，"诠释"之后，带回来的那颗金苹果就叫"意义"。不结果的果树还有绿叶可以招摇，没有意义的人生犹似泥沤草屑，葬送在路人鞋底，无人闻问了。

从二十世纪遵守行走规则的旧时代到二十一世纪漫天飞踊的新社会，从三大件五小件绑在身上的上一代旧价值观到赤身露体也能活得有滋有味的新世代新观念，来回穿梭，我这一代像受惊小鹿必须适应新的丛林生态，辛勤地将绑在身上的绳子一条条清除干净才能活下去。但是，总有几条是不可去除的吧，那即是我辈品行涵养过程的经纬、为人处世之准绳，若去除，我们将成无根的一代。逢此世道喧闹，在松绑某些不合时潮的观念之际，甚至，我反其道地认为，走过上世纪泥泞道路的我辈不宜全部自我清除，应该大声地向新世代说出我们的童年、少年，那些成长故事里藏有珍贵的黄金线索，说不定有一两条金绳恰好帮一个涉险的年轻人攀越了悬崖。

4.四条步道

第一条步道"当一个缪斯少年在荒街上沉思",除了收入成长纪事,还有我踏上文学之路的因缘、追寻、落籍与感触,以及来自读者的共鸣——他们何等奇情,将萍水相逢化成久别重逢,令我刻骨铭心。倏忽三十多年笔龄,回顾这条孤独之路,总有稿纸上的悸动与书册外的沉思值得说一说。

所谓少年、青少年、青年之称,在法律上各有界定,十二至十八岁者为"少年"。我不拘泥于此,但凭"青春含量"之轻重与"眼神迷惘度"之浓淡而定,即使已届龄而立之年,若仍追探生命奥义、赞叹存在,仍听得到内心深处山谷中有人唱着徘徊之歌的,称之为成年里仍住着一个少年,谁曰不宜?

美国女诗人艾米莉·狄金森(Emily Dickinson)有一诗:

> 雅典的少年,请忠于
>
> 你自己,
>
> 和奥秘——
>
> 其余一切皆不实——

论者云此诗暗喻苏格拉底被雅典法庭以败坏青年思想之罪名处死一事,柏拉图的《斐多》对苏格拉底于狱中饮毒酒前与青年学子对话情形有生动之描述。诗人借事兴怀，以忠于自我与奥秘——那沛然莫之能御的最高存在、终极律则，寄语少年莫被浅薄的世俗功名拘绑、莫被一时的权势收服。我读此诗颇有触发，转化"雅典少年"为"缪斯少年"，借以设想那一个个在杂树乱藤中徘徊，不知文学路径入口在何处、不辨人生方向的苦闷年轻朋友。诗人卞之琳《几个人》诗中有一句"当一个年轻人在荒街上沉思"，扣合我心，借用其句，与前者合并成"当一个缪斯少年在荒街上沉思"作为辑名总览文意，同时亦有向两位诗人致敬之意。

第二条步道"散步到芒花深处"，沉笔重墨，写的是人生。其中，《爸爸的故事》与《钱币简史》两篇共构合读，更能体会每一个单独人生的背面皆有社会与历史的辙痕。

第三条"老朋友相对论"，与两位老朋友李惠绵、谢班长共谱对谈的乐趣：重返童年、追述人生旅路之际，我辈之时代风云、社会面貌再现，抚今追昔，不胜感慨。

第四条，收录内心深处对艺文生态变化的感触与对前景的担忧，称之为"一个人的荒径"。一个笔耕三十多年的人"回头一望"前尘往事，不可能不感叹时代风向变换之速、社会翻脸之不可测。然而，荒径上虽有泥泞路段却也随时闪动清新风景，以文字标记之，如同系在树枝上一个过路人的指路布条，感谢一路相伴的编辑，更祝福正在为艺文开路的年轻力量。他们让我愿意相信，荒径的尽头可能是另一条花径。

山林间有些步道竖有警语："此处人迹罕至，小心毒蛇出没。"这里没有，即使当年经验有类似被毒虫咬到的痛感，如今想来，也只剩长长短短、在风中舞动的光影而已。或许这就是岁月的赠礼，让我们有机会借着回忆，在时光中漫行，领悟种种百炼钢终于化成绕指柔。

天气真好，抚额沉思的缪斯少年、世间火宅内的同行者、旧雨与新知，把烦恼这件厚外套挂在树枝上，陪我散步吧！

目录

步道一

当一个缪斯少年在荒街上沉思

唐俪祯（Terri Tang）水墨作品
《末世 VS.守护者》系列《沉思者》

给沉思中的缪斯少年

收在这条步道的除了成长纪事还有我踏上文学之路的因缘、追寻、落籍与感触，以及来自读者的共鸣；他们何等奇情，将萍水相逢化成久别重逢，令我刻骨铭心。倏忽三十多年笔龄，回顾这条孤独之路，总有稿纸上的悸动与书册外的沉思，值得与"缪斯少年"说一说。

"小大人"的童年

【作者交代】

　　这篇文章是写给小学生看的，大人请略过，除非您的童年极辛苦或极幸福——前者看了心里好过些，后者读了会愧疚；愧疚是好事，好命的人若以为幸福是人生基本配备，可就不妙了。当然，如果您认识爱抱怨又懒惰的小学生，麻烦您代我邀他来纸上相见，童年的我在此等他，不见不散！

亲爱的小朋友：

　　我小学时最崇拜的一份报纸《国语日报》向我邀稿，希望我谈一谈自己的童年。我一口答应，因为小时候曾经投稿未获刊登，现在编辑主动邀约当然要把握机会。不过，这也让我有点烦恼，我很少对小学生说话，十几年前第一次应朋友之邀到小学演讲，那是有史以来最失败的演讲，不知是否空调太舒适的缘故，台下小朋友东倒西歪睡了一半，有的仰头张嘴说不定还流口水，台上的我看了，心想："要睡也要注意睡相啊！建议老师教打瞌睡不被发现的技巧。"没想到自己也受到瞌睡虫感染，眼皮越来越重，天啊，才早上十点耶！那次演讲给我的启示有二：一、我应该去当失眠治疗师。二、小朋友一定睡眠不足。不过，今天我倒是不在意你们看我的文章看到睡着，睡前看书报本来就是一件很享受的事。

（嗯，其实我有点在意你们看到睡着，为了击退瞌睡虫，我在文章中埋了几个小问题，答案放在文末，你们可以想一想，如果能说中答案，表示你们竟然有穿越五十年时空的超能力，能掌握那时代的生活实况，换言之，根本就是个拥有老灵魂的天才儿童。）

闲话休提，言归正传，我们就从"睡眠"开始谈起。

我在你们这年纪时，每天晚上八点多就睡了，再迟也不超过九点。你们一定大叫："骗人骗人，怎么可能，我们八点还在吃晚饭呢！"

真的没骗你。我生长于纯朴的农村，四五十年前的宜兰县冬山乡（原名冬瓜山，美称为冬山）像处桃花源，茂密的竹丛及朱槿花围出一个大大的椭圆，里面有一大块晒谷场，场边排着三户人家，其中一户就是我家。站在家门口向前看，只见辽阔的稻田一直绵延到远处山脚下，蓝天、山峦与稻原，偶尔还会飞过几只白鹭鸶，风景像一幅画。不知名的鸟很多，我们最熟悉的是麻雀，又叫"谷鸟"，顾名思义，吃谷子的（我跟麻雀斗过法，待会儿再说，如果忘了说，请"不用"提醒我。）

乡下麻雀瘦小，跟小孩一样营养不良，但动作极为迅速，不像城市麻雀一只比一只胖，台湾大学在舟山路有一处生态池，那里的麻雀胖到像鸽子，飞得好吃力，我都想写信给校方想办法帮它们减肥。

我从小呼吸到的空气新鲜得像刚从太平山森林运下来的，飘着淡淡的青草味。当然，如果你沿着小河走，就不是草味了，而是野姜花的清甜味；如果经过一头正在河里泡澡的牛，味道又变了，你的鼻腔里会有牛粪味。我们小孩最喜欢奔跑，放学回家的路队只排一小段就散了，大家脱下鞋子（为什么脱鞋？¹）各自朝着家的方向跑，穿田埂、跳小河。跑步时，所有的田野气息快速地掠过你的鼻腔，当闻到牛粪味，就知道家快到了。

我不知道你们放学后到睡觉前这段时间做什么，对我而言，这段时间非常紧凑、忙碌，比大老板还忙，所以必须动作快。

写功课是第一要务。那年代的小学老师一个比一个狠，我们的阿爸阿母阿公阿嬷会对老师说："老师，我家这个很皮，要是不听话老师您尽量打。"老师的话就是圣旨没人敢讨价还价，每教新课，中文生字每个字写两行，课文抄两遍还要背下来，次日若不是考默写就是还要背给排长听。我阿嬷的脾气不太好，看到我们开电灯写功课就会骂（为什么骂？²）会赏一个"五斤枸"用弯曲的指头敲你脑袋瓜。所以，回到家书包一放，趁着天未暗、唯一的那张大方桌还能借用（为什么说借用？[3]），我立刻全神贯注写功课；把该写的放左边，写完的放右边，很像公务员在办公。由于我上课专心听讲，因此写起功课又快又整齐又正确，老师的红笔几乎都是打个大钩给"甲上"。不谦虚地说，从小学一年级起，我的功课从来不需要父母操心，他们从未问我："功课写完了没？"我从小就有很强的自尊心，认为被这样问是一件很丢脸的事，能为自己的功课负责，让我很有成就感。真的喔，直到大学毕业，父母从未有一句话问我的功课、考试、成绩、升学，一句都没有，全部由我自己安排，连小学毕业要念哪一所中学（自己去打听，据说学区那所中学有一些不爱读书的学生要流氓，因此决定跨区去念另一所中学）、中学毕业后要怎么升学（我又衡量城乡差距，决定离乡到台北考高中，以便

冬山河畔的老家，二十世纪六十年代。从晒衣杆上的衣服判断，有人还在爬。

将来较有机会上大学）都是自己决定的。你们不妨反省一下，爸妈多久问一次功课？每周还是每天？该做的事拖拖拉拉被大人一直念，你觉得如何？你能像我一样做到让父母老师不再问你功课吗？

这不难做到，学校不会给超乎学生能力的功课，就看你要不要做到。我很享受能把功课做得完美、老师教的都弄懂的感觉，这种感觉不断地激励我更加进步，不但如期完成老师布置的作业，连没布置的我也做了。这是我想跟你们分享的第一个心得：自动自发。在学习的路上，自动是左脚，自发是右脚，缺一不可。

天未黑，功课写完了。把书包理好，次日需带的东西也备妥，这样明早吃饱饭背起书包就可以出门。因为养成事先整理的好习惯，所以我从未忘记该带的东西。要知道，如果半路上记起要带的忘了拿，绝对是"大灾难"（为什么是大灾难？⁴），没人希望一大早就碰到难题吧。养成好习惯一点都不难，只不过把"该做的事"放在"正确的时间"来做而已。我是个很小气的人，不愿花时间在小事上，最精省的方式就是预先准备、如期完成。父母都很忙，农务家事就够他们从天黑（凌晨）忙到天又黑，根本无暇管我的功课与生活事务。我从小就会体谅父母及阿嬷那么辛苦养育我们，不让他们操心，所以凡事都能自理。这是我要分享的第二个心得：如果你体谅爸妈，那就学会独立吧。

自己的事情做完了，接着是打电玩、看电视！对不起，我的童年没这些"扰乱军心"的玩意儿。慢着，电视倒是有的，我有个姑妈在台北工作，带回一台黑白电视，大受附近邻居欢迎，我记得晚上他们各自携带小板凳来看连续剧。除此外，只能看布袋戏、歌仔戏及卡通，我阿嬷不让看"报告新闻"，她说："一个人坐在那里讲话狸鹿叫，有什么好看？切掉！"她是我认识的第一个实施媒体管控的人。

所以，我们这一代农村小孩的课外活动就是：家事、家事、做不完的家事。"家事是妈妈（或外籍阿姨）的事，留给她做就好了。"也许你会这么说。错错错，家是全家人共有的，每个人都要分工分担，不可以有人当少爷有人当奴婢。若所有家事都丢给妈妈做，把妈妈累到中风甚至早死，做小孩的会觉得光彩？好意思说："唉呀呀，我妈这个病完全是过劳，谁叫她那么爱做家事呢！"

由于是长女，我从小就在阿嬷与妈妈的调教中学习分担家务，我称得上是"乖小孩"，除了做好她们吩咐的事也会自动自发学一点；记得七岁左右，搬把凳子垫脚站在灶前，握着比我的手臂还长的铲子炒菜。还试着把传统棉被店弹出来十二斤的双人大棉被套入浆洗得硬邦邦的大被套中（什么是浆洗？[5]）这些看起来是小事，却养成我喜欢观察别人如何做事的习惯，碰到不会做的会摸索解决之法，套一句阿嬷的话："眼睛瞄一下就知怎么做了，哪需要步步要人教。"

我的"家事业务"包括：挑水、赶鸭子回家、菜园拔草抓虫、挽菜理菜、剁番薯藤（为什么要剁？[6]）、顾小孩、洗碗、扫地、收衣服、折衣服，把阿嬷放在晒谷场上晒的酱菜收进来（什么是酱菜？为什么要收进屋？[7]）我得注意天气，那时候没气象报告，我们小孩从小学会看天的脸色，称得上是小小气象人员啦。

还有呢，晒谷场上还晒了稻草，做燃料用的。到五六年级时，这变成我的固定工作；我得把稻草卷成一只只的"草引"，如此才能放入灶内燃烧。那时没煤气炉没电锅，煮饭烧水都靠那口灶，因此草料用得凶，每次晒草总要卷好久。

老实说，放学回家看到一个篮球场大的晒谷场晒了满满的稻草，我也会唉声叹气，真希望自己不要活在地球上。那怎么办呢？只有四个选择：

一、暂时离家出走，去同学家混到天黑再回来。不过，这招无济于事，该你做的事不会有人替你做了，稻草一根也不会少。况且，说不定你的同学要做的比你多还要被打，如果她是童养媳的话。（什么叫童养媳？[8]）

二、装病。这一招很多小孩用过，故意躺在地上呻吟。但逃不过大人的"健康检查"：摸额头，没发烧。舌头伸出来，正常。翻眼皮，正常。大人大呵一声："叫你做一点事就假鬼假怪，皮在痒喔？起来！"只好乖乖爬起来。

三、一面做一面碎碎念一面罢工，最后，让累了一天的妈妈一面骂一面收拾残局，心情恶劣极了。

四、别抱怨，专心快快做完。

你会怎么选呢？我用十只手指头向你发誓，最好的选项就是第四。"不抱怨"成为我从小到大面对事情的心理状态，与其花时间抱怨最后还是得自己收拾，不如全力以赴当作锻炼。有时我跟弟弟划分范围比赛谁先做完，较小的妹妹们当我们的副手，把草引抱进厨房堆好。一喊："预备，开始！"我们弯腰卷草，四只手像舞龙舞狮一般，卷好就往后丢，小副手像捡宝贝一样赶忙捡起，抱着草引跑向厨房，跌倒了也立刻爬起来"冲向终点"。不消半个钟头，晒谷场清洁溜溜。团体合作加上游戏的氛围可以让枯燥的家常琐事变得有趣，而且能快速完成。这就是我想跟你分享的第三点心得：分担家事。不要把劳动当作是浪费时间，从中可训练做事技巧。

说到这儿，容我岔开讲一件事。今年，我鼓起勇气接受一所私立小学邀请去对五年级小朋友演讲《老师的十二样见面礼》，我已做好一半的人会睡着的心理准备，没想到他们太给面子了，不仅没睡着还反应热烈、提问踊跃，有个小朋友问："如果您是老师，会送学生什么见面礼呢？"这问题有意思。我回答："你们猜猜看，我会送什么？一、一本书与笔记本；二、一双运动鞋；三、一支扫把与抹布。"我当场做了民调，他们的选择果然不出我所料（你会选什么？[9]），但不是我心中的答案。

做完家事，我"暂时"可以去玩，跟邻居拍球或跳房子，不过只要长官呼叫就需中止游戏。这时也是妈妈开始煮饭的时间，我是老大，照顾弟妹是老大的天职，妈妈会把小孩交给我背，她才能快快煮饭。有一次，轮到我跳了，我把刚会爬的妹妹放在晒谷场地上就去跳房子，那次不知怎的好神勇跳不死，突然，听到路头那边传来隔壁阿婆的喊叫声："紧来喔！团仔爬出去啰！"原来妹妹像得了自由的鱼，爬出竹围，当我正神勇地跳房子时，她也很神勇地爬到外面的田边小路。我赶快把这个"小动物"抓回来，庆幸她没跌到田里吃水。这件事让我吓坏了，心想如果妹妹跌到田里淹死了怎么办？真的吓到暗自发抖。

也许是身为长女的关系，我毫无怨尤地照顾弟弟妹妹，洗尿布（为什么要洗？[10]）、喂饭（有时看他们吃得那么慢，剩两三口，干脆替他们吃了）、洗澡、哄睡，甚至教功课。我不曾跟弟妹争夺，总觉得有能力呵护他们是一种荣幸，"大姐情怀"也成为我的本能反应。所以我要分享的第四个心得就是：期许自己做一个能照亮他人的人。从让别人快乐的作为中获得淡淡的喜悦，但是要记得，不要刻意张扬、邀功。

吃过晚餐，洗碗洗澡毕，就是一天中最放松、自在的时刻了。我喜欢画布袋戏《云州大儒侠》或是杨丽花歌仔戏人物，也喜欢缝布娃娃。我这辈子从未拥有过洋娃娃，都靠自己发挥创意缝制；塞米粒的布偶，配上玉米须做的长发（没钱买毛线），蛮可爱的。说到这儿岔开一下，有一年我到日本东京出差，同事写了住址托我到一家洋娃娃专卖店帮女儿买个"店里最漂亮的洋娃娃"当作生日礼物，多少钱没关系。我去了，大开眼界，每个洋娃娃大小像一岁小孩，美冠宝饰华服宛如公主，我替同事选一个高价且漂亮的，当下有一丝来自遥远童年岁月的心思浮出来，要不要帮自己买一个以填补未曾拥有洋娃娃的缺憾？最后，我很理智地决定不买，原因很简单，拥有洋娃娃的最佳时刻已过去了，我有能力买给自己店里最贵的那个，却没有能力唤回童年的热情与渴望，花大钱买它只是堆在屋里占空间而已。当然，如果哪一天我看到很像小时候缝的那个歪歪扭扭、用圆珠笔画脸的布偶，说不定我会买来怀旧一下。

回到前文，很可惜，家里没有故事书，无法享受阅读之乐。我这辈子拥有的第一本故事书是小学三年级时小姑妈买给我的《灵犬莱西》，那只高大英俊的牧羊犬像一个隐形朋友陪伴我，所以某种程度而言，我也算是养过宠物啦。

创意能带来很多乐趣，我很喜欢动手做玩具或组合文具（应该是得自我妈妈的遗传，我们都是闲不下来、没事找事做的那种人），例如把写短了不能握的铅笔削一削塞入圆珠笔杆内，又能写一阵子了。我们那时候必须写书法，有一次，唯一的一支毛笔分叉了，我忽发奇想剪自己的辫子做毛笔，费好大的劲做成了却无法写（为什么？ [11]），只好跟阿嬷要钱去买新的。乡间竹丛很多，用老竹的竹箨剪成小风扇叶片，中间穿一支竹枝，状似竹蜻蜓，迎风而跑，看它转起来，非常开心。夏夜金龟子很多，像颗会飞的绿宝石，我们小孩子也会抓金龟子，关在铅笔盒里，次日带去学校炫耀。直到现在我还保留"动动手"的习惯，不需花大钱也能得到实惠美观的用品，甚至做出独一无二的美感。这就是我要分享的第五个心得：多动脑多动手，让创意活化你的生活，带来快乐。

坐火车去远足，老师说："笑一个！"大家都笑了，只有一个小朋友故意做鬼脸，那个人就是我。

讲到这又要岔开了，你一定在想："会不会忘记讲跟麻雀斗法的事？"没忘记没忘记，不急不急，等一下再讲。

只要不下雨，大人小孩都喜欢在晒谷场闲聊、玩耍。初夏之夜，数不尽的萤火虫闪闪烁烁，像一条流动的星河，那种令人赞叹的自然之美永远烙印在我的眼眸，终生不忘。我喜欢躺在长板凳上吹风，仰观天上繁星及一轮明月，幻想未来。望着星月哼歌，困意从脚底往上蔓延，打一个好大的呵欠，不知不觉滑入轻飘飘的梦乡。

是的，美好且无忧的睡眠，这是最后一个心得，也是我希望你们永远保有的一种珍贵的幸福。当所有的功课、工作都完成了，心情轻松，自然能领有美好的睡眠。若惦记许多功课债，熬夜赶工，一定会常常梦到要考试了却没准备，睡得很痛苦，像被一头大象来来回回踩过一般。

今天，我与你们分享的都跟写作无关，却跟学习态度与独立生活能力有关。我希望你们趁早学会独立自主，做一个能自我照顾也能照顾他人的人。我曾对我儿子说："爸妈只是协助你成长的人，而且协助的范围会随着你的年龄增加而减少，你的人生必须靠自己开垦，不能靠我们保护。若我们一直呵护你，便是剥夺你为人生奋发的机会，等同于断你的手脚。"

希望我分享的六个心得能让你们静下心想一想，若觉得有道理，不妨要求自己做到。若觉得没道理，那就说一说你自己的道理吧！

无论如何，人生是你自己的。祝福你们都有能力打造一个亮丽且丰实的人生。

现在，你们一定在想："麻雀在哪里？麻雀在哪里？"

麻雀要是乖乖在这里，就不叫麻雀了。请先读注释：

1. 跑步前脱下鞋子，宁愿脚底踩着碎石子路发痛，也不能把鞋子弄脏弄坏，因为大家的家境都不宽裕，家里大多有五六个小孩，鞋子很贵，最好是穿不下的时候还能传给弟妹穿。

2. 我阿嬷是非常节俭的人，看到我们开电灯写功课就会骂："日头赤焰焰不写，等天黑才写，无睬电（浪费电）！"那时候的阿公阿嬷都是环保斗士，不准浪费。不要说"五谷爱惜"，不可浪费食物，连日用品也要物尽其用。我们现代人太浪费了，实在对不起老一辈的人，更对不起地球。

3.唯一的那张大方桌是餐桌，我们都在桌上写功课，若手脚不够快，妈妈喊："收，吃饭。"你怎么办？趴在地上写吗？要是那天的功课有书法，那就惨了。

4.我们都是走路上学的，约需三十分钟，当时乡下没电话，要是半路上记起要带的东西，趄回去拿，一定会迟到。况且，爸妈知道你漏带，不仅不同情你还会骂："只会背书包，人去随人去，人回随人回，没生头壳给你啊！"唉，这种话实在很伤小孩的自尊，希望现代父母、老师不要用这种话批评孩子！但如果你一天到晚丢三落四，屡劝不听，就怨不得家人不顾你的自尊了，因为，自尊必须建立在自我负责的基础上。

5.乡下当年没洗衣机，也没任何可以帮助洗濯的化学洗剂，只有一块南侨肥皂或象头肥皂搭配草灰，便能洗遍天下无难事，完全不会造成环境污染或皮肤过敏。乡下人为了让被套枕套硬挺，会把早晨煮稀饭的第一道清浆舀出来，用来泡洗好的被套，如此一来被太阳晒狠了的被套就像苏打饼干一样硬。你若问我为什么要这样做，我也不明白。也许她们就是喜欢被子晒得硬硬的，盖起来像下油锅一样有酥脆的感觉吧。

6.乡下几乎家家养猪，猪吃什么？厨余很少，最好的猪食是块根植物"番薯"，也就是伟大的地瓜！有人说台湾地形长得像地瓜，依照吃什么像什么的理论，地瓜曾经养活台湾人，就算人人一张地瓜脸报个恩也是应该的。怎么吃？人吃较嫩的"番薯叶"及埋在土里的块根部分"番薯"，整条带叶连藤的有个小名叫"猪菜"。所以，阿嬷若叫你去挽"番薯叶"，你应该知道是给人一餐吃的，不必摘太多，若叫你去割"猪菜"，你也要知道是给三四头猪吃的，要割很多很多，如果你弄反了，摘一箩筐给人吃，割两三条给猪吃，你等着被骂"比猪还笨"吧。乡下孩子每天都必须证明自己比猪还聪明，猪是我们不离不弃的学伴。猪菜要大灶大锅大火煮熟才能喂猪，煮时整间屋子弥漫腥烂的味道，闻久了会觉得人生乏味。煮之前要剁，小山堆一般的藤叶，叫童工来剁，地上放一块砧板，给一把不知第几代祖先传下来的又钝又重大菜刀，蹲着，左手按大把藤叶，右手提刀，剁成两三厘米长的小段，也是小山堆一般，这种活应该叫机器人做，没机器人就叫小孩做，在被蚊子攻击、灯光昏暗且心浮气躁的情况下常剃到手指，别以为流血就能收工，错错错错，不必跟大人报告刀伤，自己去包扎，继续剃。这是我最讨厌的家事，但得到的训练是刀工不错。说到底，天底下的事都有个理：有做就有得。只是当下不知今天所做的何日能换算成所得。

7. 酱菜是伟大的饮食发明，解决了物资匮乏年代的菜肴问题。乡下最常做的酱菜有萝卜干、酱瓜、豆腐乳、酸菜，每一样都必须经过复杂的日晒，要是被雨淋湿，结局只有三个字："坏了了"。试想，你是五个顽皮孩子的妈，出门前三叮咛四吩咐，叫孩子注意天色，要是下雨赶快把酱菜收进屋，孩子齐声说："知道了知道了。"果然，下大雨，你回家，果然看到酱菜已泡在雨水里，孩子们正津津有味看卡通："飞呀飞呀小飞侠，在那天空边缘尽情地飞翔……"这时，你会发怒抄起棍子打散一窝小飞侠，或是温柔地说："没关系的，突然下雨真的不是你们的错，看电视比较重要。"如果你选的是后者，我没话说，只要求你记得，将来你的小孩要是做了类似的事，你也要比照办理。

8. "童养媳"是农业社会重男轻女封建观念下的陋习，大多是贫穷人家将自己的女儿送给他人当养女，长大后与养家中的同龄男子成婚。由于是自儿童起就养在家里以后要当媳妇的，所以简称"童养媳"。养女的遭遇大多很辛酸，不仅没有求学机会，还被当成奴婢般劳动，遭受打骂。随着社会进步，二十世纪六十年代中期以后，养女渐成历史名词。

9. 大部分的人选"一本书与笔记本"，其实我想送的是"一支扫把与抹布"。现代小孩，不欠书读，欠缺劳动习惯，"四体不勤，五谷不分"。

10. 那时候没有随用随丢的纸尿裤，小宝宝的尿布垫都是用旧衣裁制的，用脏了就洗，非常环保。问题来了，谁洗？当然是妈妈，还有那个当了"姐姐"的人。我不想描述如何一面憋气别过脸不看、一面"刮掉"尿布垫上的黄金……

11. 人的发丝太软了，我因此知道毛笔不是用人发做的，高中时问毛笔店老板才知是用羊毫、狼毫做的。我当时还想为什么不用猪毛？不过马上就知道不可能，我家有养猪，你若跟我一样天天看到猪，长大后才看到东坡肉（可惜你们正好相反，天天吃猪肉却没看过猪走路），就知道猪毛太短太硬不能做笔只能做猪鬃刷子。猪，全身都有用，以后不要再骂别人"猪"了。

最后，来讲跟麻雀斗法的事，注意听：

稻谷收割之前，麻雀大出动，一大群钻入稻田疯狂啄食谷粒，根本不把竖在田间的稻草人放在眼里。阿嬷叫我与弟弟赶麻雀，问题是，人有脚没翅膀，麻雀没脚有翅膀，大热天，我们两个东跑跑、西跳跳，怪吼怪叫赶麻雀，像发疯。它们从东边飞到西边只要咻一下，我们从东边跑到西边要喘很久，立刻觉悟这事只能斗智不能斗力。麻雀怕声响，我们找来一个四方形铝桶，对角切，变成两个三角体，挖洞穿绳绑上一颗石头，将它竖在杆子上，绳子的另一头拉到家门口，只要远远看到麻雀来了，一拉绳，那颗石头咚咚响，就能吓跑小贼了。

如意算盘拨得响亮，结果大失败。原因是，从杆子到家门并非直线距离，绳子穿过竹丛，拉不动了，就算拉得动也没用，因为那个桶是装沥青的，把石头黏住了。最后，被大人笑"懒人想奥步"，我们扯下那两颗石头丢向麻雀，惊起一群小贼，叽叽喳喳，好像在嘲笑我们。

亲爱的小朋友，如果是你，你有什么妙计呢？

灶，水火兼容的地方

【作者交代】

　　《灶》写于一九七九年我大一时，参加第一届"台大文学奖"获散文第二名（一九八〇，首奖从缺）。这篇文章是我创作生涯的起跑点，犹然记得是在一种非常奇特的澎湃情绪中一气呵成写出，我视作缪斯之神正式要我归队。后收入《月娘照眠床》书中。几年前，有出版社选入台湾高中课本，嘱我对鲜少进厨房连煤气炉都少用的高中生谈一谈写作背景。我深知编者选此文的用意，自家常器物切入，引导学生认识农业社会主中馈之女性角色进而探勘庶民生活史，以祈感悟传承之意。我因此写作此文，娓娓道来，颇有自问自答之感。于今重读重修，情感上再次抚触记忆中那一口灶，仍是热的。

亲爱的同学：

用过灶的人，大多已凋零，写灶的人，如今也灰发如霜。

二十世纪六十年代，宜兰县冬山河沿岸乡村仍是单纯的农业社会，放眼所见，景致大约跟日军登陆那年与国民党来台时相同，差别只是农舍自茅屋蜕变为砖屋，屋内照明从油灯、蜡烛换成五烛光灯泡。不过，我阿嬷对那几颗灯泡十分宝爱，白天不开，晚上因早睡缘故也不常使用。因此，在那原本就进步缓慢近于龟速的偏远乡间，加上长辈的铁腕管理，我有机会在一种封闭式、脱离时代滚轮的旧社会氛围里成长。我甚至相信，我所经历的吃地瓜签稀饭、河里摸蚬抓螃蟹、插秧除草割稻晒谷等农家经验，跟生于1913年的阿嬷与生于1937年的阿母并无不同。

高中北上读书，都市生活与我的乡村习性几乎水火不容，这种宛如时空错置的经验是我这一辈人的共同记忆——我们赶上乡村人口涌入城市的“岛内大移动”兴盛期，又恰好在情感丰沛的少年时期离乡背井，踏入台湾经济正要起飞的指标城市台北，骨子里的田园旧习性与眼睛所见的城市新风貌形成严重拉扯；我们是脚底仍有泥味的四蹄动物却被逼着要变身为两翼猛禽，有人成功有人挫败。不管如何，我这辈人对“乡愁”有深刻感受，这种愁绪无关乎地理方位、空间距离，而是一种失落：离家前，我们以少年之眼拓印下来存入脑海的田园农舍，却在青壮年返家时的眼中消失了，只剩下那份拓印图，一张土地所有权状或是一个挂在嘴边的住址。

对我而言，内在的城乡对抗从未停止，虽长期蜷伏于城市却是变身失败的案例，单翼双蹄怪物，田园骨骼敷上城市血肉，喜欢住在靠山近河有林荫的地方，厌恶市中心。

这些日积月累的情感底基，注定了《月娘照眠床》必然会在我的创作时程表中出现，而且很早就会出现。少年离乡的我，经十一年间乡愁激荡无从安顿，不得不借笔墨重塑记忆中的江河田舍，以童稚之眼返回噶玛兰人"穆罕穆罕社"意为新月形沙丘的我的"武罕"小村，因再次经历而完成"仪式"般的离家手续，把浓郁的乡园深情永远封存在文字里。我的写作生涯里，有两次"重返童年"，一是后来因育儿经验写《红婴仔》追忆了成长意义上的童年，一是《月娘照眠床》完整且强烈地追忆了地理意义上的童年。我私心所爱的当然是后者。实言之，每次翻《月娘照眠床》，看到类似"天气转凉的时候，竹叶开始落。落得池上、井里都是。闲来的时候，我常跟自己玩，摛几片干的竹叶，让它们飘在池上，分别用指甲尖沾一滴水驮在它们背上……"不免眼角微湿，俱往矣，俱往矣！深情封存在文字里。

《灶》是书中较早写成的一篇，其重要性不言而喻。因着前面所说沉重的乡愁情绪，这篇文章有了不一样的下笔方式。"缕缕炊烟呵！……"两小段自问自答，糅合召唤、怀想与感叹的短句之后，我用慢速导游之法写了三大段乡村田园景致，仿佛引导已成年身在异乡的自己一步步回家，意在"重建现场"，写出当时农村风貌，由远而近、由外而内带入厨房——在农舍格局图上，厨房大多位于屋子最里面，与厕所、猪圈相邻，俚谚"宠猪抬灶，宠子不孝"点出了地缘关系进而交代厨房摆设，最后与那口灶面对面。

乡下人称厨房为"灶脚"，可见灶是厨房里的灵魂之物。灶，那庞然且有嘴（灶门）有尾（烟囱）的形貌，颇像一头圣兽。厨房，是女性领土，可是掌管这头兽的偏偏是个男神——灶爷公，即灶神。农历十二月二十四日送灶神返回天庭述职是件大事，必得恭敬祭拜。情感上，我当然希望管灶头的若是个女神会更好，不过既然这是没得商量的事，只能接受，但我不免猜测，听多了女性心声的这位灶神说不定有些女性化倾向，跟婆婆妈妈有了类似姐妹淘的情谊，所以拜灶爷公时供品直接放灶头上，我们小孩一点也不怕，也是直接偷吃，"一口接一口，直到都没有"。

靠近灶门墙壁上贴着的"司命灶君"春联，色泽鲜红，经年不褪，符号里蕴含着坚定的信仰，对历经日本侵占、饱受水涝之苦的旧社会女性而言，每日有米有菜可以下锅是一件多么值得感谢、感恩的事，这种心情，绝非走到巷口就有池上便当、必胜客的现代年轻人能理解的。

是以，她们日日在灶前挥舞锅铲，与佛教徒做早晚课同等虔诚。在我眼中，她们是挥铲的灶头菩萨。

因此，《灶》文有三层相互叠印、递进的意涵，除了依年龄序写我的灶头经验之外，第二层是经由我的眼睛所看到的阿嬷、阿母与灶的关系，最后是延展而出具普遍性的灶与女性的关系。

第一层写小女孩（我）的经验，以观看、戏耍、尝试为主，偷烤番薯是例证。在那个没有7-11、没有零钱、没有零食、同学都跟你一样穷、兄弟姐妹也跟你一样馋的年代，能烤个番薯来吃实在是人间美味。当然，要加上"顺利地烤成功"（这段祷词亦可用于联考前文昌庙内），灶内五个番薯，长条形小颗的必是老大老二的，圆滚滚最大那颗必是三岁老幺用双手捧去塞的。

第二层写阿嬷、阿母与灶的关系，侧重于年节、祭祀之描写，并写出信仰的力量，灶与阿母合一，刻画母者精神。

我还记得过年前炊发粿的趣事，阿嬷平日就有些小禁忌，逢年过节时禁忌更多。蒸发粿时，当她要掀锅，坐在灶前顾火的我必须配合她的口令，弹跳起来。她说，这样粿才会发！

我一向配合她的"带动唱"，但心里觉得自己很像乩童。当然，阿嬷炊的粿一向都会发，跟我认真弹跳应该无关。

第三层，从"村子里有人娶媳妇的时候……""每一个做母亲的……"到"于是我自自然然地想起邻居的那对夫妻……"扩大观照面，写灶与女性的关系。借由婚姻，灶得到传承，一代代女性也在灶口前燃尽一生。然而，在灶前张罗柴米油盐的妻子，永远需要一位体贴的伴侣而非等着吃饭的员外，与之相知相惜、同心同行。我写那对夫妻在灶前相处情形，用意在此。

写作《月娘照眠床》最困难之处在于语言文字，我刻意脱去华美词句，引入母语，贴近乡亲父老、田园风俗来写，希望写出虽素朴却情深义重的田园之美。

六十年代的农村已经消逝，当年所用器物没有一件留在现代生活里；灶被煤气炉、微波炉取代，灶爷公大概失业很久了，大扫除时刷洗厨房的人变成外佣或钟点清洁员，结婚时做妈妈的也不必叮咛女儿去熟悉灶的习性，因为双薪小两口都是"老外"（三餐老是在外）。

旧时厨房是女性疆土，现在精于厨艺的男生比比皆是（据说"不烧饭"早已是女性的结婚条件之一）。从传统大家族到现代小家庭，灶（或厨具）仍是见证者，过去那口灶一日三热，现在的煤气炉常常只用来烧开水。有了插电热水瓶，又直接买瓶装矿泉水，连水也不必烧。

然而，有所变，亦有不变之处，"经营家庭之道"是新旧社会共同追求的。过去采用的任务分配或许不再适用，那么，属于新一代的家庭经营之道又是什么？

我希望同学们从三个面向来读这篇文章：

一、社会面。文学作品往往是观察社会变迁的"切片"，借由文中对农村生活的描写进而理解六十年代台湾的局部面貌。

二、文学面。如何以朴素文字、真挚情感与技巧，描写寻常生活里的器物，层层推进，渐广渐深，终而立论完整。

三、女性角度。灶，是镇压女性、使之永不能翻身的"雷峰塔"，还是让她们发挥治家才能的"军火库"？旧社会女性不能不煮饭，新时代女性可以不下厨吗？家中挥舞锅铲的是谁？是否细心地观察过她（或他）的炉边身影？属于你家"灶的故事"是什么？

二〇〇九年，我策划、撰写《吃朋友》，在这本结合饮食、友谊与生命故事的书中，我赫然发现每个说故事的人所追忆的菜肴，都是小时候妈妈做的家常菜。

刹那间，仿佛灶口熊熊大火再现，或胖或瘦、或健康或孱弱、或优渥或苦命的灶头菩萨一一现身，故事中，每个子女都证明他们的妈妈，在灶前修得永恒不灭的亲情正果。

当一个缪斯少女在稻田里沉思

【作者交代】

二〇一二年我的母校"台北市立复兴高中"六十周年庆向我邀稿，我以《梦回大屯山城》一文庆贺，毕业三十多年后忆及中学生涯恍如前世之梦。然而，诚如康拉德小说《台风》中一段话："你若肯仔细想想，就会相信的确有一只不可见的强力大手，伸进尘世之间，摆布芸芸众生，使无知无觉的脸孔各朝一个梦想不到的方向，走向理解不来的目标。"我从山海共伴的兰阳平原来到火山喷发的大屯山城印证了此言。岁月悠悠，挺过风雨交加的成长路，我方能成为我。今日重读仍有所感，遂在原文架构之下大幅增补年少历程，更题为《当一个缪斯少女在稻田里沉思》，扣合本辑题旨，改少年为少女、荒街为稻田，借以纪念那段低头走路、郁郁寡欢的苦闷岁月，盼与年轻的中学朋友们分享。

如果高中是人生无法取代的一场梦，我在大屯山城复兴高中做了一场勇气与荣耀共存的梦，影响了一生。

　　一九七六年，就读宜兰县顺安中学三年级的我，决心要离乡背井追寻更宽广、更丰富的世界，看看自己能长成什么样子？促使我这么想的最重要原因是初二时父亲因车祸猝逝，我觉悟到在崩溃的家里无人能为我导引方向，我必须做自己的明灯，成为主宰，从破碎与贫瘠中寻觅未来；我对未来怀有澎湃的想象，虽不明白是什么，但坚定地知道那必然是关乎一生的事。

　　人生中有些路不得不走，别无选择。在一个被悲伤锁住的屋子里，人像半个幽魂，一半过着日历会翻页的晨昏，另一半挂在无时间感的状态里，丧失言说能力、无法思考，被泪水浸泡，也只能沉溺在泪水里消融了生机。记得呼吸进食已是大幸，还能奢谈什么未来？然而我内心深处有很深的愤怒，想要抗拒，想一寸寸地把自己从幽暗处境拉出来。是以，这样的画面如今想起来有点甜又有点疼；躺在收割后的稻田上，仰望天空飘移的流云，空气中充满金黄稻谷的香味，在田草间奔走的小虫爬上我的脸颊又穿过发丝而去，我的身体像鱼返回海洋，被大自然的巨掌托住而感到舒畅，仿佛肩上的枷锁卸下了，根须复活，可以思考，遂心似野马，扬着幻想之蹄在广袤的天空奔跑。我会成为什么？会去有许多璀璨名字的国度流浪吗？会嫁给中学同学种三甲地养五十只鸭，还是跟一个有络腮胡的异乡男子私奔永远不要回来？我会离开水井与稻田去更辽阔的世界追求梦想，还是拿一把大剪将不驯的青春剪得粉碎，终老在每年必须接待台风的冬山河边，成为一个猝死也无人为她流泪的小卒？

我决定给自己一个承诺，去辽阔的世界追求知识、锻炼自身。而当时能想到的第一个行动就是到台北考高中，我揣想，念台北的高中比较有机会上大学，而拥有知识方能谷底翻身，这个家才有机会重建。我不知道一般十五岁孩子如何做决定，想必与父母师长商量，审慎规划再付诸行动。我有两个姑妈在台北，大姑妈已成家，单身的小姑妈日夜为工作打拼，我一厢情愿地设想可以投靠大姑妈，寄宿她家，遂大胆地没有征询姑妈同意，也没有探听、讨论，直接找导师告知我的决定。

那时离联招报名截止已不远，报考本区的学生自有学校统一报名无须操心，我属越区需个人报考，导师帮我弄来北区高中联招相关资料及个人报名表格，把我叫到办公室，他一面抽烟一面看密密麻麻的报考办法，原本还悠闲地抽烟，后来竟眉头深锁任那支烟搁在烟灰缸自燃而尽，向我说明女生能念的八所学校及其排名，第一志愿北一女、第二志愿中山女中、第三志愿景美女中（男生的志愿依序是建中学学、师大附中、成功高中），接着就排不下去了，上课钟响，师生两人以考到哪里就到哪里、油麻菜籽式的表情作结。

收到准考证那天，才"告知"阿嬷与妈妈，她们仍沉浸在哀痛中没有反对——成长路上，她们一向给我百分之百的

冬山河畔稻田，彷徨的我曾经在此沉思未来。

自由；或许因为得到信任，我才能放胆地去摸索自己的路，又或许我是个让人放心的小孩，她们才理所当然地放手。如今想来确实有点甜又有点痛，甜的是，年少时对未来一无所知，故拥有无限辽阔的想象空间足以让梦想着床，而如果梦想是灵魂的守护兽，我的小兽那么早现身陪主人历险；痛的是，丧父之恸未愈又要离开家人，那是从骨上削肉的痛苦，十五岁孩子必须自己剔肉剔骨，朝向第二度诞生。多年后，我读到聂鲁达诗："失去你眼睑光芒的指引，我在黑夜迷了路，在夜色环抱之中，我再次诞生，主宰自己的黑暗。"切中我心，仿佛重现那个瘦小乡下女孩的内心风景。而外在处境多么危险，完全没有准备好且是太庞大无从准备起的混沌状态，我有什么？诚如泰戈尔所言："不要问我带些什么到那边去，我只带着空空的手与企望的心"，一步跨出，是魍魉盘踞的深渊还是生养牛犊的芳美草原？无从得知。

临行前，阿嬷带我到观音庙祈求考试顺利，若与现今考生家长准备包子、蛋糕、粽子礼拜文昌帝君祈求"包·高·中（音重）"明星学校相较，祖孙两人皆说不清楚高中校名只求顺利，未免过于潦草。菩萨终究是疼爱我的，提着两袋书籍衣物独自搭普通车到台北火车站，小姑妈搁下工作来接，那时三轮车已没落，我们搭出租车，她将我放在大姑妈家附近巷口便匆匆离去，我以为我认得路，彼时台北尚未全面都市化，新公寓与日式台式老屋杂陈，小巷长得差不多，我迷路了，越走越远。还好大姑妈机警，等不到人便打电话问小姑妈，推算我若不是被掳走就是迷路，一路问人有没有看到一个瘦小的乡下女孩，找了几条巷子才找到我。

城乡果然有差距，在校成绩校排十名以内，却仅能考上复兴高中。当年，这所位于大屯山下风景优美的学校，在以升学率挂帅排序中是倒数第二。报到那天，大姑妈带我从复兴南路住家搭公交车到台北火车站，进站至第四月台搭淡水线火车，至北投站下车换搭仅有一节车厢的柴油小火车到新北投站，出站后沿途问路，车程加步行将近两小时才到学校。她第一次到这所学校，沿途中我走在她后面，没有交谈，从中和街转入复兴四路是一段被称为"好汉坡"的上坡路，她穿着高跟凉鞋走得发喘，路程遥远加上一般人对复中的"坏学校印象"，她直白地要我回乡下念高中较实际。我没吭声。

于今回想，我对两个姑妈心怀愧疚也永远感激，她们各有难以跨越的难关，原生家庭不仅从无奥援反而需要她们挹注，却依然给我关键式支援。尤其大姑妈，在她的人生步入大崩坏阶段当口，我毫无商量，突如其来寄她篱下，增添其负担。父亲生前得她支援甚多，猝逝后，我也理所当然想到投靠她。照说，她可以拒绝的，提供给我一席一饭，绝对不是她的责任。我毕竟还小不解人事，理所当然北上，殊不知人情世故岂有理所当然的道理，每一桩他人的付出都是恩泽，即使来自父母亦是如此。高二下学期搬出她家至学校附近租屋之前，我深刻地看到她的挣扎与痛苦，当时不能理解其内在溃败的严重性以致不曾以言语致意——她有她的大痛苦，我有我的小痛苦，两个受重伤的人对彼此的最大善意是不要在对方面前发出哀号。等到自己翻滚过了，有能力理解世间种种痛楚却也永远失去道谢的机会；我写了一副挽联连同佛珠手串放进她的塔位，其中"有情有义"四字传达我的谢意。她收留我，给我落脚的根据地，我的人生才有机会冒出新芽。

那次到学校报到，缴交准考证、户口簿等资料，承办女士翻看户口簿查验，以十分不屑的表情看我："连自己名字都写错！"言下之意是程度这么差难怪考到这里来。我一看，当下如遭雷击，我把"嫔"写成"嫔"，从小学错到中学毕业，一个连名字都写错的人还有脸活着吗？当下好似被甩了耳光。

开学后穿上制服，我非常不快乐。一则会晕车，每早五点起床，空腹出门赶车，若误了火车便改搭大南、光华客运，此二线司机把公交车当成坦克战车开，异常颠簸，加上车程太长，常需在中途下车呕吐再挤下班公交车到校，迟到成为每日梦魇，身体几乎无法承受；再者，寄人篱下总归有个"寄"字，日日思念家人或夜梦父亲躺卧血泊常惊醒而泪，我必须克服濒临溃堤的恐惧感；三因城乡生活经验迥异，完全无法融入同侪之中颇有孤鸟之虞；四是学校升学率欠佳，学生们很难没有失落感甚至自卑感，我尤其是个垂头丧气的失败者，有一股前途茫然的压力压在胸口。那时各校书包大多是深绿色帆布制，上书校名，可说是奇丑无比又充满学校排序之阶级意识，用考试结果把学生分等级，成全了明星学校学生背那书包的荣耀感，同样也张扬了后段学校学生背那书包的自弃感；我看过我校学生到了市区反着背书包遮那校名，也领教过陌生人轻蔑我是复中学生的不屑表情，那种眼神像刀一样割着我的少女心。如果教育现场让一群孩子每天感到自卑，这绝对是该被推翻的。

这样的高一生，只要有其中一项困难即有可能陷入精神暗道，需与辅导老师商谈，我是四项全来且需独自承受；路是自己选的，做了选择就必须一概承担，这是做人的基本勇气与傲骨，况且我也不想让阿嬷与妈妈知道，一个字也不能说，怎能不抑郁？十五岁的天早塌了，每日扛着残砖破瓦去上学，一周讲不到几句话，低头走路，沉默度日。心受了重伤，躺在稻田里充满雄心壮志的那个少女完全没想到是这种日子。大姑妈看我每天晕车吐得脸色苍白，严肃地说："你这样怎么念书？我看转回罗东念算了。"我听得出语意内与语意外的意思，仍然没吭声，身心疲困但奇怪的是没有一丝悔意，我非常好强，坚定地知道自己走在正确却艰辛的路上，只准成功不许失败。

既是正确，便自问：种种艰辛如何克服？所幸从小自家务操劳中锻炼出坚毅能力，能谋思、擘画、定夺，尤其我辈农家子弟长于偏乡皆能吃苦耐劳且以之为荣，不轻言放弃也没有放弃的念头设想，台风吹倒四分地近一千二百坪稻子，弯腰一株一株地收割伏稻，不割完能放弃吗？这些看似不起眼的锻炼已内化成行事态度，遂决定克服晕车弱点，一上车故意坐在司机后面闻那呛鼻汽油味，告诉自己："闻够了就不吐！"果然身体可以听从意志而修改反应，从此不晕。

美丽的校园抚慰离乡游子的孤独，大屯山云空霞影，观音山落日、淡水河畔蜿蜒的璀璨灯色，安慰着我也触发了敏感的心。我仍深深怀念每一阵向我吹来的山风夹带着季节的芬芳，每一条山路旁轻唱的溪流，每一场暴雨敲击图书馆窗户向我展示什么叫磅礴力量。大自然全面启动陪伴我，中秋节时我买了一个蛋黄酥，独自坐在深谷似的操场石阶上远望淡水河夜景，一轮明月当空，仿佛专程陪伴我，虽然和着泪吃下蛋黄酥，却也体会"举杯邀明月，对影成三人"写的不是难耐的寂寞，是悠然自得的孤独。渐渐地在课业上重拾信心，我知道自己不会一直是个失败者，是以美丽的大屯山城作为碉堡的战士，自我锻炼，找寻人生战场。心，定下来了。

"北投"是温泉丰沛之地，高山族凯达格兰族语"女巫"之意，猜测与氤氲的硫黄雾境有关，故有此名。日本侵占时期为了发展温泉产业，更扩建火车支线到新北投。七十年代中期我就读时，社会仍在戒严，民风保守，然北投与新北投因温泉观光产业而衍生的营运生态，常见莺莺燕燕穿梭其间，尤其灯火渐旺，像我这样留校自习的高中生步向新北投火车站之时，常遇到艳女被摩托车载往温泉旅社，错身之间，想象她们迫于生计必须在欢场讨生活，如同我听闻的流落到灯红酒绿之地的乡下女子，让我郁闷，更为女性坎坷的命运感到痛心。为什么上天这么不公平，为什么黑暗只送给某些人？

或许受此影响，我对泡温泉包括后来才知晓的那卡西演奏、酒家菜毫无兴趣。新北投火车站前即是北投公园，终年弥漫温泉热雾，硫黄味不散，俗称"地狱谷"，地热可煮蛋（现在不允许），乃驰名之郊游胜地。我日日经过，只进去一次开眼界，不明白怎么有人可以在呛鼻的硫黄味中喝酒取乐、情欲奔放而不猝死！

就地缘偏僻与地理风情而言，这里不是开办一所中学的好地点，难怪某些势利又肤浅的人传言，被各地学校记三支大过勒令退学的"流氓学生"大多送来复兴高中。证诸校史早年发展，确实曾收留各校问题学生，教育上的爱心作为却在民众心中留下偏见，即使事隔多年仍阴魂不散地罩在一群联考失利的学生身上，好像我们都是爹爹不疼姥姥不爱的男流氓女夜叉，身上带着随时可械斗的家伙。

若要说"武器"，我确实带过；有一回踩着夜色欲赶最后一班火车，一个骑脚踏车男子经过我时冷不防伸手摸我前胸随即扬长而去，我怒得恨不能把整条街的房子给拆了，将这败类丢入火山口。第二天起，我的书包里多了一把剪刀，只不过，派上用场是在服装仪容检查之前，请同学帮我修一修超过耳垂的头发。另有一次，真该动用剪刀时偏偏没带在身上；大部分女生成长过程都碰过需用"一把剪刀"剪掉的丑恶事件，有一回坐火车回罗东，靠窗的我太专注看风景想心事，没察觉旁边何时坐下一个老男人，当我从窗外收回视线拿起膝上的书时竟瞥见他正在自慰，一只脚还顶住前座椅背，摆明不要我进出。当时四周座位皆无人，我震惊至极，脑中一片空白，但当下不动声色悄悄把课本卷起来，正在寻思要不要像打蟑螂般出手时，检票员进来查票，他火速拉上拉链盖上外套掩饰，我趁机起身往别的车厢走，走了好几节车厢，择定坐在一对带孩子的夫妇对面。不久，那老男人竟也到这节车厢来，不知是要找我还是另觅对象，从其看似正常的背影难以相信他是个病态暴露狂。我因这事件才发现自己太嫩欠缺反击能力，与其说他的行径让我作呕，不如说发现自己怯弱、不懂得喊叫让我暗骂自己好久。唯一庆幸是没用课本当武器，要不然我真不知道往后该怎么读那册语文课本。

复中学生当然不是问题孩子，约略可分为两大类：一是偏才型，特具某项艺文才赋，尤其是绘画、音乐，在要求全才型各科均衡表现的联考制度下难以出头；二是联考失利，程度够偏偏考运极差，越是大考越会失常，不得不接受分发结果。然而，成长的路上总是祸福相依，或许因为学校位于万年火山、温泉环抱中，自有一股昂扬喷发的活力，学生无形中受此熏染，活泼、古灵精怪甚至带着反骨，敢于在苦闷的青春岁月试探体制那一条边界，聪明点儿的闷不吭声地闯，喜欢作怪的只好常常挨教官的骂；常有几个高帅男生在制服上动手脚，把大盘帽弄凹、衬衫背后烫三条线、定做喇叭长裤、书包背带放长都过膝了还弄出流苏花饰。某次，挤在小火车内开往北投站，我照例拿着课本，即使动弹不得也要奋力伸出手来，看一个字也甘愿，把我挤成馅儿的正是那些男生及已换穿无袖背心的时髦女同学，他们嬉笑怒骂互邀去舞会、打撞球（此是当年坏学生的基本玩乐），与他们四目交接当下，我相信他们心里一定骂我"书呆子"，而我也用眼神骂他们"大笨蛋"。往后，当我在大庭广众看到高中男女学生拥抱放闪[1]，都能老僧入定，不为所动。我在温柔乡见过世面了，封锁的青春、迷惘的岁月，他们驱动本能快乐原则结伙寻找出口，而我手不离书的行径则是在纸上呼唤女巫助我一臂之力，出发点一样，都是为了突围。

新北投火车站，苦闷的青春在此游荡过。

---

1 指男女秀恩爱的亲密行为。

关于淡水线火车，恐怕全台湾找不到第二条这么奇特的铁道风景——不是车外，是车内。从台北火车站到终点站淡水，依赖这条交通线的有北士商、中正高中、十信工商、复兴高中、珠海高商（乃薇阁中学前身）及淡江大学，尤以我校为大宗。当时有个不成文规则，女生车厢与男生车厢泾渭分明。有些男生大概为了练胆子，故意从女厢上车一路走向男厢。车厢座椅是面对面的长条椅，在那个男女授受不亲、牵手被教官抓到要记过的年代，一个男生或女生敢踏上这种背后的眼光与嘘声足以让人腿软的伸展台，绝对称得上"有种"。某次，我正低头看书，忽然有一张纸条丢来，一抬头，两个男生一前一后快步走向下一节车厢，只看到比朱自清的父亲更难辨识的"背影"。

纸条上没有名字，只有一段用端正字迹写的爱慕文字，始终不知道"他"是谁，真的是给我的还是丢错人了？真的有那么一点意思还是随便"练文笔"的？犹如，我望向月台等着看一眼的那个总在开车前才跑步出现的男生身影，他也不知道自己已成为我眼中的风景，不知道等待他的人是谁。

距离北投站约一公里多的新北投站，是充满特殊风情的木造小驿站，仿佛一颗闪亮宝石落在草丛上。搭乘这条支线的旅客以学生为主，这使得建于日本侵占时期、造型像一艘外星小船遗落于火山群中的新北投站，具有星空想象，尤其屋顶上四扇圆形老虎窗，像外星人眼睛虎视眈眈，附近有喷发不息的地热，更加强奇幻感。我校学生本来就多怪胎，日日出入此站无形中添了星际科幻感，行事风格更加与众不同。

这条支线只存在六十八年，我搭乘期间正好是她坠入没落前营运正常的最后三年——我离开那年，因废娼政策加上公交车路线完备，使用人数锐减，小驿站没落了。一九八八年开出最后一班列车，建设地铁淡水线以取代铁道，北投的面貌开始翻页。次年，这个受许多人怀念的站体竟展开奇幻漂流，拆迁运至彰化供民众参观，直到二〇一四年重返台北，三年后以新面貌在原址附近重建，成为一个供人缅怀的小景点。

这所学校真的救了我。当我们以升学率衡量一所学校之优劣，仅是统计上的数据而已，落实到每个活生生的学生身上，什么叫好学校？能启蒙学生，引导他以超越的视野想象未来，敢于给自己一个梦，梦着别人从未交给他却是经由自己发现的一个独特的梦，如同马克·吐温所言："你生命中有两个最重要的日子，一是你出生那天，一是你找到你为何而活那一天。"一所学校，即使在升学市场上倒数排名，即使校舍老旧，只要能让学生在她的怀抱里发现为何而活，那么，她就不是地面上的明星，她是夜空中闪亮的金星。

更幸运的是，我遇到了认真教学、关怀学生的老师，他们都是教育家。高一语文林艳芬老师在课堂上不止一次朗读我的作文，激起我的写作兴趣，高二、高三语文楚书渤老师，不厌其烦地为我解答——在学习上，我是一个标准的"问题学生"，问题很多，会思考授课内容、产生疑问而必须求解才能甘心。历史孙继文老师，带给我非常专注、美好的上课经验，而我的提问恐怕也超出一般学生会问的范围。当他看到校刊上登出我的文章，把我叫到办公室，慢条斯理地关心我的志趣及将来，送我托尔斯泰的《高加索故事》及比较文学理论书籍，关切之情溢于言辞。回想这些，分外温暖。当老师没把学生当联考失败者，做学生的怎能自暴自弃？当学生没把自己当联考失败者，想要奋勇前进，做老师的怎可以自暴自弃？

当年高中校园不鼓励社团活动，玩社团、看课外书等于是坏小孩，复中学生既然不以升学为人称道，反而能呼吸到新鲜空气，拥有多元的社团经验。班上有位同学参加"复中青年"校刊社，公开向大家约稿。投稿箱就挂在一楼楼梯墙上，我经过都要看一眼，仿佛缪斯女神指派温泉乡女巫对那只木箱施了魔法，目遇三次必须成情，我看了何止三次，说不定那小箱挂在那里单单只为了捕捉我，他人看不到的。生命中奇异的时刻来了，我去文具店买稿纸，且竟然对画着浅绿格子、右下角标示24×25的稿纸产生好感，孤独之夜，文学从我的心口插翅飞出，满怀心事霎时像地底熔浆喷发，完成第一篇散文投入箱子，"咚"的一声证明这箱子是空的，也见证那天我正式发出声音质问天地："我到底是谁？"

校刊采用了，那是我首次发表文章，随后加入校刊社。学长学姐甚优异，常问我们读什么书，继而介绍文学名著，我看霍桑、黑塞及加缪、泰戈尔作品就是在这种机缘下接触的，假日至重庆南路一段书街觅书或到国际学舍逛书展成为常态。他们还带学弟妹一起郊游，去大学找学长，顺便参观

与素燕摄于校园,她成为画家。

与俪祯摄于校旁溪流,她成为多媒体艺术家。

大学生活。我们社团还探访过当时颇有名的神州诗社,邀请校外作家来校演讲。很难想象在没有任何奥援的情况下,二十世纪七十年代中期的复中学生能玩出这种局面。此外,复兴高中美术社非常有名,学长姐与学弟妹的关系亲密,我也跟着美术社去写生,虽是玩票性质,但看到他们那么认真地学习、讨论、追求进步、观摩画展,很受鼓舞。之后美术社出了好几位有名画家,光是我班上就出了两位艺术家素燕与俪祯。试想当年都是联考压力下的"不正常"教学,无美术班训练,一个学生社团能这样成长,值得喝彩。

我从校刊社获得信心，每日最快乐时刻是念完功课拿出稿纸写文章，开始投稿《北市青年》，这是当年仅有的学生园地。每天第二节下课，我常到行政大楼训导处门口信件栏看有没有我的信，当收到《北市青年》专用信封通知采用，有一种被天地紧紧抱在怀里的感觉，恨不得用华尔兹步伐舞过"情人坡"道，舞过那棵犹如守护神的大榕树；这种感觉太美好太重要了，意味着我找到修复的方法，找到等候我的缪斯之神，要从她的手上领取我的人生。到了高三，我清楚且坚定地知道，我这一生只有一个目标：成为作家。

因《北市青年》登稿而认识一位师大附中学生，他写诗，温文儒雅且带着敢于与众不同的气质，谈吐深刻，写得一手好字，我们通信，也有几次纯纯的约会，他建立了往后吸引我的异性形象。他曾在圣诞节寄卡片到学校，只有三行字："冬天不冷、冬天不冷、冬天不冷。"用圆珠笔写，故意以手指涂抹字迹焕散造成飞扬感，至今印象深刻。他家住铁道边，我们仅有的几次通电话中，都需暂停谈话等待火车通过，我完全不记得两人说了什么"情话"，只记得我们安静且专注地一起听轰隆轰隆、轰隆轰隆的火车声，然后我的铜板用完了，电话被切断。

高二下学期，大姑妈家算是毁了，她出售华厦另迁他处，我只好到学校附近租屋——毕业多年后我才知道当时学校的宿舍刚盖好，我竟然不知，由此可见多么脱节——虽然心情漂泊，然正如紫微斗数命理所示，我的田宅宫极旺，租住之屋正是庭院深深、清幽芳美的别墅豪宅，更稳固了勤读、滋润了文思。

在外需自行打点三餐，学校附近"大陆面店"是复中人的饮食旗舰店，我很穷吃不起牛肉面，不过光是牛肉汤面、阳春面、榨菜肉丝面就够我感恩了，尤其炸酱面更是一流，从校门口想好要吃炸酱面，步行时开始分泌唾液，等到那碗面热腾腾上桌正是饥饿强度最高点时，埋头苦干，感动到吃完去帮他洗碗刷锅也愿意。彼时学校也可搭伙，老"荣民"厨师揉出来的老面馒头建立我对面食的评鉴标准，这些从山东、四川、湖南颠沛流离来到大屯山下的长者，用家乡味的饮食工艺呵护了同为天涯沦落人的我们。

高三那年，我有幸被班上推选为模范生代表，正式展开此生首次可能也是唯一的竞选活动。那是我终于克服孤鸟特质的重要一役，班上几位具音乐歌唱才艺的同学组成竞选团队，利用下课时间护随我进各班拉票，不开玩笑，玩真的。最刺激的是，直捣男生区的复兴大楼，那区域雄性荷尔蒙终年盘踞，媲美硫黄热雾，只要有女生走过，微风掀起裙角，便听到各楼层走廊等着看女生的男生吹哨、鼓噪、喊叫，完全是一群穿制服的台湾猕猴，吓得有些女生拔腿就跑。而我们几个女生竟然有胆上梁山泊，我记得从走廊一路被嘘着进教室，班上那位美女同学具大将之风，吉他一横，刷一段乐音，男生竟安静了，我把握时间发表竞选演说，说完，他们很慷慨地鼓掌，说不定拉到不少票。学校还安排候选人上台对全校师生发表演讲，我的演讲扣合时局，颇为慷慨激昂。选举结果，我以第一高票当选模范生。因这一役之故，毕业典礼时代表毕业生致答辞。自小，我有个奇怪的特质是不怕上台讲话，所以小学、中学，我皆在毕业生典礼上荣膺在校生致欢送词、毕业生致答词任务，没想到高中最后一里路，仍有机会认真写演讲稿代表毕业生致辞；对我而言意义重大，也不过才三年，我竟能找回自信、寻得方向，还有谁比我这么一个离家投靠学校而成长的异乡学生，更适合代表毕业生向学校、老师深深一鞠躬呢？

永远感谢复中给了我最好的锻炼，让我在高中阶段储存坚实的自信与奋发意志，继续去找属于我的人生，去收获荣耀。对想要学习的人而言，知识是没有围墙的；对想要跳跃的人来说，每一道门槛都将变成脚下的见证而非头顶上的阻碍。

我曾写过一篇《荒野之鹰》，述及高中备战应考心路，没想到竟成为大考压力下两岸莘莘学子的励志文。"当神赐给你荒野时，意味着，他要你成为高飞的鹰。"年轻的读者告诉我，每当读书读到心慌，这句话鼓动出勇气与毅力，陪他们挺下去。而当年陪我挺下去的最大力量，应该是大屯山的灵气与女巫温泉的活力，大自然启蒙我：即使是一个受重伤的人，也有追梦的权利。

联考后，有些同学基于一股受够了的愤怒把课本、考卷与参考书烧掉，一时之间常闻到焚烧味。发榜后，我整理行李要搬离租屋，不知怎的，一股深沉的复杂情愫突然袭来，竟哭了起来。我没烧书，却烧日记、文稿及刊登文章的刊物。

昨日一切，譬如昨日死。我要继续向前走。

那一刻，火光映照，我告别大屯山城的忧郁少女，正式长大成人。

迷雾中，呼唤我的名字

　　我的名字是个谜，像河里一把悠游的水草竟夹藏一道白花花闪电，碰到会触电，提醒我平凡人生里总有意想不到的遭遇，而每一桩看似无关紧要的遭遇，可能藏有奇特的赠礼。

　　不妨从头说起，由此回顾六十年代乡下为婴儿命名之荒唐史，并佐证人的记忆会扭曲变形、自行修改成新的情节，所谓"真相"像空谷幽兰，可遇不可求。

　　我的名字有个"嫃"字，完全违背那年代给女娃命名为"英、华、珍、云、凤……"的"菜市场法则"。我出道甚早，或有好奇者以为我少年得志兼有不常见之名，必是书香门第、祖荫护身，才会帮孩子取个高深名字，开条终南捷径。

　　这个字怎么来的？什么意思？怎么念？我到高中以后才一一解惑；它像个密码，被拣选的人身上必然带有胎记，即使刻意要忽略它，终究翻转成核心标志，无法更动这记号及其隐含的奥义。

　　我的名字是两个姑妈取的。把时间拨回一九六一年，那时的台北街道百废待兴，从操着日语翻页变成推行汉语也不过十二年，孤舟飘摇的台湾，离挣脱贫困还有一大段路要走。那年，有个响亮口号："经济发展要资本，资本形成靠储蓄。"当局为了建设想办法吸收民间游资，号召全民响应"三一储蓄运动"——一人一天存一元，储汇局因此推出"邮政一元储金"。我直接推测乡下鲜有人能共襄盛举，尤其每年必淹水的我村、淹得较深的我家，一天也榨不出一块闲钱。

那时，大姑妈与小姑妈两姐妹离乡打拼，在台北将军牌家电公司当作业员。如果愿意闭眼聆听，必然听出六十年代风中响着离乡女孩含泪的歌声；自中南部、东北部、东部乡下的女孩大军涌至台北寻觅工作机会，这群生于日本侵占末期或战后初期首批婴儿潮女孩，大多未受教育或仅有小学能力，被要求一天也不能耽搁地去赚钱养家，她们必须在婚嫁成为"外姓人"之前回报原生家庭养育之恩。

所以，在那栋厂房里埋头苦干的是讲闽南语、认字有限的年轻女孩，她们的日子只值一小时一块钱多，所挣薪水除了留下房租和几块钱零用全部寄回家，迟几天未寄，家里便来电催索；无非是台风掀翻屋顶待修、阿爸咳嗽求医、阿兄做生意欠资、阿弟学费未缴。厂房作业线的日子就像天花板灯管不容许闪烁，女孩们上下班打卡被管得死紧，只需低头作业不需抬头看窗外天气，晴雨跟她们无关，一只蝴蝶飞进来引起惊呼都算躁动。二十二岁大姑妈与十四岁小姑妈亦在其中，她们连歌都没得听，因为那年"警备总部"通令查禁《我要你的爱》等二百五十多首打击民心士气、破坏善良风俗的中文歌曲，而闽南语歌譬如"月色照在三线路，风吹微微，等待的人耐也未来？"被严格控管的情况不必多言，虽然不久之后"新闻局"开明地解禁电影中的"接吻镜头"，声明那把大剪刀不会看到嘴对嘴就剪，只要是在正常恋爱进行中出现的男女接吻都可以保留，但未解释什么叫"正常恋爱进行中"？爱上有妇之夫算正常还是不正常？但这种"德政"与这群女孩根本无关，她们没钱看电影，更不知道什么叫"正常恋爱进行中的吻"，嘴巴能吃饱就偷笑了，接什么吻？不三不四。

更正，她们也疯电影，那是两年后由李翰祥导演、凌波与乐蒂主演的黄梅调《梁山伯与祝英台》。我故乡宜兰是歌仔戏发源地，两个姑妈自小深爱戏曲，见此电影如鱼跳回海洋，大姑妈看了十三遍；当套着枷锁的青春遇到凄美爱情，谁能阻挡一无所有的女子在黑暗中化身为梁山伯为爱而亡？

厂房里，女孩们除了看手上组装零件，唯一能看的是同事的脸，两姐妹公认有个本省女孩长得最漂亮，天生皮肤白皙、体格匀称，跟大部分乡下来的黑干瘦女孩不同，她俩不时瞄着她看，在堆满家电零件、机械声轰隆的工厂里，一条美丽身影给了她们一丝爱美的梦幻感。

到了秋天，家里来信说嫂嫂生了女婴，姐妹俩异口同声要帮这女婴取名"敏娟"，因为那位漂亮女孩就叫"敏娟"。

当年颇流行用喜欢、敬重之人的名字为新生儿取名，盼能承续其优点或吉运，两位姑妈即是基于这种心态。但是，"婊"字并不寻常，那位白皮肤女孩与我姑妈同世代，是日本侵占时期偏乡穷村之人，在"美子、阿娥、素珠、丽花"当道的女生名册中，怎可能冒出此字？一个生于二十世纪二十年代的本省女孩若名字中有个"婊"字，她应该跟随同属望族的新婚夫婿在日本留学才对，不应该跟一群黑干瘦乡下女孩挤在厂房赚一个月三百元工资。

"你怎么知道她的名字就是这两个字？是你写下来的吗？大姑不会写，一定叫你写，你有没有写错？真的是女字旁？"我像个问案的，小姑妈说公司打卡钟前有每个人的出勤卡，上面有名字，"应该没抄错吧，五十七年前的事，我记不得了，我才十四岁"。

"应该没错"这四个字就像热恋中发高烧的恋人说"我永远爱你"一样，潜藏逆贼。有没有可能，出勤卡上龙飞凤舞的手写字是常见的"祯""桢""侦"其中之一？十四岁的小姑妈像密探，站在打卡钟前踮脚尖、伸脖子找到那张卡片，把"祯""桢"或"侦"抄成"婊"，理所当然念"真"。有没有一丝可能呢？

去报户口的当然不是姑妈，是不识字的我阿嬷，我父完全不管家务事。猜测这两字应是小姑妈写在信上寄回家，阿嬷带至户政事务所由户政人员写下。

阿嬷去报户口那天应是十月下旬，我已出生十多日，初步判断没有夭折迹象才走一趟镇上。乡下人晚报新生儿户口甚至过了满月，其理在此；农务繁忙又要坐月子，大老远去户政机关办事不易，若报户口后此儿旋即夭亡岂不是还要再跑一趟注销，因此皆以晚报为宜。当年乡下户政人员良莠不齐，以报户口那日当作新生儿出生日的情形很普遍，我亦如此。会发生这种情形，乃因乡下人习惯以阴历过日子（我母我姑至今仍如此），户政则以阳历（公历）纪事，当家长报以阴历出生日期，之前的日历已撕去而承办人员懒得推算，干脆以当天作为出生日，反正不是他的孩子无所谓，这就是为何乡下孩子甚多生日悬疑，日后欲以星象（依照阳历生日）与八字、紫微命理（依照阴历生日）论命皆不可得的原因。这种情况在现代不可能发生，但在生产由产婆接生或自行断脐、报户口无须婴儿出生证明的年代，一本户口名簿有时仅能当作稗官野史，不能当作历史铁证。有例佐证，按照户籍上登记，我母婚后不及五个月便生下我，这岂不是偷食禁果！经盘问，她以指天为誓的表情斥之为"黑白讲"。

此事我信她，时间未久远，人证还在。怎会如此？户政员把办理结婚登记那日当作"结婚日"了。怎可如此，没办法，那年代吹的风叫作"就是如此"。可证，当社会规范未立、民智未开，掌握权柄的人说了算，人们习以为常亦不以为忤。

我的官方版出生日期是错的，名字不可能出错吗？听闻有户政员将单名"正"写成"一止"，可怜那孩子长大后嫌麻烦也不想"正"回来。还有一例是我大弟，婆媳俩商量好名字，也是阿嬷去报户口，这回只凭口说，户政员写下。几个月后，我母抱婴儿携户口簿去卫生所打预防针，一大早等到中午还没叫人，我母问护士，她问婴儿名，我母说"俊"，护士答："没有俊，你儿子叫训。"才知那位户政员可能有听神经障碍，俊、训不同音，我阿嬷时年五十尚未缺牙发音漏风，那位仁兄若非耳聋，就是完全不在乎他人死活。以后证前，关于我的名字，有没有可能，小姑妈写的是"祯""桢"或"侦"其中之一，户政员打了哈欠，落笔的竟是女字旁的"嫃"？报完户口后，没人看过上面写得对不对，乡下人除非有人出生、亡故或买卖土地，否则不会去翻看手抄字迹不易判读的户口簿。有没有一丝可能呢？

关于名字有第二个版本，根据的是我的记忆。

我记得小学四年级以前写的是"桢"，四年级导师黄老师说我这么爱哭是真正的女生，应该改成"嫃"，他同时也帮另一个女生改"华"为"萍"。老师说的话就是圣旨，从此我写自己的名字都是"嫃"，直到高中报到时被那位大婶讥笑："连自己名字都写错。"此生第一次翻看户口簿，果然清清楚楚是个"嫃"。

可惜因老厝淹水加上多次播迁，小学、中学时期除了留下几张照片外已无任何文件可以证明我的名字曾写成"桢"与"嫃"。日前查询中小学校方学生名册，所留"计算机档案"皆是"嫃"，户政事务所的手抄本户籍登记簿上也是"嫃"且没有改名注记。这应该可以定谳，报户口时写下来的就是"敏嫃"。

那么，我的记忆为何这么离奇？像一个过度幻想的小孩脱离现实遨游天际。以我自幼对课业认真，习字必究竟其笔画，怎可能分不清桢、媜之别？到底哪一个环节由谁弄错，至今不解。难道曾有一个叫"桢"的隐形小孩附在我身度过最快乐的童年期，又来一个"媜"借宿我身，陪我熬过黑暗期？读古典文学时，常遇到作者生年不定、名字不明的情形，深以为怪，有文字记录怎会出错？清朝不算远，一个曹雪芹的身世就是一团雾，忙翻红学家。等到自己碰上，连最简单的出生日期也会出错，才知官方文件上的白纸黑字有时仅供参考，还活着的当事人也有可能遇到"年代久远已不可考"的困境。桢、媜、媜这三个字的演变过程太像天意莫测，又隐含命中注定：不管怎么胡闹，你终究要回到女字旁加上贞洁的贞。

猜测最有可能的情形是，小一上学期习注音符号，下学期开始在练习簿上学写名字，依据的是老师帮我们写在本子上的字，早读的我还是一只在森林中迷途的小白兔，不能辨位，依样画葫芦，把"媜"写成"桢"，老师没发觉，就此错定。由于每年更换级任老师，不易被抓到，到小四时老师的"戏言"被我当真，遂把"桢"写成"媜"。

姓名乃标示"我是谁"之首端，而我这个品学还算兼优的学生竟然到了高中还未弄清名字含义；"媜"字神秘莫测，字典找不到，请教语文老师，他解惑了，《康熙字典》才找得到，读音如"争"非"真"。折腾到十七岁，字写对了，会念了，但不知是什么意思。不久，班上同学流行去掉名字中间一字以简称，大约也是标示自我主宰的一种小叛逆，我已决意走文学之路，不改姓，便去中间一字，只用"媜"，大势底定。

大学时上声韵学，得知"媜"字"知盈切"反切庚青韵，确实应念"争"，义为"女字"，女子名字。这个不常见的字有时会跟我玩捉迷藏，在计算机未成为主流的铅字排版时期，我的名字见诸报章杂志，勉强拼出的"媜"要不是太胖就是干脆以小黑点"·"代替，当名字变成"简·"，该哭还是笑？十多年前曾在上海开户，计算机无"媜"字，改以"＊"代替，凡需汇款给我，户名写"简敏媜"必被退回，需填"简敏＊"。两岸有何不同，一个叫"·"一个叫"＊"。

此字也同样困扰我的读者，写来的信上说如何如何喜读我的作品，但写的是"祯"，叫我该怎么想呢？还好，年轻时写情书给我的男子们都没写错，证明被追求的人果然是我，但从没人问我这个怪字什么意思，可见爱情起始于一知半解，即使是变成我的眷属的这位先生，也没问过他妻子的名字有何来历，由此证明婚姻里也有不清不楚的角落。每个人的名字，就像一棵独特的开花植物，多开一朵少开一朵无所谓，活着就好。

撰联名家张佛千先生曾以我名为题赐下一联："文章高诣贵在简，女子美字古曰媜。"蕴涵勉励之意。女子美字，既是云女子有个美好的名字，又可衍义为写得一手好字，再撮要假借为博得"文章美名"的女子，谁云不宜。

贞，会意字，甲骨文字形似一口宝鼎加上一支神杖"卜"形，相合而为：依据鼎内火炙变化而察看神迹。远古殷商，无事不占卜，"贞"是个重要的字，贞人即卜人，卜者释义需求正确、坚定，故衍生贞定、坚贞、贞节之辞，指的都是不可动摇的精神境界。成于清康熙五十五年（一七一六）的《康熙字典》收有"媜"字，自字面推想，从女从贞，寓意品德贞洁女子，然我更喜爱其古义，一个善占卜的女巫，而"简"本是远古用来书写的狭长竹片，既简且媜，一个聚精会神观察大鼎内火炙变化再将占卜结果写在竹片上的女巫形象，跃然而出。

就是她，自远古而来，附临我身。

然而，我毕竟已过了神话化自己的年纪，天色渐晚，追述自己的名字若有值得自我惕厉之处，应该是以悲喜心怀看到五十七年前工厂里那三名小女工的身影；叫作"敏媜"的漂亮女孩没机会发现自己的名字联结到三千多年前的古老国度，后生的我继承这名字，拥有她想象不到的人生。我的两个姑妈，当时尚未见到我面，却真心地为我欢愉，以她们拥有的一切能力为我寻思一个好名字，把祝福藏在里面。这也启动了我的人生气候，无论我走到哪里，都是一个被祝福的人。

若说这个名字有什么天意，应该是我必须成为说故事的人。来日，若我开始写小女工的故事，那一天，应该就是我搬出大鼎，回到"媜"字源头的一天吧。

青春时期，关于成长与写作的七个关键句

——与缪斯少年纸上喝下午茶，文学约会

【作者交代】

　　我一直想与年轻的中学朋友喝下午茶，来一场文学约会，可惜现实上做不到。在校园大礼堂或会议厅的演讲，太正式了，当有积极办学的校长、主任在座，两眼炯炯有神的教官走来走去，不知怎的，我就轻松不起来，非常严肃地仿佛一个人对三四百人谈判一般讲"大道理"，讲得两败俱伤——我怎不知大道理让人讨厌，现在流行的是笑声从头到尾不停歇，我没这本事，做不到。曾有一次，两位浪漫的高中语文老师精心安排在校园一隅与同学们喝文学下午茶，桌上还有糕点呢，但大家热得冒汗，"那位同学你移一下椅子，太晒了"。我记得我这么说，看到另一位皮肤白皙的女生被蚊子咬出包，不停地抓，

红豆都快抓成汤圆了，让我好难受。有几次在咖啡厅与十几个校刊社同学谈，效果也不好，咖啡厅太吵我必须扯开喉咙，座位也太挤，好像运囚车里一群囚犯在谈越狱——文学，也像在越人生这座狱。

纸上最方便，无须舟车往返，别说蚊子，连老虎都不怕。最重要的是，无须迁就时间。

唯一缺点是，我听不到缪斯少年们的笑声。

没关系，一个人在思考时是不会有笑声的。

1. "我是谁？"

你问过自己这个问题吗？你觉得这问题重要吗？有意义吗？如果给你一张白纸要你写下回答，你会写名字三个字而已，还是纸短情长无法罢笔？

"有没有一条路，让我可以从年轻走到年老，既是青春航程的起点，也是生命最后的岸？有没有一条路，收藏我的喜怒哀乐，让浮云般的一生变成美好的故事？有没有一条路，生命的意义就在那里。"

你想过这个问题吗？

还是，你真的觉得用什么方式活着，无所谓。

我想过这个问题。这问题是颗种子，你越早提问，它越快萌芽。在与现实人生搏斗之前，天地静好，我却想知道自己是谁，来这世界做什么？有个夏夜，入睡前，尚未念小学的我把脚搁在木板床窗台上吹风，父亲正在收听的收音机用闽南语播新闻，有个人发生车祸"当场死也"。死也，这个概念重击幼小的我，非常害怕，烙印脑海难以忘怀。我想这个时间点可以用来标记一颗"文学种子"掉出来了，当我回顾写作的热情是怎么开始的，是否有一条隐形的线索串联着写作的欲望，就会想起这一夜，"死"这个惊悚的概念启蒙了我，像预告片，要我做准备。后来在现实世界果然必须与"死"对战，我似乎不必经过学习，理所当然地拿起笔在课本空白处、日记本、稿纸上写下文字，越写越多。原来，那一夜那一个"死"字启动一个小孩对生命的大哉问，"我是谁"像一条不断延伸的线索，朝着与"死"相反的路径曲曲折折地长着，终于有一天找到自己的最佳武器——笔，足以与"死"打成平手。

写作，是我的求生术。如果不是为了求生，不是为了把即将流逝的珍宝留住，把种种已然消失的美好唤回来，作家何必存在？

而你，缪斯少年，写作不见得是你的求生术，你的是什么呢？倘若你迟疑了，因拿不出答案而心慌，别急，这不是考试也请你避免用考试模式思考所有问题，人生很多重要事情都发生在教室外。答案必然就在自己身上，只是未曾自我挖掘，未曾从生命的绝对高度来回顾自己那看似苍白却可能无比独特的成长过程而已。当你不再注意镜子里的脸庞与发型，不强悍地守卫自己的感受像只刺猬，开始对生活周遭人事物好奇，即使只是对早餐店一片萝卜糕怎么做成、一条老街如何形成、挂在墙壁上黑白家族照片里有谁，产生一个小问号"？"，即使只是如此，这一刻都是珍贵到值得高声欢呼的。因为你的眼中不再只有自己，你的观察力与想象力开始敏锐、丰富起来，感受力就像肌耐力一样也变强，能感受到他人的感受。请帮这句话画一条线，"能感受到他人的感受"，这是写作的起跑线。

像养宠物一样养个小问号"？"，它会吠叫，带你进入思索的游乐园。你变得渴望学习，即使看到不认识的"屫、魔、靨"也会点开字典查来历，知道它们不是同部首的三兄弟。你学会听不同版本的言论，不轻易受网络声浪影响，在沸腾的群众中犹然冷静，你不甘做一个火上加油、锦上添花成为他人操作下的附庸者，你学会思考，一个"赞"也不随便给。会思考，才能辨是非。

你觉得生命不可思议，对人生好奇。你渴望学习，害怕荒废生命。好像让自己的内在变得丰饶是一件很吸引人的事。你变得爱读文学作品，甚至发觉以前读不懂的、乏味无趣之书：没有影音辅助漫画佐料、密密麻麻只有白纸黑字的书怎么变得有趣起来。你每读一段就有许多触角伸展开来，有你的观察与经验，有困惑与疑点，有赞许之处也有奋然想要争辩的段落，阅读不再是消遣娱乐，你感觉自己在阅读中、睡梦里仿佛跟作者一起散步、对谈，进入一场心灵深戏。当你的生活有意识地启动了体验、寻觅、累积、提炼、结晶的程序，意味着你的内在大建设已如火如荼地动工，你将开垦出繁复瑰丽的心智风景。你不再是以前那个靠本能反应、随波逐流的你，你的内在住着一个寻宝人、一个孤独者、一个追梦家、一个断肠客、一个顿悟僧、一个穿梭时空打败时间之勒索、追求永恒的骑士。你的文学金身跃然而出。

"我们之所以书写，是为了让未被书写的世界透过我们得以表达。"卡尔维诺说。你睁开金身上那只文学之眼，从寻常的人事物中看见闪光，你准备充足了，可以下笔。

2. 锻炼

在黄金种子年代，选择自己的人生路固然重要，还有一项也不能忽略：锻炼。这两个字从"金"部不从"水"部，可见非戏水扬波那么惬意；字典解释：把金属放在火里烧了，拿出来捶打，叫"锻"，把金属熔化，使它精熟，叫"炼"。想象在高热熔炉旁，火屑喷发、大锤起落的画面，岂是歌舞片那般欢乐。

从最基础的日常生活开始摆脱"蓄奴制度"——家中那两个，一个叫妈奴一个叫爸仆，为独立自主做准备吧，从自己额头流下的汗水才是甜的，接受各种锻炼，准备登基，开创一个王国。

我必须提醒你，锻炼的项目也包含内在心理素质的厚度与韧度，若是太薄太脆，一句责备、羞辱的话就足以让自尊心严重受损的少年从高楼跳下。这是遗憾的事，有求死的冲动却没有求生的勇气。每个人的锻炼之路不尽相同，但同样必须承受捶打。我无法判断各自承受的捶打合理或不合理，但我相信，一旦熬过，必然有崭新且美善的面目。

锻炼隐含的目的就是，脱胎换骨。

3. 选择

最会做考卷选择题的人，可能最不会做人生选择。人生是无数选择的总集合，每个选择都没有标准答案，适合他人的路不见得适合你。有人选最多人走的那条平稳之路，有人如美国诗人佛洛斯特《未选之路》（*The Road Not Taken*）所言，选择人迹较少的那条路。

> 树林里岔出两条路，而我——
> 我选了那条人迹较少的，
> 因而使得结果完全不同。

选择一条最适合自己的路，让将来七十岁的你感谢十七岁的你所做的选择。

然而，"选择"若是个出远门闯江湖的少年，"机运"就是他的坐骑。我们永远无法理解上天何以厚待某些人而苛待另外一些人，错误的选择会带来痛苦，但有时痛苦并非来自选择错误而是欠缺机运以致留下遗憾。即使如此，我们也不能不慎重地做出选择，因为道理很简单，如果我们不在乎那珍贵的选择权，很快地，我们将变成被选择的人。

4. 纪律

没有人喜欢这两个字，它代表以外力进行规范、约束。纪律的对面，小一点的是自由自在，大的叫无法无天，两边泾渭分明无模糊地带，未尝听闻能够既守纪律又不守纪律（举例，有听过既闯红灯又没闯红灯吗？）学习过程要不要把这两个字放进来，持不同理念的教育专家各有看法。纪律确实像一把刀，施行者若拿捏不当广设条条框框，岂非把人关入牢狱？但若把学习喻作深入莽林垦荒，少得了这把刀吗？

我想说的纪律，指的是已内化为自我管理的能力，在没有任何外力要求、驱策的情形下，一个人自动自发、持续朝目标迈进。凡才情禀赋秀异能成就大业之人，检视其所作所为，必能见到纪律之作用。纪律是约束本能之河床，是追求事业精进必备的生理时钟，是梦想这颗星球运行的轨道。

成长学习过程要不要守纪律，守到什么境地？端看自我选择。小事如：上课迟到、课堂上聊天趴睡玩手机，无视老师卖命授课、摆烂课业、生活常规如杯盘随吃随放、视他人为仆……大事如：离开学校后开始过退休生活，不事生产悠哉游哉，宅在家啃老。有些人有条件过无拘无束、我行我素的生活，有些人无此条件更不想虚度一生，若是如此，及早锻炼才是正道。

非常奇特，纪律往往伴随礼节。一个能自我约束的人，大多也是识大体者。这其间的关联颇值得探究，或可说，重视纪律的人也喜欢秩序，在人情世故上多一分节制，故行为举止合乎礼节。

写作是灯下埋首、不知东方之既白的事业。案头上只有孤独相伴，听到的仅有自己的叹息，以及思虑陷入混乱时一再自我推翻的内在风暴。若无纪律当拐杖，行经莽原打草惊蛇、遇恶水拄杖而涉、攀巉岩则敲径探路，若不是已内化成为一种本能，任何一次写作瓶颈、退稿退件、恶评斗争、滞销绝版，都可能是致命一击，自此封笔。而仍然活着，写了十年、二十年、三十年，自己数算里程朝第四十年前进的作家，不是因为他们多么得天独厚、拥有资源，恐怕最关键的原因是纪律，那根拐杖不知怎的长成脊椎骨又冲出去变成连绵不绝的山脉，引他们向前。

纪律，更上一层的演练是，追求创作上之突破。不管已完成多少作品，面对新计划，必须忘记"所来径"，视此计划为唯一；既是唯一，便敢于破格勇于创新。而这也是纪律最奥妙的地方，它以约束作为起步，最后带我们抵达的地方，竟然是开创。

5. 梦想

　　大江健三郎《自己的树》写着，祖母对他说，每个人都有一棵"自己的树"，生长在森林高处。人的灵魂从这棵"自己的树"树根处降落到人间，死的时候只有身体会消失，灵魂则回到树里，脑筋聪明的灵魂会记得自己是从哪一棵树来的。如果走入森林站在"自己的树"下，有时会遇见老了之后的自己。这时候，尤其是小孩子，还不晓得怎么跟这个人应对，所以还是不要接近"自己的树"比较好。

　　大江说："有一段期间，我会一个人走入森林，站在长得高大气派的一棵树下，等待着遇见老了之后的自己。如果可以顺利遇见他，我有个问题要问他，我会用学校教的标准语问他：人为什么要活着。"

　　这个玄妙的乡野奇谈把各阶段的自己当成不同的人看待，不妨借用，想象少年的你站在"自己的树"前，遇到老年的自己，只能问一个问题，你会问什么？

　　"你有没有把霸凌我的那个同学打一顿替我报仇？"

　　"你有没有买到最新最炫的手机？"

　　"你的最高学历是什么？"

　　"你有没有跟'初恋情人'结婚？"

　　"你有没有赚很多钱？"

　　"工作轻不轻松？"

　　"你有没有继承到爸妈的财产？"

"你去过几个国家旅行？"

你觉得"年老的你"会怎么回答？当他好不容易来到"自己的树"前见到少年的你，他会怎么回答"你有没有把霸凌我的那个同学打一顿替我报仇"这个问题呢？或是，看起来有病容走路不稳的他，如何回答："你有没有赚很多钱？"

有没有可能是这种情况，你很认真地想好问题，想对他说："我把爱伦·坡的话：'梦着梦，梦着凡人不敢梦的梦'写在纸上，旁边也写了自己的梦想，放在铅笔盒里，提醒自己这一生是有目的地的旅程，并非像浮萍随波逐流。我想知道，后来，那个梦实践了吗？"

其他人的会面接近尾声，有的开心拥抱，有的似乎不太高兴，都纷纷离开了。只有你，还站在"自己的树"前等待老年的自己，你不明白，你一向守时，为什么他迟到这么久？

这时，安排会面的人跑过来："这位同学，抱歉让你白跑一趟，我们刚刚确认了，你没有老年的自己。真是抱歉，请回去吧！"

这种情况下，亲爱的少年，你怎么看爱伦·坡这段话呢？

梦着梦。

梦着凡人不敢梦的梦！

6. 挫败

我们来谈一谈挫败。

有句闽南语谚语："跌倒，也要搣一把沙。"跌倒了，爬起来时手里要抓一把沙。重点是爬起来，不爬起来抓沙有什么用？

这把沙，可能是你未来王国的基石之一。

海明威《老人与海》是写挫败与奋斗的经典名著，一无所有的老渔夫连续八十四天捕不到鱼，面对的是致命的海与鲨，书中名言："人不是为失败而生。一个人可以被摧毁，但不可以被击败。"他认为，勇气就是高压下的一种优雅。然而奋斗的结果并非满船渔获大发利市——若是这么写，小说的境界就浅了，绝对不会流传下来。老渔夫拖回一副被鲨鱼食尽的巨大马林鱼枯骨，观光客指指点点，没弄清楚那是什么，那不是他们的战斗，也不关他们的事。这是一个胜利却一无所获的故事，但他奋战过了，用英雄的方式战斗，完全对得起海洋这个神圣战场，这才是重要的。小说结尾，老渔夫回到小屋，趴睡——这是疲累至极且是放松的睡姿，正梦见狮子。我年轻时对这处结尾充满敬意与向往，梦见的不是鹦鹉水牛而是万兽之王狮子，天生的战斗家，个中意涵令人深思，鼓舞我们的奋斗意志。

忽然想起一部影片，一九九二年巴塞罗那奥运会，四百米决赛，被看好夺冠的英国田径名将德瑞克·雷蒙德（Derek

Redmond），在现场六万多和全球直播中无数观众的目睹下，跑到两百五十米处因右大腿肌肉扭伤而痛苦地单膝跪地，瞬间，其他选手都超越他了，对他而言这场比赛已经结束。虽然竞赛场上受伤乃兵家常事，但一个夺冠呼声最高的选手跪倒在决赛跑道两百五十米处，这种挫败无从掩藏何等激烈。接着，雷蒙德奋力站起来，脸上表情痛苦，靠左脚走跳，不是往场外走，是往终点方向继续前进；如果往场外走，他就是一个伤兵（大家也知道他是伤兵），但他仍留在跑道上往前走，证明他是个选手，是运动家。接着，雷蒙德的父亲冲过警卫防线跑到他身旁扶着他："儿子，你不必这样。"雷蒙德表示他要有始有终，父亲架着他一步一步向前，最后一段，父亲放手，让雷蒙德独自通过终点——那是属于运动家的一条线。

"你不必这样。""不，我必须这样。"在人生大战场上，除了少数幸运者（换个角度看，可能是一种不幸），没有一个人身上不带着伤痕。名校、资优班、校排前十、一百分只是评量学习的方式之一而非唯一。挫败，有可能是更大的恩赐，我们要学习写自己的"失败履历表"，自我诊察，予以面对。

挫败，可能来自不健全与不和谐的家庭、受困的人际关系、停滞的课业、夭折的梦想，无论是什么，必然可以钩沉出一张挫败网；人与事纵横其间，形成令人喘不过气来的天罗地网。网子不撑开，永远不知道它是什么图样，拿起一支笔与纸，把困住你的网画出来，不放过任何一条线索；每个人的位置、每件事之前因后果，皆详细记录。接着，帮这张网"减针"，去掉不重要、可放过的部分，让这张网缩小一点。放着，即使当下有许多想法，不急，明天再做。因为面对挫败需要各个不同的你，昨日、今日、明日的你共同商议，有的你倾向减针，有时一阵情绪涌来又加针了。几日后，看看那张网缩小还是增大。如果缩小，表示你有能力面对它寻思化解之道，如果扩大至两倍三倍，这是个需要寻求专业协助的征兆，如同肿瘤扩散，不可等闲视之。

我的人生有没有挫败？亲爱的少年，"挫败"算得上是我的老朋友呢。怎么面对？不害羞地说，到了大学我还是常常哭的，出社会后，不知怎的少哭了。我的挫败有几大类：家庭、经济、创业、人际、感情。不多，或轻或重五大类而已，减针法运用得娴熟了，有些类可排除，挫败的感觉渐渐变轻，只不过是冬雪天气撑伞去寻梅花的那股冷而已。退一步看，康庄大道可以尽览海天一色之美，曲径通幽亦有柳暗花明又一村之惊艳。此路不通，他路顺畅，每一处人生转弯的地方都能遇到文学——那刻骨铭心的经验丰富了写作，是以，创作是我人生中唯一没遇到挫败的项目，因为那是容纳与转化挫败的地方。我比老渔夫幸运，拖回的不是枯骨，是一本书。

亲爱的少年，我想进一步谈被侵犯的伤痛与挫败的感情。

先打个比方：

从前，有一个王国，遭到外敌入侵，破坏这王国最神圣优美的领域，造成无法弥补的损害。后来王国渐渐恢复，但国王始终无法原谅、忘怀被侵略的愤怒与阴影，有一天，下令全国人民自尽。

你觉得合理吗？

王国等于个人。一个人需要为痛苦经历而结束生命吗？

以下是一个简单的推理：假如我果真如此，意味着我是弱者，那个伤害我的人或力量雄壮威武到足以主宰我，决定我的苦乐、光明或黑暗，左右我的一生，那么，他（或是那股力量）就是"神"，我是他的仆人、奴隶、附属品、财产、玩物。但是问题来了，我是生来要被当作奴隶对待的吗？我怎么可以奉那伤害我的人为"神"呢？我怎能允许我的生命被那样的人决定呢？当我以了结自己的生命作为代天行使惩罚、令他一生良心不安的致死一击时，我被自己的悲愤激情与复仇意识蒙蔽了，忽略"我"不只有我一个人，它是个集合体，代表所有跟我这个人有关的人事物，那是一整群规模，当"了结自己的生命作为代天行使惩罚、令他一生良心不安的致死一击"成真，等于把"一整群规模"陪葬进去了。我原本要报复那"伤我"的人，结果却伤害"爱我"的人。伤我的人一个，爱我的人一群，我用一群去抵一个。若我死，伤我者的良心会不会瞬间受谴责我不知，爱我者的心会痛苦一辈子则我知，那么，我是拿"一群"爱我者的"一辈子痛苦"去换"一个"不爱我的人之"瞬间不安"。当瞬间过了，此人谈笑正常寝食俱安，而爱我者沉浸在伤痛里被泪水腌渍了余生。则此人是主宰之神无疑了。

你要带着你的父母、至亲好友一起"奉"他为神吗？你要让他对你做过的事，转而以精神方式对你的父母、至亲好友——再做一次吗？

你的答案是什么？

至于挫败的情感，被爱神的铅箭射中，那是心被鞭笞的经验。"学会分手"是爱情里最重要的一课，可惜热恋中的人听不进去。感情世界分分合合，本是花开叶落般寻常，人寻觅我、我寻觅人，合则携手前行，不合则分道扬镳，道理都懂只是不愿接受；当一方提出分手，另一方鲜有不愤怒的，起因于"为何你不要我"，被欺骗、抛弃、羞辱的感觉像一把尖刀凌迟着娇贵且脆弱的自尊心，理智全面失控，如擒着一把火跑入枯干的死树林，疯狂地呐喊、咒骂，接着发生伤人自伤的憾事。

当挫败的爱情联结到对自我完整性之践踏，视对方及其新欢如寇雠，"报复"被赋予合理性，驱动攻击系统，一发不可收拾。难道，这是面对"分手"课题唯一的选择吗？爱情像一个独立运转的星球，其运行法则跟现实世界的律则完全不同，所有现实世界用来认证成功失败、资优资弱、成绩、美丑……的评鉴法，在爱情星球上往往行不通。感情挫败仅是"一次无缘的经验"，并非代表这一生完结篇，更与自我之强弱尊卑无关，不该用"成功、失败"的概念去定义它。

但无论如何理智分析，挫败的爱情会把我们推入暗无天光的处境确是事实。我岂不曾经历抑郁风暴，岂是没有行过死荫幽谷，岂不曾被泪水咸痛了眼，然而，让我活下来的，不是医生的药（那时的社会还分不清精神科与神经科之别），不是父母（咬着牙也要瞒住他们），而是内在的"英雄性格"——如同海明威笔下与大海搏斗的老渔夫，不惜一战，缓慢地，先从完全停滞之中把时间感找回来，重新确认白昼黑夜运行，每一天从天亮撑到天黑，刮得一点微光，丢入"内心扑满"储存起来，一段时日之后，心念转了 0.5 刻度，能吃能睡，接着又移了几厘米，方向变了，能欣赏美好事物，有个自我反省的声音出现：你把那么贵重的美好事物给了一个没有能力负担的人，错在你不在他。再过一段时日，自我的声音响起：美好的前程在另一个山头等着。提步向前，内在大放光明。

把寻找快乐的能力与整理痛苦的能力当成手脚，手不想动时，脚要行走，脚不想走时，手要挥动。

请记得，人本来就应该手舞足蹈的。

7. 社会责任

"一粒麦子不落在地里死了，仍旧是一粒；若是死了，就结出许多子粒来。"《圣经·约翰福音》第十二章。

我想请你想一想这句话的意思。找到能种植梦想的那块土壤，找出"个我"与"群体"平衡与和谐之道，这是高难度的挑战。

我们都不能忽略自己是大社会的一分子，从中取用各种资源而成长、茁壮。你们之中有些人更幸运些，落脚在社会较富裕区块、较优渥家庭，你们的起跑点比他人超前一大截，这并非你做了什么功德，纯然是幸运，请你记得这份幸运，别把它当作理所当然。那些遍布在较基层的人们，不是他们天生就该如此，也不是比你们愚钝，而是在最幼嫩的年纪欠缺父母，这一生大概就养护良师启蒙，当他们在第一时间没拿到"学习的机会与机运"这张红心 A，这一生大概就会朝向比较辛苦的路。固然在开放的社会无处不可学，但走在辛苦路上的人可能一连拿到的都是烂牌，不易保有奋发向上的学习之心。一个有家庭供应舒舒服服念大学的人，怎能体会一个白天在恶劣环境做足八小时粗工的人晚上根本没力气进修的事实。

所以，如果你拿到的是一条有红心 A 的路，你的梦想着床的土壤是肥沃的，阳光也充足，只要你努力大多能收获丰饶果实。那么，你比任何人更应该做出反馈，上天宽待你，也许他希望你做一个"把远处星光化成近处灯火"的人。

亲爱的少年，我想跟你分享一块荣誉牌。我在求学过程得过不少奖状，落籍文坛之后也获得各种奖项与荣誉，但今年夏天获得的这项荣誉对我而言意义特别深刻。我记得中学时一个酷热的夏天，我跟着阿嬷坐很久的汽车去宜兰县一个我弄不清楚的地方领一笔钱，以往都是弟弟跟着她去，那次不知怎的由我陪她去，也是唯一一次。那地方叫"家扶中心"。我才理解到，在父亲猝逝之后，有一股来自陌生人的温暖吹入我家。我心里想："有一天，我会长……"现在，我不仅长大也迈向黄昏年岁，当年心中的诺言实现了，这块透明荣誉牌来自"家扶中心"，上面写着"爱心永续"，感谢我与先生"持续认养岛内儿童二十年"。当年的滴水之恩，今日报之以泉涌。

将来，无论你站在社会哪一个领域，拥有多少资源，都要把社会上欠安的那一群人放在心里，"把远处星光化成近处灯火"。当你这么做，你会体悟到自己生命所经历的种种锻炼都是为了让你有机会做出奉献。当那一天来临，说不定你会想起今天的午茶约会，"有没有一条路，让我可以从年轻走到年老，既是青春航程的起点，也是生命最后的岸？有没有一条路，收藏我的喜怒哀乐，让浮云般的一生变成美好的故事？有没有一条路，生命的意义就在那里"。

你会再问一次自己，那个古老的问题：

"我是谁？"

那年夏天的蝉声

【作者交代】

我有一文《夏之绝句》，成于大学期间，正是情感奔腾、文字秾丽之时。此文曾收入台湾高中语文课本多年，似乎成为学子认识我的起点。多年前，收录《夏之绝句》的出版社邀我自述写作缘由，为学子伴读，我欣然而就，遂有此文。今重修改题，除述及《夏之绝句》写作缘由，也自剖文理，供学子参考。

曾听闻有教师言白话文比文言文难教，初不明此意，后从出版社编辑处方知，课本所选文言文皆经典名作，教学之章法既定，路径清楚，而白话文品项繁多、包山包海，抒情美文与自然生态之教法自是不同，论述之文与亲情伦理之文其庖解之法亦应相异，且作者大多在世尚未盖棺论定，更增备课之劳。

散文易读，不见得好教。读，以己心去读，教，要服帖那藏在文本里的作者之心去教。散文不似小说、诗，常可依据文学理论塑型一刀予以切入、诠释继而促成评论家再创造之作，每位散文作家之作品汇整而成一独立星球，不仅轨道相异，其地貌气候矿脉皆不同。一篇散文，仅是此星球之一切片，单就文本鉴赏不涉及作者是谁无不可，然若从星体而观，或许才能看出何以作者于此时写作此文，而此文的意义恐怕不是它能佐证什么当代文学理论，而是为这个自转星球提供了什么气候做了何种贡献。散文，难写难教，在于作品最终要从离现实生活最近的地方跳脱出去，指向一个精神实体，作者所形塑的"理想我"。

作者本不应过度啰唆，坏了读者的想象空间。我今日如此多言，或许是盛夏来了又听到蝉响的缘故吧！

那是一个特殊的夏天，十八岁前夕。熬过大学联考"酷刑"，算准成绩单寄达的那一天，我从新北投换三次公交车到当时非常偏僻的内湖小姑妈家，茶几上放着一封我的信，用颤抖的手撕开信封，跃入眼帘的数字舞姿曼妙，定睛再看一遍，确定自己挤进了杜鹃花城的窄门，一时恨不得冲破屋顶飞向天空，发泄那股搏动心脏近乎不能承受的狂喜：终于等到这一天，终于等到稻田里那个少女梦想落实的一天。

（亲爱的年轻人，有一天你也会尝到那种喜悦的！）

发榜后，我鼓起勇气，一个人坐车到台大，探访这座高三那年时常浮现在我脑海却不曾踏入的校园——有几次坐公交车经过，只从车窗遥望那不起眼的校门，暗问："我能到这里来吗？"却不想踏入校园，当时的心态似乎有点自我盟誓的意味，当作一个秘密约定。几年前，我回中文系开散文课，有个学生交来作品，提及高三那年一个冬晚，刚从补习班走出来，沉重的课业压力让他身心疲惫，非常无助，寒冷的冬夜却不想回家，独自从补习班坐车到台大校园，看灯火依然辉煌的窗口闪过年轻的身影，心中升起一股进入这所大学的强烈渴望，遂捡起一片叶子，手握着这片叶子当作跟这所大学立下约定。我看到这一段，不禁泪湿，无论社会如何翻转，只要有竞争只要想冲锋，"高三牢笼"都差不多，而自我盟约依然是成长中最动人的仪式，遥望校门的眼神与一片叶子，都是一种信物啊！

回到那个夏天。我独自踏入校园，欣喜且贪恋地领取每一处风景。我手上没有任何地图、资料，因此反而能回归最直觉的感受，浏览花丛椰林建筑，每一处转弯都有惊喜。最后，我问了路，停在文学院前，仰望我心中的圣殿，听蝉声四起。那是我第一次在文学院听蝉。心情是喜悦的，有一种壮志凌云般的自我期许，愿不辜负这所大学，不辜负自己的梦想。

高三时，立志要当作家，一心想进中文系圆梦。大一在哲学系，但读的写的都是文学，时时刻刻都梦想到文学院上课——哲一的上课地点不是新生大楼就是系馆，都不在文学院，大二转入中文系，总算如愿。《夏之绝句》文中提及文学史课，正是在文学院二楼大教室上课（如今变成中文系办公室，令人怅然）；这是我最喜爱的教室，四周环树，从窗户可远眺傅钟及凤凰花树，讲台上老师的声音听起来荡着回音，仿佛身在圣殿中的空谷。

我的大学生活开展得不算顺利，尤其大二转入中文系，在课业、生活与人际关系上面临一些难题，仿佛肩上挂了几个铅球；现在的学生称之为"压力"，我们那年代不讲压力，讲"责任"，既然叫"责任"，责无旁贷，都是必须自己承担的。那几个铅球压得我喘不过气，甚至起了困惑的疑云。

如今想来，年轻的生命必须经过一段自我质疑、自我批判、自我改造的历程才能真正踏上那条选择的路。那年代的学生自尊心强，很少向外求援，似乎也没有太多支援的管道可用，遇到难关大多靠自己思索、爬梳，慢慢度过。我也如此，可想见那时的心情是阴郁的。文中提及"听不见蝉声"，概述了当时的心理状况。正因为有这一层心理背景，所以文学史课堂上那一阵鸣金击鼓般的蝉嘶，带着一种战场号角的想象，对我而言别具深意，像是一种"唤醒"。叶庆炳老师的文学史不知正划向哪一朝代的风华，我的心被蝉声叫醒，开展了与蝉相关的一场心灵秘游。

因听到蝉声而寻觅声源，自然而然望向窗户，"一扇有树叶的窗"，正是从这间大教室所见。接着，将圆扁小叶在风中的嘻哈声，转景成一群小顽童，带入回忆，续接为小童年，捡拾童年音符，锁住了"蝉"的主题。

长于兰阳平原冬山河畔的我，蝉与萤是童年的两大美好支柱。我尚未好好写出像河流一般静美的月夜流萤，那需要一些宁静平和的境界。相较于萤之无声、微光，蝉所指涉的夏日艳阳、澎湃的重金属鸣叫，更契合孩童的喜爱。蝉，联结了童年，象征无忧的田园生活、丰实的家乡情怀。蝉在我心中，已是土地、乡情与欢愉童年的代称了。

因此，童年捉蝉一大段可视为一种"返回"：人，仍坐在文学史课堂上，心却返回童年现场；此时的文学院大教室与彼时的小教室叠印，"老师在前面呱啦呱啦地讲，我们两眼瞪着前面，两只手却在抽屉里玩着'聚宝盒'……"无论是大学生的我还是小学生的我，一样都是"灵魂出窍"，心不在焉。大教室里的大学生想的是昔日小教室里的小学生，小教室里的小学生想的是抽屉里更小的教室"聚宝盒"内被捉来的昆虫学生金龟子、天牛、蝉。换个角度看，上课都很认真，只是上的不是眼前的课！这是一段愉快的回忆，所以语气仿佛在向人叙说，其实是客观化了的一种自我倾诉。

"捉得住蝉，却捉不住蝉声。"童年忆往之后，文章并没有在此结束，反而做了另一层次的"返回"——不是回到叶庆炳老师的文学史课堂上，而是回归文学心灵，对蝉做各种不同面向的描写、领悟。

对我而言，这两次的"返回"无比重要；返回童年，是回顾也是疗愈，返回文学，是展望也是重新肯定生命的脊柱所在。

是以，"夏乃声音的季节，……蝉声足以代表夏，故夏天像一首绝句"。此一小段既呼应文章开头："春天，像一篇巨制的骈俪文，而夏天，像一首绝句。"也标示往下行文所描述的蝉，都是文学式的体悟。所用文字，侧重古典文学语汇，跟前述童年之蝉的描写手法极不相同，在美感与意境上，甚至形成高度的落差。这是可理解的，在乡村树上看到的蝉跟文学国度里的蝉当然不同，小孩眼中的蝉与文学心灵感悟到的蝉自是两样情。因此，写童年之蝉，只写蝉带来的单纯快乐，蝉声只是引子，并未多着墨；回到文学心灵去体验、领受，才有晨间听蝉、午后听蝉、黄昏听蝉之别，由隐士至流浪的吟游诗人，最后归结于生命的歌者，自有逐步入世、渐次感悟的痕迹。

文末，再次呼应蝉声像一首绝句之喻，特别的是，加了"平平仄仄平"一句，此虽是绝句格律，但这里另有用意。

唧唧蝉唱，听在每人耳里各有不同的感受，有的认为只是一阵刺耳的轰轰然，有的说像低沉的嗡嗡梵唱，有的觉得是表达不满的嘘声。其实，音境反映出心境；心在高山听来就像高山，心在流水听来就像流水。我的心在文学里徜徉，那蝉唱听来就像在诵五言绝句的平仄。但，"平平仄仄平"，不仅只是用来状声、模拟，更用来隐喻人生之路平顺或狭仄。

既然前文已把蝉铺写成讴歌生命的歌者，是以，不管人生处境如何，都不应该沉默自弃，反而应该像蝉一般，紧紧把握当下的夏日，尽情讴歌。因为，欢愉是人生的一部分，困顿同样也是人生的一部分，犹如绝句，全是平声怎会是好作品，只有仄声也不成佳作，在平仄之间跌宕的人生，才是最美的啊！

透过这篇文章，我十分期盼年轻学子能从中获得鼓舞与启发；不独是写作技巧上的观摩，更是如何从寻常生活取材的方法。我们时时刻刻处于季节的流转、变换之中，那风与草对话、蝶与花相逢、雷与树辩论，俯拾皆是寻常也都是不平凡的景象，其差别就在于有没有"我"的参与；没有"我"，就只是一阵风吹过、一只蝶飞过、一阵雷响过，有"我"，则察觉到对话、看得懂相逢、听得出辩论。而那对话之亲昵、相逢之缱绻、辩论之激昂，无不对应着我们的生命经验，外景内情，原是一体的。正因为如此，同一份季节，才会在不同的人心里印下千千万万种不同的倒影。当我们能从这个角度观看事物，意味着，我们已启动了文学心灵，则耳畔响起的蝉，已不仅是蝉而已了。

君子印记

——毓门求学感怀

【作者交代】

人称"毓老"的爱新觉罗·毓鋆老师，于二○一一年三月二十日辞世，震动学界。其海内外弟子门生为文追忆受业情状，一时之际，久不闻经史、不诵子集之社会，吹来一阵儒学熏风，方知毓老师之影响既深且阔，桃李数代，自成师荫；虽不著述，然其学问仍在学子耳畔弦响，为精神导航，其风范烙印心版，替操行定舵，泱泱然养成君子之风。次年，张辉诚撰成《毓老真精神》一书，情深力专，庶几乎以字报师恩，捧读再三，深受感动。遵辉诚之邀，追记当年上课情形，写成《君子印记》一文，忝附书末。今毓老师仙游已七载，重阅此文，感触尤深。近年社会刮起"斩草除根"风，令有识之士忧心。个人学问或有累积之捷径，社会若铲除既存底蕴，文化根脉如何蓬勃传承？

一社会犹如一家，其子弟若不以祖产为荣、家底为傲，家运如何兴旺？执此之际，分外感怀当年习业情景，不论是白日在中文系课堂习《尚书》《诗经》《楚辞》《史记》《论语》《孟子》……或晚间于毓门习"四书"、《孙子兵法》，皆埋首勤做笔记以求增长，如此经年累月浸淫其中，方能滋养识见、丰润性灵，庶几乎不是一个粗鄙之人。有感于此，遂依原文架构添入材薪，借此铺排我心，以志燼火不熄。

应该是个微寒天气，犹记得自己三十多年前的样子：绑两条辫子，穿长袖绿格子上衣，黑长裤，球鞋。跟随一位温文儒雅的学长与同学，弯入温州街巷弄。这是雌雄未辨、我的大一模样。巷弄里，据说住着一位很特别的老师，我不知道他是谁。

大一，我念哲学系，其实醉心的是中文系。甫从一切以联考为学习目的的高中刻板教学挣脱出来，贪婪地游走于文学院各系听课，也饥饿地参加几个文学性社团，其中之一是国学社。有位理学院学长提到天德黉舍及毓鋆老师，姓爱新觉罗，前清皇室，讲"四书"非常精彩，建议我们一定要去上课。但必须先拜见老师，看他收不收。

我听都没听过这回事，颇感不解。坊间开班授徒者，无不要求学生广为宣传，拉同学邀朋友，打折优惠，以求爆满，岂有挑学生的？三十多年前的社会虽然还算纯朴，但功利的风一向吹拂每个时代，怎有这么不功利的地方？我好奇。学长如何描述这位很特别的老师，我已忘记，但他言谈间所流露之恭敬景仰，令我印象深刻。我想，就去拜见拜见吧，先上看看，要是不喜欢再逃学。大学生没别的本事，最会逃学。

我们在客厅等着，不寻常的安静，严肃。忽然，清喉咙的声音从后边儿传来，一转头，好大的身影逼近眼前，一身象牙白中式衣着，长胡须，戴黑框眼镜。我的第一个念头是："古人！"顿时，心生时空错置之感，不知身在何代。

学长恭恭敬敬地介绍我们，提到我，说："她念哲学系，喜欢写作。"还说些什么，不记得了，我一心一意在偷偷打量老师，觉得除了慑人的第一印象之外，在他身上还有一股什么……那日，老师的谈兴似乎不错，没让我觉得他嫌我们只不过是几个啥都不懂的小毛头，敷衍几句就该进行到起立、敬礼、老师再见。他没问我们问题，纯聊天。七十多岁的他忽然有一瞬间家常得像个爷爷，温且厚、沉而宽的声音，说着儒家文化、宫中旧事，又提到师承。有几个名字我在课本上读过，顿时惊得不得了，遂非常唐突地插话，问："某某某的年纪比您小，怎会是您的老师呢？"只见他哈哈大笑一声，说："傻丫头，年纪小就不能当老师啊？闻道有先后，术业有专攻。"

也对，韩愈《师说》。

辞别而出，往学校走的路上，学长说，没见过老师笑得这么开心。我没搭腔，心想，今天真是傻够了，恐怕老师不会收的。

这是我唯一一次听毓老师聊天。此后相见，皆在课堂上，人群中。

课室在地下室，空间不算大，一百多个学生（或许更多）挤在一起。没有桌子，只有最克难的圆凳子，整齐地排列着。这种配备，适合户外看野台戏或听民歌演唱，顺便打香肠烤鱿鱼逛夜市，用来上"论孟"，极其艰辛。别的不说，连打瞌睡都不可能——要不是跌倒在地，就是趴上前面同学的背，再凶猛的瞌睡虫都不可能在这种环境存活的。

入夏之后的晚上，空气不流通的课室更是闷热难当。只有几支电风扇吹着热风，不多时即汗流浃背，写笔记时，手腕黏着纸，前后左右同学的汗味和着自己的，形成一阵阵馊浪，刺激鼻腔，几度欲昏厥而倒下。总希望有人受不了这种酷刑而逃学，好让我宽坐些、多吸一点空气，没想到人还是一样多，貌似打死不退；本想，你们不翘不翘好了，但转念又想，既然你们打死不退，我为什么要没志气地死在你们前面。孔子五十五岁还要周游列国看人家脸色，我一个年轻人中暑算什么，不退，撑着。

于今回想，简陋的物质设备更能激励求学之心，锻造上进意志。当然，不是凳子材质所致，是毓老师，他具有神奇力量，能镇住满室年轻且毛躁的心，让圆凳变成铸剑之炉，火势熊熊，叫我们锻造自己。之后，我读牟宗三《生命的学问》，书中《我与熊十力先生》一篇，记就读北大三年级时遇熊先生，描写他的那一段极为精彩："目光清而且锐，前额饱满，口方大，颧骨端正，笑声震屋宇，直从丹田发。清气、奇气、秀气、逸气：爽朗坦白。不无聊，能挑破沉闷。直对着那纷纷攘攘，卑陋尘凡，作狮子吼。"牟先生以一个学生能动用的最高礼赞写着："我在这里始见了一个真人，始嗅到了学问与生命的意味。"读这一段，不禁想及在拥挤闷热课堂里的我们，自动来上课，为的不就是想学"学问与生命"？对毓老师之崇敬也是如此的。

老师讲课，既无幻灯投影也无图片、录音机、道具之助，端坐椅上，全凭口说，偶写板书。他声如洪钟，抑扬顿挫之间唤出一个文明古国，朝代更迭，兴亡一瞬，尽在那时而高亢时而低回的声音里。老师学问渊博，经史子集尽藏胸臆，信手拈来，皆有典故、出处。是以，一部《论语》，经他诠释、延伸、验证，宛如中国读书人的圣经，修身齐家治国平天下，我们被老师言谈间的期许给打动了，慨然有澄清天下之志。

"富与贵，是人之所欲也，不以其道，得之不处也。"我们如此年轻，回顾学校课堂的教学无不以考试为目的，钻研辞义、肢解章句，鲜有余暇让老师于"子曰"之中，唤出谦谦君子的理想形象。"贫与贱，是人之所恶也，不以其道，得之不去也。"正因为年轻，渴望寻找典范以有所景仰、追随，在踏入社会前，能继承一份精神上的祖产。"君子去仁，恶乎成名？君子无终食之闲违仁，造次必于是，颠沛必于是。"
我们静肃、认真坐在圆凳上听老师授课，非炫惑于其帝国身
世，非为了求取功名利禄，是为了铸造自己理想中的人格，
一生实践。凡在毓门上过课听进心里去的人，不谦虚地说，
绝不允许自己变成同流合污的小人。

　　这是毓老师烙给我们的君子印记。这烙铁，也烙在他身
上，一生为学生做出庄严的示范，什么叫造次必于是，颠沛
必于是。

　　回想三十多年前这一段课缘，深感庆幸，却也因半生庸
庸碌碌已过，一事无成，辜负当年课室中之自我期许而有愧，
更因未曾有机会向老师致谢而抱憾。

　　或许受当年上课情景影响，我见有课室位于地下室，总
会想起那一段日子。仿佛重返课室，满座肃静，等着木门被
推开——毓老师，重现眼前。

我，想要一个什么样的人生？

寒流来袭的早晨，从客厅望向窗外，对面小丘树林在寒风中摇曳，前排年轻高大的小叶榄仁树叶枯黄，纷然而落，但在它们之后的几棵野梧桐则依然保持茂密的绿泽；都是有年纪的树，在这片社区开发之前即已存在，说不定早年曾吹送凉风给附近农耕的人。如今，农耕时代永远消逝，它们依然伸展粗壮的枝干，挂着经文似的层层绿叶，在季节流转中诵自己的经。

室内低温，手冻不利于执笔，望着枯黄与深绿交织的景致，心绪飘浮，也无意续写眼前未完成的稿子。天地静谧，脑海里思绪兀自翻腾，通常这是自我诘问的前兆，在前事已随昨日而去今日之事尚未启动的此刻，诘问自己的问题竟是："如果生命即将抵达终点，我怎么评定这一生？"

这不是第一次问自己。跨过中岁门槛之后，这样的提问渐渐频繁起来；本来，年龄累积得够多之后，最常见的福利是用来诘问年轻人，我却反其道而行，自问多，责问他人少。

因为，我坚信关于生命层次的课题，并不适合一面享用茶点一面以话语之术向他人陈述、论辩甚至取得认可，这么私密且严肃的事只宜在夜半孤灯之下、远望云空之时、踽踽独行的脚步间，沉思，而后提问："我，想要一个什么样的人生？"由于无须受他人的意见左右，真实的心音得以响起，原初的欲念自由流动，当择定的答案写在纸上，那当下引起的内在震动几乎可视作来自造物者的加持。随着阅历累积，在恩怨情仇之中航行得够久、尔虞我诈里涉猎得够深，提问的不再是"我想要"起头的问句，而是："我，仍是年轻时向往要成为的那个人吗？"甚至是，每个跨过中年门槛的人无从回避却不见得有勇气面对镜子自问的：

"我，怎么评定这一生？"

这种自我诘问的习惯怎么养成的？毫无疑问，从大学开始。我确定，在总图灯下第一次在纸上写下问题的我，正处于难以招架、几乎丧失自信的青春风暴之中。而第一道问自己的问题也毫无疑问是足以摧毁意志的："我，想活下去吗？"

那真是生命中难得遭逢的珍贵时刻。一个原本信任人生是由正义与公理、美好与良善定律架构而成的孩子，在少女时期领受第一道死亡启蒙之后，带着暗伤进入这座自由奔放的杜鹃花城，密集地接受其他启蒙：知识、爱情、道德、梦想……张开了眼、敞放了心，振奋时血脉偾张，仿佛是展翼的半人马动物，胆敢自诩："从此，万里长空是我镶着太阳的桂冠。"进而于可想见的挫败之中重重地摔落下来，世界变成一条无止境的荒街；被呛鼻惹泪的浓雾锁住，猛兽四处巡猎，厉鬼出没，连青苔都比她有资格回答存在问题。就在这自我推翻的崖边，她坐在总图靠窗的老位置，望着窗外墨夜，那棵高大的榄仁树像天庭来的使者，以姿态以风中叶声，仿佛传送无人知晓只有她能感应的力量，诱使她在纸上写下天籁般的问题："我，想活下去吗？"这问题也内含一个自认一无所有的年轻人对神的反问："眼睁睁看着我的你，要我活下去吗？"

是的，我想活。（是的，我要你活下去。）

是的，我想看看未来的我。（是的，我要看看未来的你。）

是的，我还有一个梦尚未完成。（是的，你还有一个梦尚未完成。）

自答，也代替造物者回答。年轻时若掉入深渊，唯有"梦想"能救命；收拢丝缕意念搓成麻绳，一寸接着一寸，将深陷渊底的庞大身躯拉出来，爬至照得到太阳的地方，一日接着一日，认领这从未抛弃过你的天宽地阔。

生命能走到纯然黑暗的地步，沉思、提问、作答，是何等珍贵的一种启蒙：自我对话，也与神对话。一线之内是生，一线之外是灭，有谁比得上做过一线抉择的年轻人更敢于问自己第二道问题："我，想要一个什么样的人生？"又有谁比这年轻人更具备魔来魔斩、佛来佛斩的决心，坚持这一生必须走一条能实践梦想的路，坚信荒街的尽头就是梦土。

人生的路径曲折，总有机会踏进荒街，置身其中，才能检验随身工具箱里哪些是有用的，哪些只是贴在箱面的漂亮贴纸其实箱内空无一物。这路段之所以险恶，在于有些人误解人生是持续发放奖状与礼物的乐园，因而一旦陷身其间，愤懑、绝望，疯狂地按下毁灭键，只求玉石俱焚、只要快意恩仇。然而，对一生而言，荒街路段之所以珍贵，在于这是一个青年首次有机会检查自己的工具箱，进而向智者请益生命哲学奥义，向德者讨教修身处世真谛，向能者学习钻木取火、打磨工具之道，建构攻坚与防卫系统。学成，带着在荒街路段完成的形上指导与形下装备，去经历整个人生；我们依据二十岁的自己对这一生的规划，用四十年、五十载证明一件事：当一个年轻人在荒芜之中沉思，鸟鸣缄默，花树屏息，连巡猎的野兽、纠缠的厉鬼都暂停脚步等着，当这年轻人抬起头望着悠然晴朗的天空，做出选择，当他以梦想为杖撑着身躯终于站直，那一瞬间，那静默的瞬间，地球只为这个昂扬俊美的青年旋转，一个被梦想烘热了的崭新世界，赫然在他面前展开。

以此观之，自身之内也存在"世代"分隔，然而不是对立，是协力；年长的自己感谢二十岁睿智勇毅的自己，扛着梦，做了开路先锋。

"如果时间重返，我会做同样的选择吗？"这是个让人深思的问题，对我而言却无须思索；时间不必重返，因为我所做的每个选择都让我离梦土更近。

三十多年光阴如烟而逝。生命若是用来累积世俗成功，我的战利品不多，若生命是用来体验，我的仓廪显然丰实。于今回顾，每个阶段走过的荒街各有精彩的难题，考验着抉择与原则，也各具独特的赠礼，丰厚了人生。

"如果生命即将抵达终点，我怎么评定这一生？"我问自己。答案是明确的，我仍然守护当年流连于椰林大道、醉月湖畔、严肃地领受每一道启蒙之后所做成的抉择：投宿在一个名叫文学的地方。是的，我依然是年轻时向往要成为的那个人。且在天色渐晚的时光中，越来越感念三十多年前那所洋溢哲思、鼓舞梦想、砥砺抱负的泱泱大学，让莘莘学子沐浴于庄严肃穆的知识殿堂而兴起淑世之志、献身社会之愿。也感谢那个愿意在生命的荒街上沉思的年轻人，她选择一条艰辛却丰饶的路，让生命因文学而拥有造舟摆渡、布施芳墨的能力，使这一生不管于何时结束，那一天的天气必然是，如当年所愿，"万里长空，是我镶着太阳的桂冠"。

孩童，及其豢养的骆驼与狮子

人生是曲折的，正如命运似一名脊椎侧弯患者必须不断复健一样，我们耗尽心力为了使人生平坦，结果却有可能更弯曲。

一切必须从八十年代讲起。

八十年代开始那一年，我以《灶》获得第一届台大文学奖散文组第二名。暑假过后，从哲学系转入中文系。那一年是我生命中少数几个灿烂的年份，我仍记得自己像修道院的僧侣，过着清朴的生活，却在精神上宛如刚登基的皇帝，要好好整顿江山；知识给我健壮的内在体魄，文学给我翅膀，家教与寒暑假打工让我终于可以做到经济独立（开口向人要钱是我难以跨越的心理障碍，即使是向自己的父母要也让我难为情），美好的恋情也开始了。我壮起胆子做梦，梦着别人不敢梦的梦，我记得自己旁若无人地伸展双臂走在椰林大道上，好似可以吞下整个天空。

这所大学给我的最宝贵礼物是对生命兴起一股壮志豪情与锻炼筑梦能力。教育是一门让人发光的事业，使每个人自行开发潜能，琢磨成礼物，回馈给社会。就这一层而言，当年台大的艺文风气确实令人怀念。我有幸遇到开明的师长，中文系叶庆炳主任、柯庆明老师及当年担任助教的李隆献老师，他们不因一张不漂亮的成绩单而拒绝一个申请转系的女生，愿意

第一届"台大文学奖"得奖名单。

第一届臺大文學獎		
小說		
首獎	王立傑	車廂·梁
第二名	郎人思	胎記
第三名	陳馨煦	魂
佳作	郭正亮	稽之死
佳作	陳韻琳	貝多芬與布穀鐘
佳作	譚寶徳	鳳華
散文		
首獎	從缺	
第二名	簡敏禎	蕈
第三名	阮秀却	巷子裏的人生
第三名	蔡詩萍	翻翻那冷雨
佳作	葉乃裘	給肇友的一封信
佳作	鄭美玲	海
新詩		
首獎	從缺	
第二名	蕭承龍	宿命的十三
第三名	蔡期隆	白鷺鷥
第三名	楊麗珍	給安德烈的情詩
佳作	李祖琛	鄭成功輓歌
佳作	周聃昇	聽琴
佳作	王雄仁	星期六下午的吉他手
佳作	不詳	家居小凡

把眼光放在那一叠文稿上，看出这个学生正在做梦而给她一个机会。

让我回想一下八十年代前期台湾媒体与校园文学的关系。如我们所知，一九八八年台湾报禁解除之前名列几大报的报纸副刊几乎不对外开放，肥沃的副刊疆土乃成名作家的御花园，连蚊子都是园内品种，一般市井小民很难攻入。在这种背景下，七十年代后期大屯山城里有个不知天高地厚的高中生，秘密地玩着一种游戏：向台湾《联合报》《中国时报》"中央日报"副刊投稿，每写好一篇，附上一信及回邮信封，投向那茫茫无边的大海，半个月后，那只回邮信封像穿梭于敌我两边天空、传递军情的鸽子，装着稿子回来了，里面没半

句话交代。多少年后我才知道，对桌上积稿如山、不时还要安抚作家来电询问何日刊登的副刊老编来说，这种投稿十之八九是直接退掉的，光靠存稿，登一年都登不完。然而，社会毕竟要往前走，杂草丛生里说不定藏有机会。八十年代来了，它绝对是台湾社会发展中具有独特活力的阶段，《明道文艺》与"中央日报"合办的"第一届学生文学奖"是一块呼唤独角兽聚集的发光石，它让埋伏于校园内的种子兴奋地发芽，一九八一年，我以《有情石》获得"第一届学生文学奖"大专散文第一名，记得是余光中老师颁奖给我，当时内心非常感动。

学生文学奖开办间接也鼓动各大专院校举办校内文学奖，给学生一个舞台。除此之外，各主要副刊也发挥敏锐嗅觉策划新主题，如《联合报》副刊"新人月"刊登年轻的新人作品、《华副》刊登台大中文系"中文周"得奖作品，让校园新秀有机会成为文坛新血。获得学生文学奖，让我与"中央日报"副刊做了联结，台大中文系叶庆炳主任在古典根基上推动现代创作，与报社合作，透过"中文周"刊登我也跟《华副》做了联结。当一个社会积极活跃时，机会来得那么容易，然而当社会进入高速运转阶段，那些机会也可能稍纵即逝。

回到一九八三年夏天吧。毕业典礼之后离开住了四年的宿舍之前，整理行李时心情重如铅块，毫无完成重要人生阶段的喜悦——那时我的字典里没有"喜悦"两字，觉得这是给肤浅之人吃的长了蚂蚁的糖果；几捆书中有一套《资治通鉴》，靠家教挣钱买的，原本拟定读书计划每日晨读，终究无法持续。除了中文系本行，西洋经典名著伴我最久，莎士比亚、陀思妥耶夫斯基、川端康成、黑塞……他们茁壮了我，也陪我度过一段无法言说的黑暗岁月，疗愈心伤，却也留下对生命极度困惑的疤痕。其中，陀思妥耶夫斯基的《地下室手记》中，有一行画了粗红线："绝望的乐趣"，这本差一点遗落在海边的书，曾整本湿透，书页上还留着污泥与水痕，与那张毕业证书同等珍贵，标示着通过某一种严苛的考验。我的心跟四年前不一样了，尚未启程，却感觉此去的路必是飞沙走石的大漠气候，因这种预知而脚步更加沉重——产妇有"产后抑郁症"，殊不知，毕业生也有"毕业抑郁症"。当别的毕业生还在吃欢送饭局，我却陷入前途茫然、内心冲突的郁闷之中。行李中还有一捆二十万字文稿，不知该怎么办；基于现实考量，应该即刻投入职场获取立锥之地，帮母亲分摊养家担子，若能不顾一切地依随梦想，我最向往的是找个清静小屋专心研读文史哲重要书籍、背起简单行囊去壮游，再像一个浪子在每个驿站写作——若能如此，那真是浪漫得让人想哭。我已确定这一生会在稿田耕种，但未曾告诉任何人这梦，生怕质疑的眼光会污染梦的雪白——以我的出身，做这种梦太奢侈也太不自量力。我何尝不知稿纸上的文句无法像豆芽菜般割一把下来配饭，必须把现实这个哭闹鬼安抚好，文学灵魂才有可能在半夜出来狂舞。明天在哪里？前途在哪里？薪水在哪里？正当愁闷之际，一位哲学系同学邀我去佛教圣地整理经文，我立即答应，即刻动身。

佛光山位于南台湾，在这之前，我没去过高雄也不知这地方。人生中，很多事情或深或浅演绎着"缘"的奥义。就在这位同学邀我去佛光山之前数日，我回老家，也去罗东镇上探望一位长年茹素礼佛的姑婆——她"慈悲"形象，若她走过田埂，不长进的秧苗也会受其感染而欣欣向荣。她家有处小佛堂，观世音座前的沉香燃出一缕缕浮烟，引人安静。我与她闲话，喝汽水，窗外镇上的喧嚣市声好像沉入江底换来一阵凉风，空空旷旷的。忽然她想起什么，搬把椅子放在竹柜前，站上去，我赶紧去扶。她踮起脚尖一阵搜索，取出一本杂志，停泊在上面的尘埃纷纷于阳光中醒转。她拿一块布抹净封面，递过来："给你，姑婆没读册，看无。"

一本叫作《普门》的杂志。几天后，人在佛光山，得知《普门》是佛光山旗下刊物，心头一阵热。我的姑婆在那个燠热下午把一个埋在灰尘里不知多少年的"隐喻"叫出来，关于我与佛的神秘缘法，更重要的是，关于一个茫然的大学毕业生该怎么与文学订盟。这本杂志像一只搁在草丛的木桶，我无所事事地跳入其中打盹，一阵风将它吹入河，沿河漂流，一觉醒来，发现自己到了梦寐以求的国度。那阵风就是缘法，多奇妙的一阵风啊！

山上的僧团生活洗涤着我，梵唱似潮浪，从"无"处来往"无"处去。我渺小的自身被不知名的力量放在无边无际的境域，开始挣扎、迷惘、静默以致悄然开眼，看着千疮百孔世间，感悟着身为人的难得与艰苦。从此，对自己的生命起了不同的观看角度与诠释，对捆住身心的绳索找到松绑的方法，对伤痕有了想要疗愈的渴望。在南台湾酷热的夜晚，我写下一篇篇感悟，诚恳地向天籁致谢。转眼秋凉，工作告一段落。法师曾询问我留下来的可能性，我内心知道还有好大一程人生要走，我必须往世间深水流域游去，让这颗刚复原的心再去经历悲欢离合，才能壮阔创作。离开前，我腼腆地将一叠原稿交给负责《普门》的法师，请他核计，登与不登都没关系，不用告知无须稿费，当作感谢山上的一点小纪念吧。没想到，他们慷慨地分期、全部刊出，更没想到的是，不久之后法师们带着杂志参访《联合报》，副刊主任痖弦先生看到那几篇小文，决定重新在副刊登出。我的作品第一次登上铜墙铁壁般的《联合报》副刊，靠的竟是冥冥之中为我而运转的缘法。就这样，我仿佛听见黑夜中有一双闪烁的眼睛看穿我，慈蔼地说："去吧，你不是佛门中人，你是文学信徒。"次年起，洪范书店连续三年出版《水问》《只缘身在此山中》《月娘照眠床》。短短四年之间，从那个燠热下午老姑婆帮我把一个"文学启航的隐喻"叫出来，我带着二十万字文稿走出台大校门，在佛门胜境治愈了"我执"，接着登上文坛，以那二十万字为底基连续出版三本书。这一切来得那么自然，好像森林里就应该听得见啼鸟，春日吹风就应该有花香，而当年躺在稻田里沉思的缪斯少女长大了，就应该让她变成作家。

　　于今回顾，一九八八年报禁解除，原本三大张报纸变成一叠，副刊的纯文学性光环开始减弱，从长篇小说连载，学术评论、中篇小说大手笔连三天登完，演变到三四行小诗、五六百字小方块。翻腾的社会像大型游乐场，"忠实"这两个字像一条狗，会老会喘，忠实的副刊读者坐上云霄飞车尖叫，渐渐不再关注那张副刊了。而我，若将八十年代中期视作副刊在报禁解除前培植新人的最后一班黄金列车的话，很幸运地，我坐在最后一班列车的最后一节车厢。

写作无法安顿现实生活，然而我的职场生涯却离奇地把我逼向一条返回书房的路；不满十年的上班生涯中，我总共参与六家出版社、杂志、媒体公司的创办，从无到有，耗费过量心血以致很快地发现内在的写作警报器响了，任何一张显赫名片都无法熄灭那股强烈欲望，最后，总会出现逼着我做出离职决定的事件。如果不是有一条等同盟约的缘法监督我，那么，这样难看的职场履历尤其后来那些出版社、公司或关门或萎缩，合该证明我是个扫把星无误。

尼采，其论及女人的言论让我不能苟同，譬如那句名言："你到女人那里去吗？不要忘了带着你的鞭子。"但在《查拉图斯特拉如是说》论及"精神的三种变形"，倒是个有趣且值得深思的说法。他以骆驼、狮子、孩童代表精神形貌之变化；有担当的精神形貌就像骆驼，负载重物，无怨无悔地挑起一切重责大任，朝向那无边际的荒漠走去。然而，就在最寂寥的荒漠中，第二种变形出现了：狮子。其天赋任务是与"巨龙"象征压制精神发展的一切律则战斗，凶猛的"巨龙"吐出火焰，强悍地命令狮子："你应该！"而狮子怒吼着："我要！"它必须为自由而全力战斗。狮子精神开出一条摆脱桎梏的自由之路，但狮子无法创造新价值，这一道任务必须由第三种变形"孩童"来承担。孩童隐喻着第二度诞生，天真纯粹，一个新的开始，涵蕴着无限可能与惊奇；新的季节与道路、新的友伴与故事、新的垦拓与丰收。

在尼采的说法里，这三种变形依序发生，似乎也是逐一被取代的。然而，我别有体会，不仅这三种精神形貌的发生次序值得深究，一旦出现，应该是并存而非被取代；换言之，狮子精神出现了，骆驼精神仍在，孩童精神出现了，骆驼与狮子也还在。因为，负责创造的孩童，有极大的可能性必须借助骆驼帮他挑担、狮子帮他开路。是以，我理想中完整且壮美的精神形貌是：一个活力且快乐的孩童，带着他豢养的骆驼与狮子，走在黑暗与光明同在、善美与丑陋并列的人生路上。当我把这图像带入我的人生现场，完全吻合。"骆驼我"持续挑着现实世界的沉重负担走向无边际的荒漠，"狮子我"必须强悍、负责开路，从各种不可能之中找出破解之道，"孩童我"沉醉于创作，玩着自己发明的游戏，不必向任何人负责，享受无上喜悦。

人生是曲折的，每一处弯曲，都像镰刀割伤了手。然而换个角度看，说不定那弯曲是来自内在的一种神秘呼唤；一个正在成形的孩童，对痛苦的骆驼与流血的狮子喊叫：撑住，奋斗，撑住，奋斗——

我将诞生。

茧 破 之 日
——写给宅在家、无法踏进社会的年轻朋友

你问我："《水问》书中那句：'让世界是世界，我甘心是我的茧'，什么意思？"

什么意思？照字面看，意思非常明显，你岂是不懂？而你面对面问我，只想进一步印证某些猜测，甚至，透过我的言语来巩固你的选择，由我帮你认证，你把自己"茧化"是一桩扭过头去、拒绝再看世间一眼的自由。

如果你看完那本书，用自由飞翔的心俯瞰所有故事，你应当知道那个茧后来破了，若你挑食，只挟合你口味的片段，如今我这个又老又衰的人怎么帮那个流尽眼泪说出"让懂的人懂，让不懂的人不懂；让世界是世界，我甘心是我的茧"的二十岁女孩辩称："不是你想的那样，不是你想的那样！"我不忍详述发生在她身上的事，但也不必否认，确实，她曾经走到扭过头去、拒绝再看世间一眼的地步。然而，她造了茧又在茧中挣扎，离开人群独自夜行又渴望聆听日光下的人声。梦想，这两个字像不断对主人耳语的守护幽灵，呼求她要挣扎，要颤动，即使轻微到无法让枯叶自枝干落下，也不能停止。那本书，即是挣扎的结果。

你的挣扎呢？你试过要挣扎吗？

生命迈向成熟之路自有其奥妙难解的经验，有些事情是通则，人人会碰到，有些是特例，唯你专属。那些在我们成长学习过程尚未建立坚固自信心之前即落下的打击，不管来自家庭、校园、社会，无论关乎亲子、课业、人际、情感，可能如盗贼般窃去泰半信心，把我们变成跛行之人，畏惧着、懦弱着，再不能承受风吹草动了，像蜗牛收回触角退至草丛，家成为唯一的堡垒，最安全的茧。

我不知道压在你身上的挫败是什么，你遭遇过何种讪笑或霸凌？如果你认为你所遭遇的是有史以来最残酷、再无别人可比拟、也无灵药妙法可疗治的伤害，以致除了茧化自己再无第二条路可行，我也不能辩驳，每个人都会扩大且深化自己的感受，此乃本能反应。但如果你愿意暂时把自己的感受放在抽屉里，以平静的心看他人故事，那么，此刻我直接想到可以与你分享的是哲学大师、香港新亚书院创办人之一唐君毅先生（一九〇九——九七八）的遭遇。这个人你应该不认识，可能也没兴趣知道他是谁，"一生著作奥衍浩瀚，驰骛八极"，请揣摩学术界评他的这十二字的意涵。每一位思想界巨人，都是从童年、少年、青年依序成长起来的，岂没有遭遇过重击、挫败？他们终能完成日月光华般的成就，不是没遇过挫败，是把自身那日月光华般的生命力展现出来，渡过了难关。唐君毅写过一篇追忆中学时期的文章，记述几位后来均以二十多龄早逝的同学故事，文中也可窥得他少年求学、修习学问的历程。我特别注意到几行容易被忽略却是我读大师们自述成长文章时提高警觉的段落，他说："于是我在中学中，被人取上了'神经病'与'疯儿'的诨名，我之性情变得非常孤僻……"之后又于旁事中夹了一行："然而我越是自己读书，自己瞎想，却越与人隔绝，以致弄出病来……"这几行文字，够我看到一个十五岁孤鸟少年的身影，他离"大师级成就"还远着呢，眼前不过就是个受同侪轻视的苦闷中学生，他的内心是何感受，你能了解吗？

我年轻时读世界文学大师作品，也会读书后的作家年表，自条列式纪年中揣测他们的成长路径与蜕变轨迹，以兹自我惕厉。概言之，大多长于贫壤恶雨环境，幼嫩即遭遇残酷的人生课题鞭打，若愿意将心比心，当知那传世的篇章都是呕心沥血而来的。至今仍印象深刻的是川端康成，一岁时父亲过世，母亲带着他的姐姐与他搬回娘家，两岁，母亲也过世了。我们先暂停，想象一下，一个年轻寡妇弥留之时，家人把两个孩子抱到床前的景象；那约莫四五岁的女儿会叫妈妈，才两岁的瘦弱儿子根本不懂这是怎么回事，他太小，小到可能日后不记得自己曾叫过妈妈、不记得妈妈的脸。想象一下这个小男孩，注定浸泡在无止境悲哀之中的小小孩，父母都死了，唯一的姐姐送养阿姨家，他跟着祖父母生活，厄运还没停，七岁时祖母过世，约九岁，住阿姨家的姐姐夭折了，十五岁那年，相依为命的祖父也过世了，被舅舅收养，之后住学校宿舍以校为家。想象一下这个被死神霸凌的小孩，你能体会那一寸寸被侵蚀却一寸寸努力自行修复的心有多艰难吗？他的内心是何感受，你能想象吗？

如果少年川端康成放弃挣扎甘心做一个茧，日后还会得诺贝尔文学奖吗？如果少年唐君毅与外隔绝甘心做一个茧，那十二字赞辞："一生著作奥衍浩瀚，驰骛八极"会换成另外十二字："一生茧居虚度岁月，一事无成"。

你要哪一种人生？哪一种比较容易？

或许你要说，你的困难比他们都大，你有理由也有资格茧化自己，那么我也找不到别的例子反驳你。困难、挫败都是很私密的感受，无法量化进行比较。而这部分可能也是你们这世代的福利之一，拒绝跟他人比较，只想"做自己"——这三个字曾被许多人用来鼓励年轻人要勇敢地追梦，莫被体制困住，不要受父母的价值观捆绑，坚持"做自己"。我相信传达这番话的人（包含我自己），绝对没想到依随语意而行，也会走到一种状态：从学校或社会退出，茧居在家，晨昏颠倒、过午方醒，自成一种与人相反的生理时钟，不在意现世界的人际交往、事件参与，撕掉社会对青年的时刻表，关起房门，一部手机一台计算机，流连于网络社群建立虚拟人际、数字生活，无忧无虑"做自己"。

我这世代的"做自己"是"做出自己的事业"缩写。你们的"做自己"是义无反顾地儿童化与茧化，依附父母供养，过着拒绝踏入社会的舒适日子。"吃苦、责任、奋斗、独立、荣誉""购屋、结婚、生子"是内建在我们这一代体内的多功能软件，你们这一代把它删除，以致能豪爽地花费青春、浪掷时光——就这一点而言，我也不得不佩服你们，你们这种生活，我一天也不能过，心会慌；我体内有一个严肃的批评者手拿"写作闹钟"，鞭策我始终如一，当闹钟响起，提问："下一本书是什么？""为什么要处理这个题目？""准备得怎样了？""打算何时出？"我不可能回答："不知道。"

即使不在乎他人，至少请体会父母的心，只要父母是合于规范、不曾对你们做出法律所不许的伤害，不曾欠你们一份学费、一碗热饭、一床睡榻，你们都有责任与义务要振作自己、回报他们。

真正的人生是与人相遇，只有人能带来故事。如果某一天，你早起，先去给阳光照一照，深呼吸清晨鲜美的空气，接着对父母说："我今天要为你们做三件事，请说吧。"

也许，那一日就是茧破之日。

一小方蓝天，有能力收拾那阴霾？

——呼应与回想

【作者交代】

本文由两篇应邀而写的短文组成，写之时一篇愉悦一篇沉重，两篇相隔数年，原本要丢弃，重读时竟有一种藕断丝连的情丝，遂留着。《呼应》一文，乃因宜兰县兰阳女中曾举办"阅读简媜"艺文活动，以我的作品为砖，让同学书写、竞赛，结集前老师嘱我写几句话，我读那一篇篇缪斯少女的文章既愉快又感动，遂有此文。另一篇《洪范回想》则是应《文讯》之邀为洪范书店四十周年庆而写，笔端流露不合时宜的情绪。现在，我明白为何留着了；两篇都提到落雨，也都看得到学生身影。雨与莘莘学子，充满想象的组合；野鸟蹿飞之时，穿黑斗篷的恶云在天空集结之时，莘莘学子站在仅剩的一小方蓝天之下，一切胜负未定。

1. 呼应

秋雨已经落了几天，今早出门时看了看天色，几朵乌云仍在执勤，看来还是得带伞。假日的校园里有一场语文检定考试，应考、陪考的人陆续涌入。铃声响了，我对应考的少年说："祝你好运！我在门口等你。"

门口两排座位都被占领了，看报、聊天、吃早餐、打呵欠、补眠，看起来不像立刻会"弃守"阵地，空气里有旧棉被混合隔夜油条的味道，站久了会长霉。外面飘起雨来，让我误以为那几朵云跟踪我们也来考试，一听到打铃，开始认真作答。雨不大，在飘与落之间，我撑起伞，决定找一处没人没雨的地方。

就这么走着，忽然被一缕熟悉但微弱的香气吸引，是桂花香，我立刻寻找桂树像寻觅老友一般；转角处石栏边，两棵浓荫桂树依序站着，缀着星光点点的细花。我欢喜极了，靠近树，深深地嗅闻这深秋的香氛。那气息里有澄明与抚慰的力量，让人静下来，心生喜悦。我决定不走了，要桂树陪我，所幸旁边一棵杉树恰好遮出一处干的石栏，像特地等我来的样子。还有什么比这无意却似有意的安排更奇妙的呢？难道桂树感应到了我正要找地方读一份特殊的稿件，特地把我诱过来？

于是，在桂花那涟漪似的芬芳微波里，在杉叶落一两滴雨珠的自然怀抱里，我慢慢读着每一篇来自中学校园的文稿，仿佛看到每一个作者的容貌，有的害羞有的热情，听到他们的论述、感叹与体悟。我写过的文字，像一块块砖，家乡的学子、朋友们阅读之后，利用这些砖块砌出自己的心灵图像，传递人生感悟，令我读来亦不禁为这种奇特的呼应方式感到新奇，再次体验到文字神秘的巡回力量；读者变成作者，而写书的作者此刻变成读者，沉浸在那真挚、纯净的心灵交流之中，仿佛乘着文字翅膀返回我永远的梦土兰阳平原，这雨神驻守的水秀之地，孕育了我，也孕育无数温柔且壮美的心灵，在文学艺术上踊跃发声。我又翻了一遍手中的稿子，渴望与每一个作者约定：继续写，淋过兰阳雨水的人都有故事，把那雨水化成墨水吧！

雨似乎收了，看了看表，该回去做一个敬业的陪考人。忽然，一条高大的身影窜过来，喊了声："你躲在这里！我找好久！"应考的少年说，只进去半个钟头就考完，花半个钟头找我。

"怎么这么快，"我立刻恢复一个妈妈的本能反应，问，"是大家一起考完了，还是只有你考完了？"

2. 洪范回想

"如今，我们是静静躺卧于沙滩上的贝壳，不再是让人尖叫的惊涛骇浪。"

强台风来袭前夕，我坐在堤岸椅上，望向乌云密布的天空，忽然浮现此语。

风雨未至，在我之上的晴朗天色与远方暗云形成对峙；明知道这晴朗终究敌不过风雨，但此时这短暂片刻，真让人觉得一小方蓝天有能力收拾那阴霾。

这种感觉也是近年来我的体会。

再怎么聪颖，三十多年前年轻的我绝对想不到三十多年后自己会活在什么样的社会？因为，按照道理，生养我的那个社会，其根底透过我辈世代将更加根深且蒂固，经由我辈世代发扬的社会，理应更加枝繁且叶茂才是。所以，年轻时的我若发挥想象展望未来，想象力再怎么狂奔，绝对想不出有一天跃登年度畅销书排行榜第一名的，是一本没有字的书；想不出，那饱尝慰安屈辱、受尽战争凌虐的芦苇女性，居然有人认为她们是自愿的；也绝对想不到，行车记录器与监视器变成各电视台的首席记者，一整天报道车祸，播报者与观者一起沉沦在求生不得求死不能的弥留状态；更想不到，一条流浪狗死了，竟得到行政人员献花致哀。到死都得不到道歉的芦苇阿嬷们，若在冥府遇到同样来自台湾的狗儿小白，说起彼此的一生，阿嬷们应该会在投胎志愿表上把狗列为第一志愿吧！

当我自问，为何我越来越与这社会格格不入，越来越朝隐形之人的路走，唯一合理的解释是：生养我的那个社会里有一股强大的文学力量，这力量使我相信我可以在文学里变成一个更好的人，而我也愿意因这份自我期许去承担现实的磨难。但当新崛起的社会里，文学力量消退，甚至终将消失，像我这样用老派的文学力量养成的人，就变成半消隐的游民，格格不入的异乡人了。每当离谱的社会事件刺激我的心，来自年轻、文学力量根底养成的我仍旧怀抱一丝希望，认为一小方晴朗有能力收拾阴霾，但世故的、被兴风作浪的社会狠狠教训过的我，明白一切终将被黑暗吞噬。既如此，我焉有能耐去过新兴生活。

二〇一五年，我独自绕一趟武汉、成都、北京、上海，悄然自我纪念写作三十周年，系感慨于旅途之中，深感文学没有把我变成一个快乐的、有成就的人，但确实把我变成年轻时向往的人。二〇一六年适逢洪范四十周年，昔年生养我辈的文学力量里，洪范占了关键地位；那一代文青鲜少未在洪范的书架前流连，鲜少未被洪范出版的一本诗集征服、被散文领到无人的角落与天地对话，被小说开了眼界。这些，滋养我辈，巩固了筋骨。这些，也让我辈身处当代群魔乱舞社会里，于失望之余，仍有力气悄悄地进行着宁静的反抗——当酷暑之日，我站在偏乡某中学礼堂讲台上，对着六七百位席地而坐的中学生朗诵文学作品，我从他们纯真脸庞、安静表情感受到，那一刻我确实把文学力量带给他们。

这是我回报生养我的土地的方式，回报孕育我的文学力量的方式，回报培植我的洪范的方式。

也是一人份的，反抗军的行动方式。

静静躺卧于沙滩上的贝壳，固然不再能引起惊叹，但谁知道呢，说不定把它捡回家的孩子，有一天因这枚贝壳的启发，奋然启程，征服了海洋。

除了文学，没有第二个江湖

【作者交代】

二〇一七年十月，台湾师范大学华文写作中心举办"第四届华文作家论坛"，我忝列其中，有幸与年轻学者杨佳娴、颜讷同台论艺。"论坛"听起来像藏有武器的军火库，一言不合立刻械斗。这是第一次在新锐学者"左右挟持"下公开自白，虽然气氛温暖但心情非常忐忑。本文根据事前写就《悠游在散文梦土上》一文及现场发言重新增补而成，放在这里，当作是一个资深学徒的江湖呓语。

1. 我可能不太熟悉"简媜作品"

我是惊恐的，因为必须谈论"简媜作品"。这是个障碍，一般人很难理解，一个对各种艺文活动堪称娴熟的资深作家，演讲像扭开水龙头般容易的讲者，其实内在有一处芒草摇动、水鸟敛羽的区域，越是需要在正式场合谈论自己的"工作成果"

（社交用语叫"成就"），越会引发一种复杂且麻烦的情绪梳理过程——将自己客观化，好像先把那个名叫"简媜"的人火化之后，萃取一些魔粉洒一洒，才能变成简媜的代言人。

即使如此，我可能不是最了解简媜作品的人。打个譬喻，如果文学是以现实人生为肉身烧出的"舍利子"，我了解的是每一颗舍利子来自哪一段路程哪一具肉身，至于鸟瞰而观之，那些珠子摆成什么阵式何种星图？则需评论者之眼方能洞察——坦白从宽，除了《我为你洒下月光》，其他书出版后我皆未重读，为什么？我可能需要躺在心理医师的长椅上才能捕捉那种"一书即是一生"、分段生死的幽微感受。创作是件让人惊奇的心智活动，作者在下笔前规划或想象一本书样貌，下笔时往往变了样，甚至改头换面到宛如灵异事件，完成后于读者眼中又生出许多作者无意间造成或是未曾想过的样子。一本书完成之前的事，作者知道，完成之后的事，作者往往也是"听说"。

2. 我仍是惊恐的

然而，我仍是惊恐的。请容我先读一首鲍勃·迪伦（Bob Dylan）的诗《时代正在改变》[1]：

1　引自简体版《鲍勃·迪伦诗歌集：地下乡愁蓝调》，陈黎、张芬龄、胡桑、胡续冬译，广西师范大学出版社，二〇一七年版。

围聚过来吧，人们

无论你浪迹何方

承认你周遭的

水位已然高涨

并且接受你即将

被浸透的事实

如果你的时间还值得节省

最好开始游泳，

否则将像石头一样沉默

因为时代正在改变。

"时代正在改变"，这句话可作为任何一场示威抗议的口号，末段尤其惊悚，直接点名：

来吧，全国各地的

母亲和父亲

不要批评你们

不了解的事情

你们的儿女

已不受你们掌控

你们的旧路正迅速老朽

请勿挡住新路，倘若无法伸出援手

因为时代正在改变

....

这首诗刺中我近年来的心情，时代正在改变，我何去何从？不独我，如我般的一代人或是某一类型的人，是否终将像石头一样沉没？我是不是文坛上应该被点名、挡路的旧派顽固分子？年轻时看不顺眼许多事，因为挡路的人太多，现在看不顺眼许多事，因为我变成挡路的人，若是如此，人生未免太不顺！接着，我提高警觉继续反省：近年来老是觉得小说变难看了，问题可能不在新生代、中生代小说家酷爱炫技，喜欢像中元普度一样罗列知识、剔除人物与情节，而是我跟不上迅速改变的时代，变成挡路的石头竟不自知。

怎能不惊恐？现在这颗石头竟然要对头上长着尖角的年轻族群谈论自己的上古史，这是派一头老绵羊去叫猛虎起床，而且是到虎群里去。

3. 我的启蒙

此时此刻回头看，自从高二在校刊发表第一篇文章至今四十年飞驰而过，正式出版第一本书已有三十二年。光凭这两个数字，可以心狠手辣地将一个人盖棺论定——当然，我会奋力挣扎。

我走上写作的路，证明"不可能"可以变成"可能"，其关键在于三个启蒙。

六十年代，我生长于每年闹水灾的宜兰农村，世代务农、家中无书仅有两历——日历与皇历，在三山一海包围的奇幻地景上度过童年、少年，也获取对我而言极为重要的第一个"自然启蒙"，从此在我身上有两股亲情，一是血缘之亲，一是土地之情。这种得之于"春耕、夏耘、秋收、冬藏"亲身耕作的自然启蒙，开发了我的感受强度与想象幅度，在学习使用文字之前，内在根须已悄然拓展。

　　第二个启蒙来自现实，我称之为"困境启蒙"，所有我们用来概述为了寻找生命出口而写作的情况都可以内含。奇特地，我在二十岁之前密集地遇到三个贵人："死亡""我是谁""破灭"。他们教我读教科书以外的那一本"大书"，套句沈从文的话："我的智慧应当从直接生活上得来，却不需从一本好书一句好话上学来。"

　　这本致命的书非常难读。对我而言，这些来得太早的困境之所以有机会变成文学驱动力，得益于当时"岛内移民""离乡潮"蔚为流行之故；出生于二十世纪四十年代日本侵占末期的农村女性，在国民党来台之后，无缘受教育或是念了几年小学即中辍（只有少数能念到毕业），纷然带着改善穷乡贫家的"女性任务"，投身唯一大城"台北"寻找工作机会。村中几乎每一家都有"女儿"在台北谋生，歌星陈芬兰所唱《孤女的愿望》："请借问播田的田庄阿伯啊，人在讲繁华都市台北对叨去（哪里去）？阮就是无依偎可怜的女儿。"是这一群离乡女儿的命运进行曲；她们是被牺牲的一代，把青春换算成工钱寄回家。我家族中亦有亲人在行列中，她们走踏五六十年代台湾农村、漂流台北的故事，仍是我心中不忍掀开的感伤角落。这已然成熟的社会风潮，使我在少女时期遭逢困境时，能够勇敢地追随众多年轻的阿姑、阿姨、阿姐脚步，到台北寻求解答。殊不知，台北是一个会把"困境"放大的地方——不独原先的困境未除又添了城乡差距产生的新困局，然而正因如此，我才有机会在台北"发迹"；对写作而言，不怕困境太大，只怕困境不够大。

我是愧疚的，与这一群"女工潮"中年纪较小的相差仅十多岁的我，离乡为了"追寻自我"——这四个字奢侈到令人想哭，而她们何止没有"自我"的概念，且视挣钱寄回家、挑家计是一桩天经地义的美德。我也不禁觉得惊险，如果我早生五年，站在一九六八年岛内实施九年义务教育这条"教育普及线"之前的话，即使念完小学，即使成绩优异，以我的家境与当时乡下对待"长女"的根深蒂固的观念，不可能拿钱让我补习考"初中"。那么，坐火车过山洞到台北的我，看着太平洋边的龟山岛，唱的歌词绝对是："阮想要来去都市，做着女工度日子。"或许沾染了这群被改朝换代的时代转轮碾过的女性悲情，潜藏在内心深处，以致我从不觉得自己是一般所说出生在二十世纪六十年代的"五年级生"，刻度往前拨，自我认同属于"四年级生"。

第三个是"文学启蒙"。

我想岔出来说一说，我这一代共有的小学学习语文经验。

如前所述，我生于战后十六年的清贫农村，那是个欠缺知识积蓄的地方，除了因庙会而搬演的布袋戏、歌仔戏，寻常生活只有泥水没有墨水。一个缺乏知识仓储、政经矿脉、乡绅贤达的贫村，无论放在哪一个时代、受哪一种统治，都是位在最低阶的，易言之，是政策推动得较彻底的地方。在我之上，家中受到最高教育的是我父亲——小学毕业，三年在日本侵占时期，三年在光复后；但我从未听过他讲日语，村中无任何被一个政权统治过五十年应有的"遗迹"，这足以说明这些农人的心理评价，除了两三个日语发音的名字与专有名词，要不是老辈口中提及殖民时期所受之凶残对待，我完全无法相信日本人曾统治过这个农村。这部分的空白，使得我北上成年之后，与某些同辈或前辈有明显落差，他们身上留有日本元素或成分，而我没有。他们那么轻易地滑过种种政治或人道关卡，而我"继承"小农村的悲愤情绪，很难与他们站在一起。我是孤鸟。

早逝的父亲有一台唱机，数张闽南语曲盘（黑胶唱片），有一首刘福助唱的《安童哥买菜》，逗趣嬉闹，深入脑海。但没有日语、汉语唱片。其中最特别的是一张只在除夕祭拜时放送的"北管曲盘"，锣鼓喧天、二胡与唢呐齐鸣，奏出节庆的庄严与隆重，令我非常震撼。这是颗种子，正如神案上祖先牌位"范阳"与墓碑上"南靖"是个线索一般，种子与线索潜伏在我的童年，等待萌发。

生活在农村里，只要会讲闽南语即绰绰有余，在我六岁进小学之前，没听过日语，也没人讲"汉语"——乡人称为"外省仔话"。进了小学，从"ㄅㄆㄇㄈ"学起，听说读写"汉语"，本是天经地义之事，无须赘言。然而中年级开始，校方定然因当局下令推行语文教育而采取严厉手法禁止学生在校讲"方言"（那时候没有"母语"概念），违者处罚，或挨打或罚钱；老师制作两块小木牌上书"不要讲方言"，交给干部管理，若听到某人讲"方言"即登记名字把牌子交给他，此人再去抓下一个违法者送出牌子，以此类推，放学前看牌子落在谁手上，此人需受重罚。这种抓"替死鬼"的儿童游戏本是逗趣的，但用在此处却引发反效果；其一，破坏孩子间的单纯情谊，人人变成支起耳朵"抓贼"的密探，抓人与被抓者立刻从朋友变成仇敌；其二，处罚方式过于严苛，尤其罚钱一节，对家境困窘的乡下学童而言徒增惊恐，岂不害他回家被父母揍一顿；其三，严重斫伤孩子对母语的自信心与自尊心：为什么不能讲在家中跟阿公阿嬷阿爸阿母讲的话？任何政策一旦以制造对立、仇敌为其推动之手段，必然遭到反扑，班上调皮男生在黑板上写"懒觉"（音同闽南语"男生性器官"）、"高塞"（音同闽南语"狗屎"），大声问："这个怎么念啊？怎么念啊？"引发哄堂大笑，接着大声念出："懒觉懒觉，高塞高塞。"挑衅地问："我有讲方言吗？有吗？"这个运动后来下架了，因为有其他更重要的譬如"保密防谍"运动必须推展。然而，伤害已然造成；我受命保管那两块木牌、登记违规者，变成受人讨厌的"间谍"，遭到欺负，此事较小，伤害乡下孩童的母语自尊心兹事体大，它埋下的心理阴影与憎恶根须直接连到后来社会上的各种对立，继而开花结果。儿时这一段"类政治"事件，影响我至深，我憎恨在自家社会里制造对立借以获利的人。

生长在偏乡无书环境，文学阅读经验苍白得可怜，语文课本成为最重要的养分来源。

一九七三年，九年义务教育施行第五年，我上初中。新学期一开始，拿到的语文课本为我打开一个无法言说却似曾相识的曼妙世界。

若问我，进中文系对创作有何影响？这问题可以有两种答案，其一，毫无影响，多少优异作家并非中文系出身可为佐证。其二，影响深远、助益极大，尤其对诗与散文作者。

作家驱策文字为载体，承载情感与思想，表面上看，我们使用的文字属白话文，口说语与书面语相近，"我手写我口"，何须跟古人古文打交道？然而，"文字"如布料，也有"材质"之分，即使同一材质，亦有质感之别。若有仓颉再世新创一套拼音文字，自应另当别论，若仍然使用这套形音义三合一的汉字，"文言"与"白话"不可能绝然对切；因为文字宛如庞大有机体，于时间长河、社会变迁中自成面目、体态、情韵，文白仅是使用上略分之词，从未、亦不可能押来一群学者将文言、白话划分清楚以兹立法推行；有文有白、忽文忽白、既文且白，皆是言说、书面常态。硬要用年代切割文白，乃抽刀断水之举，文字之演进、变化自有路数，岂会因改朝换代而一夕翻脸？文章优劣，更与文白无关。对我而言，浸淫古典之中，有机会见习千年来无数大师如何使用这一套独特的文字系统创造伟大作品，如何像炼金术一般，将寻常文字锤炼至工艺境地，使之大放异彩。这套精工，延展了文字的美感，是以，通过时间之筛而藏诸名山的作品，读之，皆能观赏其字形排列而组成的体态之美，聆赏可朗诵的铿锵音韵，体会其张扬或隐喻的情味、意境与理趣。如此雄浑豪迈，如此繁复丰丽，如此隽永绵远，当我沉浸其中，焉能不醉心？这种学习的影响是直接且深刻的，提升品位、深化情思、拓展思维、活跃悟性，简言之，影响"鉴赏与开创"能力，最终影响的是，能否打造出"独特的我"——请恕我武断地说，不管是否从事创作，这个"独特的我"就是"文学我"，只有他有能力从人性中判读神性，有能力将庸碌人生升华到文学境界。

　　虽说如此，我也必须平心而论，在中文系读到的等同于故宫看到的都是"精致"瑰宝，若想解读、鉴赏皆需花工夫学习，社会主流意见与大部分学生看重实用面，语言文字，说清楚就好，文章，看懂就够，并未觉知他们需要到古典宝库追求那种"精致"。一个孩子，若从学龄开始蓄意阻断其接触古典的机会，我相信他仍会快乐地成长，也不会觉得失去什么——不认识那个世界，怎会觉得失去那个世界呢？如何选择，端看父母为他调配什么食谱了。

古典文学科目训练让我打下基底，嗜读西方经典小说戏剧则训练了体能。虽然阅读量不小，但我很早即意识到不能受大师影响而落入仿傚之列，应建立自己的独特性。然我不能否认，古典教我锻炼文字、调理修辞、营造意境之功法，西洋作品则在潜移默化之中影响我的创作习惯：以"一本书"为基本单位进行某个主题的完整思考；从大学开始，我就不认为一本散文集只是收拢在某段时间内所写的各种文章而已。但在二十世纪六七十年代，我看到的书大多如此。

4. 为什么写散文？

散文，易写难工（也难攻）。既无法依附于西洋文学理论以壮军容，也难以摆脱长期以来与读者约定俗成的阅读默契，认定作品是作者的人生现场实录，"叙述者我""作者我""现实我"三合一。既如此，我为什么还留在这里？因为从现实经验收拢来的故事柴薪，得自古典文学熏陶，对文字美感与音色的着迷，先天喜欢谛听与倾诉的情感体质，对生命意义与真理之思辨兴趣，拓广掘深加总在一起，最能开阖的文类就是散文。它满足我叙事、抒情、写景、造境、寓理的多重渴望，允许我保持学徒好奇心继续开垦思维矿产、提炼思想结晶、开发书写技艺。最重要的是，散文作品里藏着一个"理想我"从字里行间，仿佛可见其声音、形貌、姿态，进而贴近其情感、气质，聆赏其智识、慧性，追随其节操，陶醉在那种性情与性格共感、文采与思想互铸的独特情境里。这就是为什么一旦一个读者喜欢某位散文作家，几乎会跟随下去的原因；散文是同声相求、心心相印的。这种透过作品而产生的作者与读者宛如知交的情感共振，恐怕是别的文类不易有的。因此，当一个作家在现实上背叛他塑造的"理想我"，读者也会毫不回头地离开。

所有提笔人面对稿纸或键盘的第一个问题："写什么？"其答案往往决定了未来耕种的粮草。选择什么题材，跟作者的内在特质与人生经历有关，只要写得精彩，本是各自茂盛之事，无须划分高下。但我们也必须坦承，在竞技场上、评论笔下，作品来自什么样的人生、选取何种题材，决定了在评审、评论者与读者心中不等值的第一印象；攀登山峰、航行海洋的作品绝对比耕种一块菜圃吸引人，攀崖受伤、海上风浪的经验也比在菜园里被虎头蜂蜇到更具故事性。不可讳言，题材上占优势的作品，较易受到肯定。

"好奇"是人的本能，易受"故事性"与"戏剧力"双重文学荷尔蒙吸引，这种潜在特性加上当代社会急速翻转、公共议题推陈出新的变化力道，使得题材选择产生了巨大变化；性别议题、社会运动、劳资冲突、城市新贫阶层等公共领域课题受到关注与赞扬，而抒情传统渐次褪去。散文，有三大分支，抒情传统、叙事路线、知识脉动，现今进入大叙事时代，相较之下，铺写人生凝结感悟、讲究书

122

写技艺的抒情路径与饱含知识浓度的知性散文，退居非主流位置了。

但散文也具有先天陷阱，易于琐碎与自我重复；当生活经验受限、书写技巧娴熟、思想定型，"重复之轮"即启动。这是创作大忌，我保持警觉，坚持不重复。所以即使有些书获得市场肯定，也绝不再续。

我一向走在非主流、难以归类的路上，出版二十一本书，除了《跟阿嬷去卖扫帚》是童书，其余皆为散文。然而，"散文"是个大概念，用血缘譬喻，不同混血产生不同面貌。我尝试过小品、诗化短文、札记、散文极短篇、小说化散文。在主题写作的要求下，根据题材与主旨择定型式，架设全书结构，定位时空人事物，拟定情感基调、文字音色等叙述策略。这是我最钟情的写作方式，不管是十万字或二十多万字的一本书，它让我完整地悠游其中，享受数年写作期间那种独特的身心煎熬与形上欢愉，写完常有被彻底掏空之感，近似分段生死。重新归零的感觉即是自我突破的开始。终其一生，一个散文作者终究要被放在格局、书写艺术、思想三张台面上检视，我戒慎恐惧。

尼采《悲剧的诞生》论希腊悲剧源自希腊的两种艺术特质：太阳神阿波罗与酒神狄奥尼索斯（Dionysus），前者雍容肃穆，手持弦琴与金球，犹如太阳光芒万丈照亮阴暗，展现知性与理智之美。而手握葡萄的酒神，象征生命源源不绝的活力，奔放沉醉其中，突破桎梏，展现风华奇美。若延伸其义用来理解人生奥义与创作活动亦能符合。前者是一种克制约束，后者是奔放畅流。借代此说，作品是作家体内太阳神与酒神二元对垒与调和的结晶。每一次寻觅新的写作计划，我总会陷入为时不短的酝酿期，面对稿纸生出渴慕之情："我的心，你要带我去哪里？你要告诉我什么？"此心，是寻找最大震幅的共鸣之心。

人生是散文之母，我处理过的主题，当然跟个人经历相关，而散文作家相较于其他文类，更容易直接或间接地在作品中体现时代背景、社会变迁。一九八七年解严、二〇〇〇年第一次"政党轮替"，这十多年间的台湾社会是最蓬勃也是最复杂的，各种力量破闸而出。我正好在这段时期踏入人生另一个阶段，如果把婚育当作一条隐形换日线，婚后的我确实更警敏于历史源流之追探、社会变貌之观察。从"身世"二书《月娘照眠床》《天涯海角》，前者写于婚前、后者成于婚后，可见出自我认同、视野与终极关怀已然不同。此外，"诞生之书"《红婴仔》、"教育之书"《老师的十二样见面礼》、"饮宴之书"《吃朋友》、"死荫之书"《谁在银闪闪的地方，等你》、"爱情与伤逝之书"《我为你洒下月光》，皆是在不同阶段熔铸阅历、探勘社会之结果。

我乐于设想自己是埋伏在人生路口的一个猎人或是捕梦者，冷静中怀着热情，仍然相信浪漫、追求美，从漫天烟尘里看见飘浮的微光，那是人类精神文明永恒的真善美圣，我幻想自己满载而归。在散文梦土上，我仍是个学徒，继续寻觅自己的桃花源。我期盼抵达之时，等着我的是一阵芬芳的风。我幻想着，有一天别人提起我，会说："这个人是只孤鸟，除了文学，没有第二个江湖。"我还活着，长途跋涉，独自一人。

当你启航那一刻，请想起我

【作者交代】

二〇一七年，台积电文教基金会与联合报社合办之"台积电青年学生文学奖"进入第十四届，附办"青年最喜爱作家"选拔，由参赛学生票选，我侥幸亦荣幸获此殊荣。第一则《当你启航那一刻，请想起我》乃是应邀写就的得奖感言，十一月赠奖典礼时，我甫结束长途旅行巡回演讲归来，心情犹然澎湃，故发言内容传达心中积累甚久之感触，对新生代寄予厚望，听过的朋友皆有同感，嘱我留下文字记录，第二则《台湾很小，你们必须把她变大》即是现场发言。今年（二〇一八），第十五届"台积电青年学生文学奖"附办"高中生最爱十大好书"，拙作《我为你洒下月光》入列，亦深感荣幸。这两阵自校园里的春风，拂乱了书桌上的文稿顺序，间接触发本书诞生。特志于此，视作案头生涯一次美好的"蝴蝶效应"。

126

1. 感言：当你启航那一刻，请想起我

在高中校园，我记得你们的脸，不必向春天借色彩自有嫣红新绿。我记得你们的眼神，十七岁晴朗的天，太阳躲在云里耍着忽隐忽现的光。当你们排队向我索取签名，即使是一张随手可丢的小纸片我也签，只为了近身说一声谢谢、看"未来社会"一眼。那些嘻嘻哈哈等签名时安静五秒又嘻嘻哈哈走开的，会有一个烟火般热闹的人生；那些不敢直视我的眼睛签完后绕到我旁边不走的，那些当我问"你写吗？"回答得好像我问"你偷窃吗？"那样惊恐的，那些将写满文字的信纸折成机关小方块要我回家再看的，那些羞怯地问："我可以把文章寄给您看吗？您不回信没关系。"的，那些眼睛里藏着秘密认为全世界没人有资格知道却不小心流淌出来的，我记得你们的样子：白色触角已从头顶冒出，你们是文学国度新一代的独角兽。

你们当中，有人会很快地踏上文学旅路，一帆风顺；有人必须向父母争取跟现实搏斗——文学保存意义不保证幸福；有人连遭退稿，丧失自信而退出。不论如何，总有一天，你必须回头审视文学与你的关系，给自己一个解释：为什么选择？为什么放弃？无论选择或放弃，我希望你的答案里没有"后悔"，人生太短，短得昂贵，容不下后悔。我希望你在自己答案面前抬得起头来，因为文学是生命层次的事情，

容不下虚伪。

如果我真的是独角幼兽最喜欢用来磨砺尖角的一棵树，是我的荣幸。磨亮你的角之后，请忘记我，文学肇基于原创，你必须昂扬地长出自己的面貌，独一无二，你必须超越我。

当你长成，请内建台湾移民社会最应具备的海洋性格，踏出强健步伐，带着华语文学去征服世界。当你启航那一刻，请想起我，曾经在你的文学生命混沌初开之时，代表我的世代祝福过你。

2. 发言：台湾很小，你们必须把她变大

同学们为什么在这里？因为你们初试啼声，作品参赛脱颖而出；老师与父母之所以在这里，因为呵护孩子，来见证他们的荣耀；《联合报》副刊的朋友在这里，因为是主办者之一，承办赛务、提供刊登舞台让作品得以被认识；台积电文教基金会的朋友之所以在这里，因为提供丰厚经费，为文学社会培植人才；文坛的朋友之所以在这里，因为担任评审，选拔出优异种子。在这个寻常下午，创作者、护持者、媒体、企业四股力量共谱出这一场盛会，换言之，把我们这一群在各自人生中不太可能有交集的人聚集在一起的那股力量只有两个字：文学。

很荣幸，我躬逢其盛。

我从各位同学脸上，看到四十年前自己高中时立志要成

为作家的那股光采，那是一种虽千万人吾往矣的意志力光芒。此时此刻站在这里，四十年的风霜吹过了，青春的火焰也熄了，我也要慢慢滑进晚境，然而，毫不羞愧地向同学报告，在稿纸面前我常常忘记自己已经五十六岁——我在你们的年纪时认为自己活不过五十岁——仍然保有学徒的好奇心与热情，想要更精进，寻找新的可能性。我不知道缪斯女神还愿意亲吻我的额头多久，也不知道衰退中的身体还能使用多久，只知道创作的火焰还没有熄灭，我是个还有心愿的人。

文学让我们聚在一起，然而在瞬息万变的现今社会，文学会不会进入不可逆的暴风圈渐渐枯萎甚至凋零？我越来越有悲观之感，不知如何排解。遂决定一改过去隐居状态，跨出家门，去见读者；我想在科技文明淹没我之前，意识形态冰冻我之前，所有我设想过的暗黑力量来临之前，见读者一面。我已经见过自己家乡兰阳溪、淡水河、浊水溪、爱河边的读者，我还想走远一点，去见无须透过翻译即可沟通的长江、黄河、渭水……边的读者。所以今年出两趟远门，二十多天行过大陆八个城市做了将近二十场演讲，跟读者见面；我想知道他们为什么要看我的书？我想告诉他们我的文学。演讲后签书时，有个年轻男生对我说："简媜老师，谢谢您，您的书陪我度过一段很困难的时间，我可以跟您握手吗？"那么诚恳的话，来自内心深处毫无隐瞒。我放下笔，伸手与他相握，看着他说："不管是什么原因，我祝福你，请加油。"我们的眼睛同时涌出雾色。多么神秘，我不认识他，却在当下因一段困难时间里相互陪伴的文学情谊而理解他的心受过苦，仿佛旧识。那么多读者说温暖的话，我都告诉他们："我只是用文字造一面镜子，挖一座湖泊，你们看到的是自己，应该感谢的人不是我，是你们内心深处那个'文学的自己'。"这趟旅行完全印证我的信念：其一，作家的心只能葬在读者眼里；其二，文学没有边界。我跨过地理边界、社会边界、体制边界、世代边界，佐证对"文学"而言只有还没去过的地方，不存在不应该去的地方。

然而，我想进一步跟同学们分享一个很私密的感触。结束第六个城市西安的活动，一大早前往郑州途中，我一个人坐在舒适平稳、时速三百多公里的高铁上，看着窗外辽阔黄土地，好美的银杏树叶在秋日平野上绽放金黄流光，映着雾色天空让我既熟悉又陌生，这时候的心最无依也最脆弱。戴起耳机听歌，不知歌名、歌者的一首闽南语歌忽然以声音为箭，直接刺进我那摇晃且疲于奔波的心：

> 一人脚步恬恬行，行向不知的未来啊，
> 沿路的月娘偷偷看，照着一个无辜的人影，
> 一路上暗暗提醒我，提醒头前这条路歹行，
> 孤单，就是他乡的名，我的伴。

往事如烟，重新浮现眼前。想我十五岁离家，什么都不懂，一心要去找一个能与我匹配的人生，找一个愿意珍惜我的人。

这一路，勇敢过、懦弱过、打拼过、失败过、等待过、幻灭过，个中滋味，不求他人理解但求自己释怀。我曾经错过芬芳的玫瑰，如今寻到庇护我的松柏，人生至此，可以像闲云野鹤般平静了。然而，我这年龄了，怎么还在长途旅行呢？怎么还拉着皮箱去一座又一座城市，一间又一间旅店，一条又一条铁路与飞航，我是不是在追求一个虚妄的东西？是不是永远是个跟主流意见相反的可笑之人？可是，我的内心如此坚定，认为这趟旅行是对的！难道这就是我的宿命，难道这是我这一代的宿命，我们注定要朝四面八方寻找出路，注定孤独地在旅途上。想到这里，不禁流下眼泪。

　　这就是我要向同学们坦白的，作为你们选出的"最喜爱作家"，很惭愧，我没有能力带我的作品跨越太平洋、大西洋，去密西西比河、塞纳河畔寻找读者；我的出身、家庭、学识、性别、文类、所属的世代与成长的社会，不曾提供给我资源与机遇，我不够强壮，跨不过另一个边界。不是才情不够，是视野不够、格局不够、资源不够、机遇不够、努力不够。我是孤鸟，只有飞行轨迹，没有传奇故事。而你们，比我幸运，你们是未来的栋梁，文学国度的接班人，这意味着，我跨不过的海，你们要去跨，我走不到的地方，你们要去走。

　　长期以来，我有个很深的感触。台湾出版界与读者，戒慎恐惧生怕错过岛外重要的与不重要作家的文学作品，我们甚至戒慎恐惧生怕错过离我们较近的村上先生的所有作品，我却从未听闻世界上哪一个地方哪一群读者戒慎恐惧生怕错过台湾哪一个作家的哪一部作品？是台湾作家的才情不够、天赋不够，还是视野不够、格局不够、资源不够、机遇不够、努力不够？是信心不够，还是我们甘于把海浪当成柔软的锁，做孤岛就好？

台湾是你们的根底，但台湾的天空不应该是你们唯一的天空，台湾很小，你们必须把她变大。

那首触动我的闽南语歌，是詹雅雯唱的《人生公路》，歌词最后："人生的公路直直行，正确的路在哪一段？无论成败无论输赢，乎自己一个鼓励的掌声。"

我不是一个习惯给自己掌声的人。不如这么约定，三十年后，你们当中有人会成为"青年最喜爱作家"，站在我现在的位置对年轻一代说自己的文学心路，如果你恰好想起我今天说的话，那时我应该已经离开了，如果你愿意，到时候，请你给我一个"鼓励的掌声"。

月光下，我要与你相逢
——写给读友

"读者与作者纸上第一次相见，却像前世知己般相逢恨晚，这是散文独有的共鸣，也是文学的天籁。"

1.凄美地想象着读者

在一个寻常午后，因双脚涉入现实杂务深水区颇感无望，怔怔望着窗外摇曳的玉兰花树，思维之湍流，在脑海丛林文学疆域奔窜，检视大半生笔墨生涯，时而感叹此身肩负三人份现实劳务宛如拖着脚镣跳舞，若有一丝倦怠即有可能孵化成歇笔状态，自己未让文思动脉断裂不能不说是毅力过人，时而又感怀多情文字终究也是一场空。继而，在这前不着村后不着店的时刻，把深陷泥塘的"现实我"搁着不管，思绪逸走，竟凄美地想象着读者：

在我死后三十年，应该是二十一世纪下半叶。全世界最

133

活跃的富豪们都已去过火星探奇了，人与机器人的"人机婚姻"蔚为风潮，因为他们学习力强、任劳任怨、不会变心。几种我们目前声嘶力竭地捍卫着的观念或信仰，已成为用来标示当年民智何等低落的专有名词。

理所当然，想阅读"纸本书"需向图书馆隔离区申请，因为医学研究证实某种侵犯人类中枢神经的超级细菌乃透过纸纤维而传染。

就在恒温杀菌的书库，一位穿戴防护衣的年轻人，无意间抽出我的书，瞄了一行，被吸引，索性坐在角落读了起来，不知不觉掀开防护罩呼吸着仿佛置身我所描写的湖光山色，他读得那么专注，甚至眼睛湿润。仅仅在这一刻，藏在字里行间的咒语解除——施咒的人是作者，每成一书即对文字施咒："字们，听我号令，你们只能在湿润的眼光中释放全部意义。"咒语解除，所有的文字开始发热，激进火花，回报给年轻读者。

仅仅在这时刻，我已远去的灵魂才愿意回来，再看这世间一眼。

2. 召唤与呼唤

成为作家，是回应缪斯对我的"召唤"，写散文，则是我对文学知己的深情"呼唤"。

每个散文家都是一个独自运行的星球，完整地呈现其人格特质、情感基调、思想气象、修养境界与人生历练。散文是同类相求、心心相印的奇特文体，隔水呼渡，舟子响应，一个声音呼唤另一个声音的神秘感应；从未有一种文类像散文一样，拥有强大的扩张力与感应力，能容纳作者与读者在文字的鸡尾酒会里交换人生经验，共享探索知识、体察社会、爬梳经验、思考生命奥义的轨迹与成果。作者与读者第一次纸上相见却像前世知己般相见恨晚，这是散文独有的共鸣，也是文学的天籁。

——二〇一八年四月台南，盐分地带文学、台南市政府主办"当代台湾十大散文家"赠奖典礼感言。

3. 在时间这块大砚上磨尽生命

如果我不小心活过七十，且幸运地能坐在一棵大树下对着潇洒阳光回忆一生，但愿在忆及创作生涯的时候，我的脸上有五六只蝴蝶吮着，笑容如花之故。那是因为，我始终未丢弃诺言，以纯粹之心面对创作，把生命当作墨条，慢慢在时间这块大砚上磨尽。文学就是文学自己，我已不理会文学存亡的争辩或留意瞬息万变的风潮，愿意安静、沉潜、追寻，希望我的作品至少有一页能安慰未知时间里一个陌生的灵魂，若那时大寒，我的字里行间让他取了暖。那么，年迈且朝向最后路程的我，可以抬头望天，与大化相视一笑。

4. 月光下，我要与你相逢
——致大陆读友 [1]

写书的人漂洋过海来了，读书的人舟车摇晃来了。想象有一只大手拿起书用力抖开，密密麻麻的文字散落成各式各样的人心中的情愫，那个原本静静地躺在作者位置的人被叫醒了，月光下，我们必须相逢。

一生或许仅此一会，一会仅有一时辰，怎说得尽这人生的悲欢，怎谈得完一颗纯粹的心如何变得沧桑？彼此的眼神里有太多疑惑与疲惫、期盼与雀跃、失落与迷惘、牵绊与胆怯，我们既陌生如沧海中各自沉浮的粟米，又熟识到胜过隔壁邻居，不是点头之交，我们在文字里紧紧地拥过了——那属于心灵的一抱。

每一场相会，不论在校园、文化中心或新兴都市明亮的书店，事先安排的读友朗诵，无论高亢的男声诵出我对故乡的礼赞，醇厚的女声缓缓地读出鱼贩之女对远逝父亲的倾诉（这一场让大家都拭泪），或是清脆的充满青春朝气的声音吟诵古典风华里的恋情，怎么有这么纯净、澎湃的感情在这交会的瞬间如烟火如喷泉而出，我忘了是我，你们忘了是你们，那当下的能量，就是文学。

1　二〇一五年、二〇一七年两趟"文学之旅"，皆由"华文天下"规划，既畅谈也畅游。由衷感谢一路相伴的伙伴们。

是的，你们应该感谢的人不是作者我，是内心深处那个"文学的自己"，即使我说过，所有让你们流泪的段落事先我都已哭过了——若不能感动自己又何必写下来折腾他人眼睛？即使如此，我也清楚地知道未曾有过半丝迷惑，你们之中不惜远道：从广州坐火车到武汉，从山东到苏州，从北京到南京，甚至乘坐十多个小时绿皮火车从成都到西安而来相会，不是因为我，是因为文学修复了你们的人生，而当时为你们开门的人恰好是我。你们来见我一面，其实要见的是用我名字标记的那段私密记忆，重新触摸一段疗伤人生，再次感受新生的活力，浮现朝云灿烂的那一刻。我们都在时光中独舞，而文学恰好就是关于时光与记忆的一门艺术，我写人，谁写我？我写时自以为清楚明白的章节，焉不知正是那不可思议力量透过我预先写在那儿的、要给他心爱之人的安慰呢？你们不知如何称呼那力量，见不着面，遂让作者概括承受一切丰盛的情意。所以，苍老的、青春的心，该说谢谢的是我啊！

丰盛在于，只有被文学感动过的人才有的细腻之心，如此自然地流露；在南京，会后，年轻女读友困于职涯选择，在兴趣与薪酬之间犹豫不决，自己的心声、家庭重担相互挣扎不已，片刻交谈毕，她得知我未进午餐，离去再度返回，手上多了一份热腾腾的红豆糯米糕。

结束后回酒店，卸下一身疲惫享用米糕，竟觉得是人间美味。

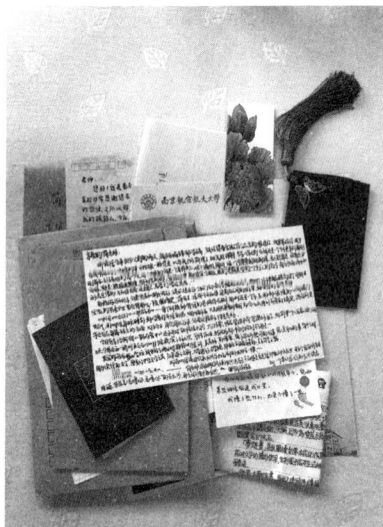

大陆读友的信。苍老的、青春的心，该感谢的人是我啊！

丰盛也在于，精美地包装着的礼物，一支笔及一封长信，"原谅我不能书写繁体字，给您造成的阅读障碍，在此深表抱歉。"名字里有个"溪"字的女子这么写着。

"两年前，我曾跨越千里的距离，匆匆奔赴武汉，只为见您一面，现在回首，仍能感受到那种勇敢在皮肤血管中轻轻地沸腾着。"一开头就是一阵花香，"昨日夜里我记错了时间，提早一天到达您今日签售的地点，又不甘心白白来一趟，便要了一杯茶，看了上海半个时辰的凉雨，我时常觉得，这里的秋雨像飞灰。"

回到旅店继续读信，"希望您喜欢这座喧闹与寂寞的城市，尽管我来到这里两年却没能够融入它"。不禁莞尔，这是我熟悉的漂荡情怀，把人生的湖光山色用大布巾包起来带着，背后跟着一两只等着栖息的白鹭鸶。在水溶溶喧哗的异乡日子里，我，对她而言，不是来自台湾的作家，是来自文学国度的旧识，焉能不见一面？信末，热爱阅读与绘画的女

138

子留下一句箴言："错过的不必被惦念，未到来的就值得被等待。"

犹如另一个萍水相逢的人用撕下的札记纸写着："走进文学，走进人生，走进下一次深深的爱与温暖里。"把湖光山色摆妥了，说不定一阵野风吹来，再相逢。

两张印着可爱猴子的信纸上，字迹端正，乍看像仓库里整整齐齐堆满丰收的米粮，可又觉得视觉怪怪的，才察觉他写的是繁体字——必是透过简繁软件转换再手抄下来，满满两页。小猴子们示范"非礼勿视"等动作，写信的人说从知道"简嫃"再到亲眼见着本人有十年了，谢谢我用笔墨造了好多"五彩斑斓的世界"。五彩斑斓，结束自早到晚耗尽体力的几场活动，回旅店洗浴毕，正是心神涣散无依无靠的时候，这四个字真像眼前一黑即将昏厥之际，忽地，被一只孔雀啄醒。

"您陪伴好多人，走过了狂躁青春，陪伴他们从小孩变成大人。而我，也从一个叛逆的小孩长成一个逐渐温和、逐渐跟这个世界握手言和的大人。"落笔当下，想必浮现成长路上之阴晴，"逐渐"，就是最强的风雨已经过去的意思，令人放下心。但是下一页，忽然有一句"生活很苦，在这暴雨将至的天气里"，才几行，五彩斑斓换成暴雨，然而写信的是一个暖心人，只想告诉远道来的人喜悦之情，但那现实的阴霾笼罩下来，他不会向地铁上第一次见面的陌生人吐露心事，却对第一次见面仿佛已认识十年的老朋友说："见到您之前，我因为心理上和身体上的原因很是煎熬了一阵子，对一个有着抑郁症的人来说，您的出现无疑为蒙尘的心洒下一片清丽的月光。谢谢您愿意在这个风雨交加的夜晚前来赴约。今夜太美了。"

"风雨交加的夜晚前"，我叹气。美的是这颗心，"狂躁、苦、暴雨、煎熬、抑郁、蒙尘"像冲出栅栏的兽正在咬他，而他却不顾自身把"斑斓、谢谢、珍惜、幸福、清丽、美"给了我。换我对空中说：被文学沁过的心啊，您值得拥有五彩斑斓的人生。

"发现平日关注的一家书店邀请的人是您，当时整个人都炸裂"，以绚烂烟火开场的信，来自一位自称"记忆差到可怕"的女子。她说，看完我的某一本书，大约一年后，"路过新华书店，又看见这本书，当时在汹涌人群之中搜寻大脑深处未果，买下，在宿舍从第一篇仔仔细细开始读，夜间打着手电筒在被窝里写读后感。当时学校一个月放一次假，到了当月月假，我已把书翻个彻底，笔记也密密匝匝写满空白处。等到回家，才发现书柜上有一本同样的书，也写满读后感"。

哪一个魔术师写的天书，竟让人看过之后就像雨过天晴仿佛不曾雨过？看到这里，不得不暂停、确认，让她"整个人都炸裂"的人是我还是哪一个偶像歌手？往下看，放心了，她写着："您的书陪伴我走过最黯淡无光的八年，从高中到大学……"

把信折好，换我"搜寻大脑深处"，是黯淡无光的日子让人记忆变差以致重复买同一本书又重复写下密密麻麻的读后感（内容也相同吗？），还是那些文字被下蛊了，我的书害她记忆变差以致日子黯淡无光？还好，另一封短信实时安慰我："您的作品有疗伤的作用，伴我度过高考那段最黑暗的岁月。"明白，完全明白，我这一代也走过必须挤进大学窄门的无欢岁月。"每当在功课中疲惫不堪时，打开您的书，我总能燃起对生活的希望，对文学的信仰。"谢谢您，您的话也让我想起内心最困难的那段日子，那些陪伴我的作家们。文学，把我们变成一个大家族，失散的亲人，都能找回。

人在武汉。"第一次写繁体，有些乱，希望老师不要介意呀。"这是有礼貌的敲门语。名字中有个"笑"字，要我在书上写："你笑起来真像好天气"的温婉女子，写得一手漂亮的字。

"之前阅读您的书，觉得仿佛在与您对话，现在这一刻居然真的和您对面了。一帧一帧，像做梦一般。真的非常非常开心，开心到回学校的公交车上，回想见到您之后的种种，第一次觉得武汉这座城市真好，我是我自己，真好。"

您一定不相信，最后这句"我是我自己，真好"让我感动良久。是武汉的秋风吹开您的青春情怀，不，不止如此，必然是宿慧，才说得出我们在人生路上跌跌撞撞几十年才能得到的领悟："我是我自己，真好。"

"简先生，"一位在朋友眼中开朗活泼的长沙女子以此尊称我，信上写着："那时候刚离家去异地就学，那时候的我是一个怎样的人？偏执、固执，像一个全身带刺的刺猬，无人能靠近，谁靠近就伤谁，那是一段极其黑暗、见不到光的日子，那段日子里身边没一个朋友，说的是一个乡下人的方言。南方多雨，雨中的日子总是湿的，不知道是雨，还是自己总爱打湿这流光……"我能感受，写下这段文字的人心中再次翻腾，这就能解释为何如此？"今日有幸上台朗诵《路在掌中》，此前一个人在家读了好几天，稍早还和一群朋友在咖啡馆预演好几次，可惜依旧，还未开始就情绪失控，完全控制不了自己……"

一切的一切，我完全明白。谢谢您愿意接纳我的文字陪您度过那段黑白岁月，当年没说出口的心情，就让它黑的黑、白的白吧，织成谁也看不出所以然的黑白图案丝巾，有一天，

鱼手书繁体《心经》，先用铅笔写一遍，再以毛笔写定，心意双重。

您遇到另一个活在无光角落的人，因着一只老刺猬的提醒，把丝巾送给他取暖。

先让我为两个互相昵称对方为"鱼""小雀斑"的纯美友谊献上愉悦之心。这两个明明在大学校园内常见面的人竟用最古老的书信方式交谈，而我，幸运地，曾在她们的信中出现过。优美文采、精致情思，也洋溢在她们给我的信上。

鱼写着："我们是不是只能被终生想象着的那么几个人阅读，而其他人真的就是随便翻了一下，甚至就那样将我们弃之如履了呢？这样的失落感，不知你可曾有过？以至于觉得生而无义。"

您送我一幅字，以宣纸书写繁体字《心经》。对写惯简体字的人而言，这是不容易的，您自己也说，练一下午写繁体名字呢。展开，见到熟悉的"照见五蕴皆空"。写信的人啊，您不需要我回答，您的问法已透露聪明如您，早已有了冰雪般的解答。

"作者找到读者，读者发现作者。这种机缘巧合，也许可以相比于落叶随流水。"是的，水上一叶，藏有一季秋天的风华。

另一位名叫"小雀斑"的女子，细腻地为我摘了一盒校园里的金秋桂花，打开盒子时感动欲泪，让我往下旅途充满芬芳，更用文字邀我回了一趟她的贵州老家：

"梦里常常回忆起在日光炽烈的大马路上，远处的人骑在马背上，筐里装着早上摘的红樱桃，鲜亮透红，我和母亲刚从玉米地里出来，她为我买了半斤，装在草编的帽子里，我一路吃一路回家。我想到春节杀猪熏腊肉，老树根冒着红火焰，时有其他小树枝爆开的响声，我守着火堆，目光聚焦在红光里，发呆。而后，离家越来越远，农村的样貌我想回也找不到了，人人追着时代找更好的物质生活，我恋恋不舍的，也仅仅是记忆罢了。但总觉得愧疚，空落落地，还是惦记着，再过久一点，我用文字也难以拉回来了。"

多美的散文！娇小的女子，用小个子身躯包覆深沉灵魂，以致无意间露出爱与生之苦恼。而这也是我在旅途中渐渐发现的事，如果不理会日夜，让每位共度文学约会的读友说一说自己的故事与感怀，大约可以记录成一本丰美的散文集。

我看待"签名"已与年轻时不同，当作是朋友间的祝福，乐于为之。要我在扉页写上两个看来都是男生名字的人，我看着他，问："是朋友吗？"他说："不是，是父子。""哪个名字是爸爸？"他指明，更指了在他旁边的高中生，是儿子。"多美的瞬间啊，我竟遇到了。"我心想。签完，对那腼腆的高中生说："你有一个好爸爸。"

要珍惜，要珍惜啊！上天并非常常那么仁慈，把相爱的人系在血缘亲情里。

签过最特别的是，即将步入礼堂的一对恋人，请我写上两人名字，我在当下竟兴起筚路蓝缕的感触。所谓山盟海誓，海誓应该用来指爱情，波涛汹涌、潮起潮落；而山盟，用来指婚姻，无论四季、晴雨，山是不移的。一笔一画，把祝福的心念灌注其中。

天地太辽阔而人生如此匆忙，一生或许仅此一会。月光下，有缘人相逢了，作者与读者目遇成情已经实现。

至于明日，捉住了今夜，明日就让它隔天涯吧！

5. 交会时互放的光亮

春末，我的学弟妹们——台大中文系一年级，在演讲之后，以颁授勋章的隆重方式，仿拙著《老师的十二样见面礼》中《妈妈送你九样礼》，授我"九样礼"。小学弟妹们皆是子辈世代，以下赠上，我受之更觉欢喜。每样礼物皆源自我的作品，心思巧妙、蕴含情意且衍绎深刻，见出文采逼人，焉能不记之以示浓情不忘。宛如圣旨驾到，一册宣纸装帧的拉页簿本，一拉开，载录赐礼如下：

第一样，满天星。您的文字宛如熠熠繁星般闪亮，照耀每一位读者的心空。

第二样，筷子。一桌珍馐换一个故事，一场相会许一双"箸福"。

第三样，千层派。白千层的树皮叠叠层层，千层派的甜蜜也层层叠叠。

第四样，绳结。盼能以绳结缘，再系一系流年。

第五样，书签。如果爱是水经，就标出最汹涌的那页。

145

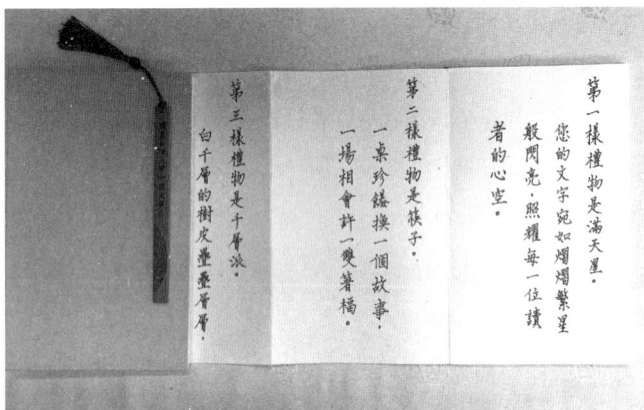

第一樣禮物是滿天星。
您的文字宛如燈燈繁星
般閃亮，照耀每一位讀
者的心室。

第二樣禮物是筷子。
一桌珍饈換一個故事，
一場相會許一雙箸橋。

第三樣禮物是千層派。
白千層的樹皮疊疊層層。

台大中文系学弟妹送给老学姐九样礼。

第六样，铅字。把情思铸成铅，用文字"嫄藏"缘。

第七样，书。希望您创作不辍，像冬山河持续奔流。

第八样，海螺。但愿今日的记忆能存放在这里，让您时时想起。

第九样，纸袋。以此承载人与人之间的情分，以及这些心得与祝福。

铅字印"嫄藏"。

出自何等细腻的心，不仅撰词更赠以实物，第六礼"铅字"，小锦盒装着两枚铅印，一"嫄"一"藏"，还有什么比这更能取悦舞文弄墨的铅字兽？大海螺亦是，收下之时，第一直觉联结至李商隐的"沧海月明珠有泪"，那是《我为你洒下月光》的关键词，送的人或许不知，收的人在那当下被淹没了。

读友之中不乏才艺高超者，犹记得出版那本老年书写时，读友久胜先生善刻，亲自刻两枚寿山石闲章赠我，一刻书名《谁在银闪闪的地方，等你》，一刻"相逢在人间，无比赞叹，一切感恩"。情深义重至此，懂的懂、不懂的不懂，世间事或重如泰山或轻如鸿毛，一切尽在不言中。

天生具有超凡热情的女子玉姑，从读友变成朋友，待我慷慨，每每让我惊喜，最近一次送来一盆白茶花树。我愣住了，曾写过《白雪茶树》自述对白茶花的喜爱，"人寻找梦或梦寻找人，一旦成真，都让我心痛"。她必然在觅花当下与我灵犀相通才选中白茶花。另一位敏惠女子，赠我十六颗相思豆，捡自曾文水库，以此志书缘。

一位写诗女老师亭安，穿梭在花东纵谷一群调皮中学生之间，那耗损心力的日常教学丝毫未伤及悠扬柔美的艺文心灵，我想象她戴一顶草帽，骑单车驰过稻穗开始发出铃铛声的花东纵谷平原，停在一棵无人知晓名字的大树下，从背包取出水壶，咕噜噜喝了几口，接着拿出剪刀与描好线条的红色厚纸，以不输宫廷女红官的手艺剪出四幅剪纸："书、问、游、眠"，分别摘自我的四本书。

靠近南方澳渔港另一位女老师瑞秋，笑起来像飘着柑橘味的秋野，为我编织一顶草帽。接受草帽那天，央求她开车载我去一个地方，那里有杂草、废弃砖块以及分不出方位的

台湾读友的信。我们都在时
光中独舞，而文学恰好就是
关于时光与记忆的一门艺术。

久胜先生篆刻。左：谁在银闪
闪的地方，等你。右：相逢在
人间，无比赞叹，一切感恩。

瑞秋老师勾的帽子。

桧木笔与肖楠笔，来自
美娟老师。

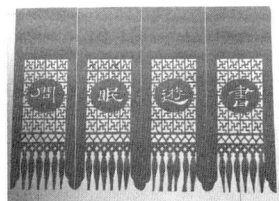

亭安老师的剪纸。

荒凉。戴上草帽留影，向已售出再也跟我无关的老厝，含泪告别。

接近巴士海峡的南台湾，美丽的老师美娟，有着柔得可以融化钢铁的嗓音。十年前造访学校，她曾答应要汇编孩子们的读后感给我，十年后再见，我完全忘记而她牢记这件无法完成的诺言十年，改以刻上我名字的桧木笔与肖楠笔抵账。当下十分心疼，重然诺的人注定要受身体的苦、心内的伤。

我想象，当她们觅花、剪纸、勾织、寻笔，一心想着要祝福我之时，那无所事事在田野悠游的神站在旁边看了好久，心生欢喜，遂把原先要给我的世间美好，都给了她们。

6. 一封信

一封无法回复的信。那么，让我用编绳的手法说一说吧，我希望张扬，因为里头有许多年轻才有的艰难，也希望隐藏，因为只有淡忘才能继续赶路，人生，不仅指称已发生的事，也包含未发生的未来。受伤的人，脚步不能停。

寒冬未尽，在每年一度书的盛会里，来听讲的您待到最后时刻，细声地与我分享您的感触；我立刻明白，我在演讲中不经意提起的社会事件，借以叮嘱年轻朋友遭逢情爱破局时万万不可丧失理智，而恰巧，您是当事人身边的朋友。数百人中，唯有您，在我提及这事件时浑身惊慌，您当下决定一定要向我致上谢意，您说：好希望"那个人"能听到今晚的演讲。我讲了什么呢？我讲的再寻常不过了，我说："只不过是一个伤心母亲的儿子，一颗为爱痛苦的心。而竟然，把爱变成罪，如果时间重来，还会做同样的事吗？"

我从您眼中看到强忍的泪水，听出您的声音仍残留惊惧，那事件毁灭当事者，伤了周遭不可计数的人。在青春路上，没有人提醒我们，爱，需要学习，而学习的第一章叫作"和平地分手"。您的悲伤感染了我，置身忙乱场合，我无法邀您多谈，只能匆匆叮嘱您要越来越好。

会后，我收到出版社转来您的信。

"爱神射向他的箭，个个对他致命。台下聆听的我诡异地颤抖着，或许是爱神的所作所为在心中的余波仍然荡漾，仍孤傲地搁浅在眼眸的浅滩上。我生怕身旁的人无不注视着横躺在水坑中的月光，搅扰了黝黑深邃的沉寂。爱神的箭让我怕极了，但仍深深扎在这尘寰世上。"

陌生的、亲爱的年轻人，我曾经试着找您却无回音，也许您也搬离。如果您有缘看到这一段，不论您仍然年轻或是渐渐苍老，身边有个恋人或是单身，在即将飞航的机场或是返家的车厢，请您静下来，用声音召唤慈悲的神降临，安慰受伤的人，请您读出自己写过的文字：

"逝去的生命之锁早已锈蚀，钥匙也硬生断裂，爱神蒙蔽了谁，灌醉了谁，彻头彻尾都该终于此生。"

7. 标记一个黎明

盛夏在雾峰，文艺营。

课后签名时，注意到有位天生受残疾之苦的男生坐在第一排，一动也不动，往我这边看。他的眼睛清澈，神情亲和。时已过午，正是六七百人午膳、接着需整理行李结业的时刻，我一面签书一面提醒他该去用餐了，他笑而未答。

都签完了，再次务实地像个烹煮后希望家人趁热吃的妈妈，提醒他该去吃饭了，他睁着清澄的眼睛看我，竟回答："简媜老师，谢谢您陪伴一个孩子，从人生的月台，走到黎明。"

凉
亭

　　凉亭有顶无墙，不可依靠，乃萍水相逢的好地方。收在这里的
两篇书评，正是两次美好的相遇。

【写在亭前】

　　即使是脚力如跳兔的人，在步道爬坡踏阶一段路之后，眼前出现一座凉亭，也是欢喜的。若是日头正艳，此时于亭内小坐，摘帽擦汗喝口水对如我一般不可救药的人来说，正是拿出保温壶享用热咖啡的时刻。亭内大多有人，也是小歇，彼此点头招呼，眼光来回飘移，必有下文：问自何处起步？秘道捷径？天气、花树消息？有时还会获赏一块点心，宛如旧邻。小歇毕，一句"先走啰！"自在开步而去。凉亭有顶无墙，不可依靠，乃萍水相逢好地方。来自来，去自去，不必问我姓名无须牵挂你的方向，正是看过烟火人生如我者偏好的洒脱人际。

　　收在这座小凉亭的两篇文章皆是因书而写。我囿于眼力心力，几乎不作序，数十来以序与文友唱和者寥寥无几。此两篇较特殊，皆是心有所感，借他人酒杯浇胸中块垒之举。

　　《如何当一个孝子》是几年前为张辉诚《我的心肝阿母》而写，起心于他的乡间成长背景与我颇类似，更感动于他侍母至孝，可列入保育类孝子。今春，读到辉诚怀念母亲文章，方知老人家仙游而去，为之黯然不已。天地有大美，若要我选，第一种美就是脐带亲情，辉诚用笔写出"母与子"之美，读之赞叹。

154

第二篇《魔幻手指》为宇文正《文字手艺人》而写，自然是因为我曾在杂志界献身、出版界捐躯几近尸骨无存的地步，如今有个人在编辑台上水深火热，不管基于体恤烈士之情或是为美人进庖厨感到幸灾乐祸，我都是有感觉的。既然有感觉，不禁越写越感慨了。

纸上辟此小亭，仿佛再次与师友共话文学、人生。天地悠悠，愿此去岁月晴好，各人的脚下步道，一路芳草。

如何当一个孝子

1. "孝子"有两种，一种古代的，一种现代的

古代所谓"孝子"，指孝顺父母的孩子，民间故事"二十四孝"皆为孝悌楷模，可供有志者效法；现代所谓"孝子"，指孝顺孩子的父母，人数众多竞争激烈，只二十四个名额肯定不够容纳。"孝"之义古今不同，在于主词受词易位；古时，卧冰求鲤、恣蚊饱血的是儿子，现在，扇枕温衾、尝粪忧心的是爹地妈咪。孝字写法没变，变的是谁孝谁。

然而吊诡的是，多数人一生必得经过前半段为人子女、后半段为人父母，当处青春前段，不免暗叹两老太啰唆、孝字太沉重，家如"枷"；当处中老年后段时，遥想当年涤亲溺器、尝粪忧心的活儿都认份地做了，偏偏养出一颗高享受低抗压的"草莓族"或一只牙齿锐利的"啃老族"，不婚不娶不上班还要阿爸阿母给零用钱煮三餐，此时，不免怀念固有伦理道德之高妙之有保障，后悔孩子小时没教他背《孝经》，以训童

蒙。同一字同一人，角色不同感受殊异。由此可知孝字不仅复杂且夹带了不可测的投资报酬率：我孝前人、后人不见得孝我（如果孝子生出不肖子，只好归诸交到坏朋友），然而若我不孝前人则后人万万不会孝我（如果不肖子居然生出孝子，只好归诸上辈子烧的是乌沉香）。这番道理，有诸多闾巷闲言、婆妈八卦足以佐证。八卦闲言传播久了变成警世箴言——那就是，要孝顺父母。好心的婆婆妈妈对恰好听到民间故事的"年轻路人甲"再奉送一句："人在做，天在看。不可不信喔！"

2. "孝法"有两种：一种不同住，一种供食宿

不论外头的社会高龄多少，身在中年的总会碰到这一关：家中二老忽然坐公交车免费且里长送来重阳节礼品。又忽然，妈妈心脏需放支架、爸爸前列腺需开刀，中风、换人工关节、洗肾、得癌症……再忽然，只剩一老，人海茫茫何处是岸？此时，做子女的才发现父母从小叫他要计划人生、实践梦想，可他们自己根本不做"银发计划"就快快地在你面前老了！

那速度近乎垮台。好儿好女当然不会抱怨也不应抱怨，若有揪心锁眉的表情，他操烦的是该怎么做才能把一棵近百年老榕树连根拔起移到养老院，或是自己那一间正在分期付房贷的都市小公寓里。"老"这门功课得两代（或三代）同修，还要夫妻协力；不同住，不放心，同住，需耐心，更需技术与艺术。

五年前，张辉诚以《离别赋》一书为父亲造纪念铜像，重建一个来自江西的漂流老兵在云林乡间扎根、贫瘠中求活的艰辛历程。谋篇成章，篇篇是父亲以病躯扛着嗷嗷幼雏的沉重身影，每一步都划下瘀血暗伤；而字里行间，句句是人子涌泉般的心疼与孝思，纯之又纯，恨不得以血换血以骨造骨，自死神手中夺回洗肾老父的生命。辉诚固然兼蓄古典素养与现代笔力，然《离别赋》动人肺腑处不在文字而在圣洁的亲情流露。书中，一个卖命养家的父亲，一个敬爱、宝惜老父的儿子，血响应着血，骨共鸣着骨，在冷漠的造物者面前，成就了最美的人间风景。

父亲离去，只剩老母同住。辉诚一改父系汉语腔调，回归母语唇舌，写下奉养心肝阿母的心得报告书。

原籍云林乡下葱子寮，生于日本侵占时期的阿母不识字，养儿育女是她一生全部的功勋，直至老年丧偶，子女各有一家一业，阿母的处境极有可能像同代无数银发族群一样，出现一道几乎无法横跨的鸿沟——更确切地比喻，遭逢一生最严重的泥石流灾难：儿女大了，老伴走了，身体病了，财力紧了，朋友没了。他们成为孤鸟。然而，辉诚的阿母却非常幸运且"好命"，她的银发期不仅不必独守乡间老宅，变成一天打十通电话给儿子的寂寞老妪，反而能与儿子同住，朝夕有亲人伴随，晨昏定省，更在宝贝幺子的"导航"之下，开启"第二度童年"——或许，对那一代人来说，是迟来的童年才对。

3. 同住有两种：一种不同游，一种同游同乐

大学时才从云林负笈北上的辉诚是台北新移民，自此之后落地生根就像当年父亲落脚云林一般。根基稍稳，迁父母同住，两老成为奔走于医院的台北"新新移民"。父逝后，新新移民只剩老母一人。耆龄大榕从乡下旧厝移入都市新厦，虽有亲情滋润，却不敌空虚侵蚀。辉诚了然于心，化身为"城市生活指导员"（虽然常常失败）及"台北一日游"导游，协助这棵本省老榕树融入眼花缭乱的生活中。

于是，游淡水、逛夜市、访阳明山、吃美食、坐猫缆、赏烟火、打钢珠……凡接待友人、观光客必去的北台湾热门景点皆在阿母专属导游的行程规划里。这位还得上班教书、念研究生的"全陪儿子"不仅任劳任怨，还花钱干脆，种种作为，只为营造帝王级的游兴与玩趣，博皇太后欢心。

读到此，不禁令人掩卷轻叹：生一个孝子，胜过治十栋豪宅啊！孝子承欢膝下、嘘寒问暖，而房子需缴土地、房屋税，十屋不敌一人。治房子靠时运，生孝子则全凭天命，辉诚阿母的"天命"不知会羡煞多少白发老前辈。本书若出大字版，极有可能风靡各松柏安养院、长青养生村，洛阳纸贵，畅销不坠——辉诚年轻时可能没什么机会当"白马王子"，但现在绝对有资格当"老读者"心目中的"白马儿子"。甚至，请恕我继续想象以下的画面：终于盼到儿子来探望的老

爸爸，在聊完起居医药的沉默空档，鼓起勇气问儿子："张辉诚这个人你有没有听过？"儿子摇头："他是谁？"心想大概是失散多年的军中同袍或新上任的里长之类的吧。老爸就等这一问，速速框上眼镜，从茶几上拿起折了页、画了线的《我的心肝阿母》交给儿子："他写的，有时间的话翻一翻，尤其我画线的那几篇，看看有什么心得没有？"这时老妈妈基于尴尬两只手挥蚊子似的："哎呀老头子讲这些无聊事儿干什么！"赶紧又去切一盘水果告诉大家木瓜真的好甜。喏，吃啊，吃啊！

　　一般总认为银发族不就是六十、七十、八十这么往上提高岁数的吗！其实没那么简单，对外人说得通，对自己的七八十岁父母则另当别论。记忆里，我们有的是与三十或四五十岁时的父母相处的经验，但这些丰富经验不见得能作为与七八十岁父母相处的准则——当他们登上七八十，我们也来到四五十了，我们身上有一道更年期门槛要跨，而他们颤巍巍地要跨银色门槛，对彼此而言皆是全新挑战。因此，处现代社会，奉养父母需具备更灵活的思维与做法。自从我的阿母也晋升成为医院多科慢性病常客，我带她看病做检查，才摸索出崭新的相处之道，那种时而母女时而姐妹时而换成我是母她是女的角色变化，让我感到无比新奇，体会即使是血脉相连的亲伦中也藏着复杂的人际变化，而现代老人家渴望的不是"尊敬"，是笑闹开怀。我阿母一跨出诊间必急忙掏出一张千元钞给我付药费（老友阿鲤说，她妈妈每次给二千元），起初我颇生气，上演伸手拨手再伸手又拨手的行动剧，后来啐一句"三八那"也就欣然收下，领了药必去肯德基吃烧饼配热茶，我必在五六个药袋上画小图，以便不识字的她按图索骥吃对药。她看我把每一种药画得那么传神有趣味，不时笑出泪花。与父母相处之道无他，我们最深刻的亲子记忆是养育子女的那一段，只要把这些"特殊技巧"掰一些加以调整一番，即适用于老父老母。古谚所谓"老小"，真是自烟火中提炼而出的智慧，侍亲如子，心念一转，才知道跟父母根本不需（也不能）讲道理，要讲感受，就像孩子小时闻雷声而哭，他需要的也不是科学知识，是拥抱安慰。

这就是最引人深思的部分，辉诚示范了高难度的"角色反转"技巧与艺术：笔下的大肚腩阿母，渐渐反转变成女儿样态，撒娇甚至耍赖，近乎青春叛逆期少女，而儿子渐渐反转出慈父样貌，管教无效，任其予取予求。表面上是儿子带母亲同住同游，骨子里像一个年轻父亲照顾率尔任真、浑然天成的女儿。"心肝"一词，宜乎用于母子，也适合指称父女。

这其中难得的是，尚未有父职经验的"父亲化儿子"对"女儿化阿母"的照顾堪称无微不至；只有父母对子女才做得出而子女不易回对父母的私密照料，辉诚做来皆不辞不愠不怨，有慈有爱。顶多，当阿母不听话时，骂一句："你这个台哥（肮脏）鬼！"孝字，存乎一心，余皆赘言。

天下有不是的父母，然而何等幸运，我们的父母未曾离弃我们，从未失职。对有些人而言，孝字来不及写完，我们又何等幸运，父母至少还有一人在身边。辉诚学老莱子娱亲，嘻然笑闹描绘心肝阿母。阿母人人有，但"心肝"该怎么写？辉诚做了最佳示范。

读罢此书，如果当局要票选"新二十四孝"，我肯定投张辉诚一票。

魔幻手指

有两个字，对我具有吸引力：一是稿，另一是编。这两个字非常美，别问我为什么，天底下有些事没有为什么。

先说稿。我在每年必定淹水的偏僻小学四年级认识它，不是来自课本或老师偶开天眼要在五谷六畜之外教涎涕小童一个他们一生都用不到的字，而是来自一份叫《国语日报》的报纸。我是负责拿报纸的人，也知道这报纸一旦进了教室就会无影，所以一拿到手立刻闪入校园一处隐秘的夹壁读报，直到打钟才跑回教室，因此练出速读与跑步。

看久了，生出那年龄不该有的羡慕。我对在报上刊登作文很感兴趣，注意到"投稿须知"，猜想写文章"寄"给他们就叫"投稿"——以我当时的智能，不明白为什么不叫"寄稿"却叫"投稿"？我确实这样幻想：难道要跑到台北报社，把文章卷一卷绑个石头朝窗户"投"进去吗？不过，最困扰我的却是"不可用笔名"这一条；我没敢问老师"笔名"是什么意思，因为"投稿"这件事必须秘密进行，我年纪虽小，却知道要拥有一点秘密像拥有私房钱一样，生命才有独享的滋味。以我当时的智能理解，以为"不可用笔名"就是"不可用笔写名字"，不用笔用什么？想破头，终于想到解决办法，而且付诸行动。我不想在此透露那办法，以免伤了小四女生的自尊心，虽然她已不存在，但她对我有恩。如果不是她那么单纯又勇敢地进行一次跟"稿"相关的军事秘密行动，我不可能在平静六年之后，于高二那年猛然记起跟"稿"的战事还没打完，而且这回玩真的，火力全开。

再看一眼，稿，这个字有魔力。从禾高声，即使不明了"高"这个声音怎么跟结实谷物发生关联，也不妨碍想象那场面：有风月夜，落拓的你独自走在无人小径，忽然，一望无际饱满的禾田，只对你一人发出要求收割的尖叫声。你怔住，没有选择，这样强烈的召唤必须回应，你跃入田里，领取属于你的丰收。稿，从干稻草原意繁衍为文书稿件此等心灵粮草之称，想来也是契合的。既然是心灵禾秆，当然要向"投海自尽"这个连命都不要的成语借一个"投"字来用，方能显出重量，也才能呈现"投稿"后被"退稿"那种类似被灭口的痛苦与不共戴天的愤怒。作家都同意，被退稿的那种愤怒几乎可以用来发电。

我是看副刊长大的，不，这句话太夸大，应该说，我是怀着对副刊的憧憬长大的。在无字乡间，阿嬷从罗东镇上买回碗盘什物，用来包裹的报纸对我而言就是文字蛋白质、转骨良方。曾经听闻一艘远洋船上只有一张报纸，几个水手轮

164

流借读，每天读了又读，仿佛新的一般，以度过漫长航程。我乍听这迷人的海上奇幻漂流，立刻想起自己的读副刊经验：读第一遍，读的是作者笔下的作品，读第二遍，字、句、段落开始裂解，自己的幻想、情怀四处滋生，与之激荡起来，读到第三遍，根本可以下笔写文章了。真不知那群水手读的是谁的文章，若恰好是女作家，她在他们心中的地位很有可能接近妈祖。

在纸本"报纸"愈来愈像空中飞翔的老鹰滑向晚霞的此时，读到大思想家梁漱溟（一八九三——一九八八）自述自学小史，感触特别深。他写道："我的自学，最得力于杂志报纸……作始于小学时代，奇怪的是在那样新文化初开荒时候，已有人为我准备了很好的课外读物，这是一种《启蒙日报》和一种《京话日报》……"到了中学，梁漱溟自述："我拥有梁任公先生主编之《新民丛报》壬寅、癸卯、甲辰三整年六巨册，和同时他主编的《新小说》全年一巨册……稍后更有立宪派之《国风报》，革命派之上海《民立报》……这都是当时内地寻常一个中学生，所不能有的丰富资财。……由于注意时局，所以每日的报纸如当地之《北京日报》《顺天时报》《帝国日报》等，外埠之《申报》《新闻报》《时报》等都是我每天必不可少的读物。谈起时局来，我都很清楚，不像普通一个中学生。"

如果梁漱溟还活着且人在台湾，当他知道学生早就不看报了，不知有何议论？他吹胡子瞪眼说出的一百个必须读报的理由，自有一百零一个网络留言反驳他，更有一个"当官儿的"直接砍了预算称之为"专业问题专业解决"。

在数字洪流淹没了生活的现代，回想"纸本报纸"的身影，有点像是我们这一代的"宝可梦"——风雨交加的早晨，不惜撑伞出门去杂货店买报纸，因为对铅中毒甚深的人而言，不翻开报纸不知道怎么开始这一天！铅毒中最严重的是"副刊瘾"，报禁时期三大张粮草，日不读副刊，那日便心神涣散（有连载时更严重），极容易做出错误决定，譬如跟一个不值得爱的人盲目约会留下遗憾。

另一个具有致命吸引力的字是"编"，许多作家逃不出它的魔掌。这个字虽含有"被蹂躏"成分与"自虐"倾向，更重要的是具有顽强地欲完成某件事物与他人分享的企图心，活在"利他"的想望里。通得过的从此拥有魔幻手指，能点石成金，为社会带出澎湃的新思潮、迷人的艺文涛浪。

以文字手艺人自诩的宇文正，用炉边闲话的家常口吻，娓娓道来编辑台上不为人知的副刊样貌与战况。这由作者、编者、读者、评者四合一组成的独特江湖，虽有波涛凶险之处，亦有景致宜人之时。透过她那温婉且诙谐的笔触，那凶险之处读来别具浮世趣味、人性考察，而景致宜人的部分则不免引发我辈缅怀我们热腾腾的青春，曾经用报纸副刊包覆着，沾了洗不掉的油墨，以致在青春已然熄止的此时，仍会因文字的烙印而微微感到心痛。

一张副刊，会不会随风而逝？在副刊上掀起潮浪的新秀或老将会不会蒸发？所有依附在"稿"与"编"这两个字的那群人会不会成为飞扬的沙尘？

也许会，也许不会。我乐于想象，每一世代都会有新崛起的文字手艺人，他们坚毅地朝着不可理喻的社会，伸出魔幻手指。犹如我们无限景仰、开创副刊王国风云的痖弦先生与高信疆先生，犹如在最坏年代、到处是拉下铁门的声音，而她仍然护守副刊本铺、俨然将成为旗舰店的宇文正。

步道二
散步到芒花深处

给同在世间，上报四重恩、下济三途苦的同行者

    人生有三只碗，过去、现在、未来。把过去放入现在的人，永远活在过去，把现在扔给未来的人，没有现在。当下是什么，是你正在经历却无法抓住的短暂时光。然而，若不向前行，怎知这条时光线索要引你去哪里？既然有浮云陪伴，四季催赶，那就继续走吧。即使眼前芒草荒凉、狼群出没，也没什么好害怕，说穿了，只不过是有去无回的人生。

茧居者的自我田野调查

1. 叫太阳起床与叫月亮去睡的人

年轻时，这人约在早晨六点二十分醒来，接近闹钟响铃。于是那几乎变成一种乐趣，她从温热的被窝伸出一指，在听到细微的闹铃启动"嘀"声时按下凸键，让它没机会闹，仿佛摘除一枚炸弹。

叫醒她的是新生太阳的体温及鸟啼。住屋山庄附近山峦连绵，野树杂林乃鸟族天堂乐园。清晨，众鸟发声、试音、啼唱，宛如即兴交响乐。那声音非常立体、悠远，足以贯穿前世今生。她全心全意聆赏，油然心欢，几乎觉得自己是远古时期隐居岩洞的野人，日日被鸟啼、山涧与清新百合唤醒。此时意识洁净透亮，思维轻盈柔软，她或者回想昨夜梦境，或速速统整昨日事今日待办要务仿佛绕地球一圈，或回味睡前所读小说推衍其往下情节，或"感觉"构想中的写作计划，或单纯地只是默祷，沿着佛号、经文所示，

170

赞叹诸佛，回向给熟识的或是从报上读到的某个需要被祝福的名字。

这些，都是下床前十分钟的事。她因此觉得沉默时是金，开口之后的一天其余时间少数属银，其余乃破铜废铁。

后来，这人搬离一溪绕山的地方，在盆地边缘落户，转眼间竟老了，睡眠变短，短得像回到小学时候，每日五点起床，无法体会什么叫"爬不起来"。在夏天，醒得比太阳晚些，若是冬天，算是叫太阳起床的人。

如果约她吃早餐，千万别让她挑时间，她若说六点，你可麻烦了。一般上班族八九点吃早餐算是正常，于她而言，这时间离第一杯咖啡已过了三四个钟头而且做完一堆事了。

卯时，清晨五点到七点，一天中的黄金时刻。如果是执行写作计划期间，在一杯热咖啡陪伴下，无须热机直接进入工作状态。趁凶猛的现实未扑来，市场医院银行未开工，诸般人等未活络之前，她自由地放纵思绪在纸上、计算机前舞动文字风云。随着窗外绚丽朝霞渐次变得白亮，送报纸的机车声也过了，创作之身渐渐隐退而现实之身越来越明确该准备早餐了。两种身份交接之际，心情有时十分干脆，有时意犹未尽不忍罢笔，有时也会有小抱怨。

还好，呼应其星座属性她是擅长调整的人，习惯在极端之间求取平衡，穿梭于两个世界亦非难事。

她自以为算特殊了，岂知还有狠角色。不久前，跟断讯二十多年的小学班长共进午餐，他是她小时候认识的第一个

晨起写稿，阳光进门。

美男子，现在是某大公司高阶主管。岁月把童年带走，可是没把记忆抹掉，昔时的"班长""副班长"不聊班务，聊彼此采自然放牧的白发及非常相像的长子长女角色、家庭状况、身体难关、人生担子。天南地北都聊过了，她忽然问："你几点起床？"

班长轻松愉快地说："习惯早睡早起，每天四点起床，六点进办公室。"

她睁大眼睛："四……四点起床？六……六点进办公室？"顿时出现小时候看见他的考卷一百分、自己只有九十八分的表情。据说，手握大权或是成功的创业家都是早鸟族，譬如苹果的乔布斯、库克。这有道理，掌权者要是中午才进办公室，底下都"政变"完了，他正好来验收。

"那你几点睡？"

"九点半。"

怎么还是拼不过班长呢？连白头发都没他多。

"早睡早起的人，天生苦命。"她想。

她判断自己以后有机会胜过班长，因为她菊姑的睡眠时间是：晚上八点去睡，晚上十二点起来。强调：是当晚。所以凌晨四点时，这个"叫月亮去睡觉的女人"已经巡过菜园摘了菜、洗晾衣服毕、煮好稀饭，连鱼都煎得赤酥酥了。拿破仑式睡眠法，只有"早起"没有"失眠"二字，越早起越苦命，果然，阿姑的苦命指数无人能比，值得写成一本书。

她相信这个祖传的生理时钟将来会传给她，届时，她的生活会比现在更单调十倍；为了排解过量的单调，她有可能成为安养院里巡视每一间房、帮踢被院友盖好棉被的那个"怪老子"（布袋戏人物，也是她的童年绰号，班长还记得呢。）

真这样的话，要小心啊！这个人有可能在无意间大大地提高院内老人的死亡率。

2. 工作与懒惰必须同时存在

这人是游牧型的人，不需专属书房与书桌，在家也像个游民，找到喜欢的角落就能动工。写《吃朋友》时正逢酷暑，为了抵抗三十二度室温却不想开冷气，坐在后阳台边写稿；写《谁在银闪闪的地方，等你》，家事缠身心情起伏较大，常周游附近快餐店、咖啡馆，换得暂时脱离现实的休憩感。写《我为你洒下月光》，固定在梳妆台上笔耕，写累了躺下，躺累了爬起来再写。准备写这本书时，有点焦躁，一会儿移到餐桌一会儿挪到茶几，像原始动物用直觉探测与这本书相合的气场与方位，再去特力屋购得一张医院病房用、可调整高低的小边桌放电脑，盘腿坐在沙发上打字，现世安稳。

但这人不是个打卡型每日必须完成多少字数的公务员，写作耗费脑力，适度的松懈是需要的。好像把刚做好的衣橱又分解拆开，门片、抽屉、挂钩、螺丝，依序摊在地上，不管它，跑出去玩；或是跳入几本书组成的池塘，或是看几部天差地远的电影，或是与痴情戏迷表妹带着两个姑一个母到处看歌仔戏。在偷懒的美味时光中，那拆解的零件与新事物瞬间激荡，摩擦出新的可能性；人坐在歌剧院内，正听着断肠唱曲，脑子却在盘整案头文章。回来，把那些材料组起来，不是衣橱了，变成一扇进得来出不去的窗。

3. 自我

如果能够专心沉浸在热爱的工作中，不受世事牵制不被世情纠缠，该是何等鲜美的生活？这人常常想。

《写作的女人生活危险》是本女作家血泪史，并非说男作家没有可歌可泣的血泪，而是——这人认真地想了想，男作家的血泪史比较像在半空中，女作家的在杂草丛生的大地上。当男作家跟一朵名叫漂泊的云格斗时，已婚女作家被一块叫家事的石头绊倒。

老母的椅垫拼布手艺，几何循环，颇似女性的内在构造。

"家务就像一只从嘴里流下唾液的战胜棘蜥，吞噬掉我最后一丝气力。"伊丽莎白·兰嘉瑟说。

看到这一段，这人不禁笑出声，仿佛自己也在一只大棘蜥的肚子里，料想里头还有许多前辈，一手拿锅铲一手执笔，呐喊着：母爱与文学无法兼容。

有"歌剧女皇"美誉的女高音玛莉亚·卡拉丝（Maria Callas 1923 — 1977）一九七〇年在一次电视访问中曾提及自己的强迫症，喜欢收集食谱，看到报纸上的食谱即剪下贴在本子上。她曾说："我的身体里住了两个人，我想当玛莉亚，但我不能辜负卡拉丝，我尽量取得平衡。"

一个期盼能穿上围裙进厨房，亲手烤巧克力蛋糕的女人，如何看待自我呢？

"在我的歌唱和工作上，真正的自我每分每秒都在，假如有人认真听我唱，就会在歌声里找到完整的自我。对我而言，歌唱并非勇敢的表现，也非骄傲的表现，而是自愿升华到和谐天堂的意愿。"

每个人的人生版本不同，其主题轻重、架构大小、人物善恶、情节多寡、时程长短皆不同。身兼数职、穿梭多重场域、一天只有两小时属于自己的人，跟无家无婚无育、所有时间都是自己的人相比，哪一个笔下的章节动人呢？恐怕是不能比也不应该相比的，因为每个版本人生要去的地方不一样，攀登喜马拉雅山与航海三大洋是不同的旅程，山上的何必羡慕船舶，海上的也无须向往攻顶者与苍天对答时那带泪的欢喜。

4. 信物

这人的生活近乎息交绝游，保持通讯的朋友屈指可数，再多就超出本性能负荷。朋友亦属孤僻之辈，偶尔通讯不常见面，情谊系乎一心。怪的是，朋友皆善厨，可见孤僻与厨艺具有不可测的相乘关系。

有一天，她想起各阶段与朋友交换的信物不禁莞尔；童时互换铅笔、橡皮与金龟子，少女时在薄如蝉翼的野姜花瓣写上两人小名夹入书页，一夹就是十多年，再来是出社会仍会缝小袋子拈针绣字给朋友做贺礼，接着送花、香水、书籍、玉石、陶艺品，然后挨过某种风暴之后，不再费心雕琢但求随意交游。朋友们也各有灼伤经验，遂约好似的，进入以交换食物取代信物的初冬阶段。信物有形迹，沾黏情丝，徒增牵绊，不如食物化于无形；吃入腹内囤积脂肪，脂肪增加重量，重量定存期满换一口大棺，大棺赢得熊熊烈火，烈火吐灰，给有情有义的花树进补一番。瞧，情谊不是身外事，乃体内之物。

朋友中最善厨者，常赏她上等食材。生的从香菇、猴头菇、干贝、肋排、苏杭地区团团荷叶数十张、蛤士蟆、乌鱼子……熟的乃亲手烹调之狮子头、酸白菜、客家腌肉、镶肉苦瓜……某回，她打开朋友捎来的一袋东西，颗颗粒粒如羊脂白玉滚了一桌，她捏起一粒，灯下小觑，乃是剥去膜衣、丝毫不见指痕的蒜头！

朋友说："看电视时也不要浪费时间嘛，帮你剥好蒜头，炒菜时就可以很优雅地抛一两颗进去。"

她大乐，问怎能剥得如此完美无瑕？朋友说："先泡水，搓两下就行了。"

找出一只古董青花盘盛上白玉蒜仁，她兀自欣赏。赏着赏着，忽然懂"情到深处情转薄"这词。

应是深情无底、连回忆都嫌刺痛的人才有浓淡之转吧！只因深情换得深渊，从渊谷攀崖壁爬回人间，需把情字一笔一画全拆散，才能嬉笑度日。情还在，只是交给风去消散，散到连自己也不知"心"在哪里。

所以，食物是不说破、不霸占、不纠缠的一种中年人的信物。

5.厨房里的重训课——二头肌三头肌三角肌锻炼之必要

这个人不禁想，如果早年青春正盛的自己知道三十年后会写什么二头肌三头肌锻炼的文章的话，必定毫不手软地把自己勒死。这个人不禁又想：还好，年轻的那个自己已经死了。

年轻的自己已经死了，这句话让她愣了一下。

不可否认，这人花在厨房的时间不算少。这是自找的，她先生的肠胃不适合外面食物，她吃不惯也不耐烦外食，更不放心把小孩交给不认识的厨师去喂养，为了求生存只有下厨一途。

既然袖子卷起来了，哪能满足于巷口自助餐的水平呢？这人做事有个坏毛病，追求进步，既要进步就得研究观摩实验，脾气又急，一来劲，立刻、马上、现在就要办好。所以，烤箱报到，竹编蒸笼进驻，厨房里设备齐全、兵器俱足、材料充裕。实验难免有失败之时，幸好家中两位男丁乃是死忠派支持者，照单全收，这让她得到虚荣的成就感。"做菜无所谓成不成功，只是味道不同。"善哉斯言，她先生常常劝（接近嫌）她："能吃就好，别弄得太复杂。"问题是，她的个性做不到"能……就好"。举个例吧，豆芽能不掐须吗？那须吃起来跟堵在排水孔的毛发差不多。好漂亮的甜椒西洋芹，当然只能用白盘子装。盛好一盘青菜，能让它指天恨地、张牙舞爪就上桌吗？

不过，户长这种"革命不必成功，同志无须努力"的厨艺理论让她颇舒心！狙击手就是需要这种坚定盲从的"护法大使"。所幸，这人颇有一些家传的厨艺资质，加上又得一位善厨老友指点，颇有进境，一桌十道菜的除夕年夜饭已不是难事。近年来，更把揉面团当成厨房里的重量训练，日久，二头肌三头肌显现。有友人相询食谱，还能写"简式随意馒头做法"分享，略举之："……将面团盖上布，让它睡觉。目测面团已从小学生睡成高中生就可以了，不必等他睡成大学生。"友人对这段描述不满意，这人的答复是："你要享受不可测的乐趣，厨房里无所谓失败，只有'味道不同'，多么像人生啊！难道你的人生跟别人不同，你就说自己失败吗？"友人直接去 Google 馒头做法。

有一天，抚着二头肌三头肌，这人忽然发现一个道理，念中文系与搞文学的，都很会烧菜！文学与厨艺之间必然存着深不可测的联系。

6. 被大地之母包围

这人从未吃过米其林标章佳肴,对各路达人呼天抢地推荐的餐厅鲜少动心,更不会去排队一小时只为了尝"不吃白活"的美食,说穿了,根本就是一个落伍之人,上不了饮宴台面。

很重要的原因是,这人被大地之母包围。

家族里曾有五位善厨的大地之母,现在只剩三个:老母、菊姑、兰姑。或许年纪到了,人生的炉火也够热,她认真想到传承的事;从小至今,太习惯吃阿母包的粽子、做的红龟粿菜头粿,拿菊姑酿的酱油、腌渍的豆腐乳,吃比做化学实验更精准的阿舅做的萝卜干,却从未想过他们也会老迈。日前菊姑说:"你们要学,等我老了做不动了,你们才有酱油吃。"

没错,菊姑说的是,学"酿酱油"。在这几个大地之母眼中,步步拢要去买、餐餐都在外面吃是一件落魄的事。女人,简单地说,就是变形金刚,盘古加女娲加嫘祖合体,简称"恁祖妈"。

当然,她必须先克服语言里的测量问题。大地之母们以丹田之气、洪荒之力所积累的厨房武艺,几近"天书",当她们说书,无不考验听者的智商与悟性。譬如,问粉量与水量比例,她们会:"量其约。"

问调成什么状态,答以:"嘎嘎(闽南语)。"

什么款叫嘎嘎?大地之母善喻之:"像你呷糜(粥),

180

那锅糜，勺子不会沉下去。"什么叫"不会沉下去"？沉一半算沉得下去还是沉不下去？

再问："你是说'膏膏'吗？还是'糜糜'？"口气略急，答以："不是膏膏糜糜啦，是嘎——嘎——啦。"讲到后来，她捶胸恨自己无通灵能力。膏膏、嘎嘎、糜糜，是三种不同的粉水比例，这不只关乎一包在来米粉与一条白萝卜的命运，也关乎家中两位男丁当厨余桶的时间有多长。还好，她毕竟是个想象力还算丰富也能"变巧"的人，东西是死的、人是活的，萝卜糕这种东西能有什么了不起，太硬用来煮汤，太软干煎，失败一次之后，厨艺任督二脉就通了。

乡下俗话："阔嘴吃四方"，这人的嘴形不阔，但天生带有吃四方的福德，大概颇得土地公的缘吧！除了宜兰自家菊姑、阿舅菜园里源源不绝的新鲜蔬菜（地瓜叶是大宗，这人想：我若活到一百岁必是他们害的），阿舅的朋友以鱼换菜而来的鲭鱼（除了鲭鱼还是鲭鱼，但不敢抱怨），兰姑的好友的彰化老家父母种的菜，友人千慧的好友的坪林老父种的菜，友人碧敏的台南官田八十多岁老妈种的菜……夸张地说，这人的冰箱是产地直送的果菜集散中心。她宝爱这些土地味浓郁、充满人情的蔬果，以欢喜与感恩心烹煮之。很奇妙，长辈们亲种的菜就是不一样，菊姑的地瓜叶、阿舅的南瓜、八十多岁官田阿嬷的高丽菜，只需川烫或蒸熟，即使无油无盐亦十分鲜美甘甜。这些，是她钟爱的米其林三星。

能永远被大地之母包围该有多好。但近年来，她自觉必

菊姑做的豆腐乳，在时光中熟成，甘甜丰润，每年赏我十多瓶。

菊姑酿的酱油，醇厚香浓，赏我一箱。

阿舅的冬季恋歌——萝卜干，白萝卜、盐、糖与时间的精工艺术，极品。每年赏我二十多斤，让我去做"阿哥"——凯子。

每年端午，老母包给我的粽子与碱粽，超过百颗。

不宜食柚的老母，喜种柚芽小盆景。少食柚的兰姑喜做柚皮洗碗精，茧居者卖力吃柚，以供应大地之母所需。

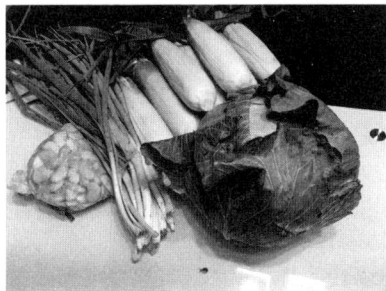

来自官田阿嬷的菜园，照片中的小黑点是附送的小蜗牛。

须积极一些，趁天色未暗，把大地之母的功夫都学会。不过，酿酱油、做碱粽，这是出神入化的武功，学得会吗？转念一想，对清晨五点钟就醒来面对现实人生的人而言，能有多困难？来吧，没在怕！

7. 谁说男人老了没有用？

一大早，公园里都是老人。一半由外佣推椅而来，另一半还能自行拄杖行走。由外佣推来的，不久形成一排轮椅在前、外佣在后的"伪家人关系配置图"；起先老人们彼此并不认识，外佣姐妹先在每晚等垃圾车时交上朋友进而发展成"晨昏公园姐妹会"，三四张轮椅一摆，老人们"你看我、我看你"也就认识了。不久，除了各自的病不能更动，作息已被调整得相当一致。基本认识之必要：一旦坐上那张滚动的椅子，一旦请了外佣，见谁不见谁都由她决定。要是附近有个当年的仇人、讨厌鬼，不巧竟然轮椅对轮椅碰到了，眼睛无法狠瞪、嘴巴说不出一句清楚的话，不知彼此心里怎么想？说不定看到对方更惨，当下不计前嫌，也不哀叫自己的病痛了。向来，英雄都是他的敌人栽培出来的，老病时心情转变，说不定也要拜宿敌所赐。结论是，将来怎么老怎么病没人知道，为人处事留一点德行，免得倒下时，换来一句："呵呵，你也有今天啊！"

进一步观察，公园亭子内两排长椅，人群聚拢的模式很有意思：老男人一边，老女人一边；本省挂一边，外省挂一边，这种现象值得探究。性别与语言是人的最基础认同，而"老"是一种溯洄运动，自然而然回到最初的烙印方式，跟同性别的人就像跟空气相处一般无拘无束，说着母语仿佛返回母亲怀中一般自由自在。

女人挂的话题毫无意外，热爱"户口普查"，只要有一个貌似子女的人（通常也不年轻了）坐在其中一部不擅言语的轮椅旁，虎头蜂围过来了："你是她女儿？""媳妇喔，她有几个儿子？""做什么的？住在一起吗？""她有几个孙子？有吃营养品吗？哪里买？贵不贵？有没有效？"如果你态度亲切，知无不言、言无不尽，末了，她们会立刻颁给你"好媳妇"奖章，其热烈情状，仿佛空中有人洒花、底下众人起立鼓掌。害你羞赧地在心里旁白："其实，我没那么孝顺啦……！"

老男人挂，谈的大多是政治，但是但是（加重语气之必要），如果政党属性不同，为了和谐，他们会睿智地选择闭嘴，改谈民生、社会案件或是沉默，会抽烟的抽烟，不抽烟的乖乖坐在旁边吸二手烟。

公园内常有人在此野餐，肴香果香不散，惹来苍蝇，越聚越多。有一天，奇妙的事发生了。老男人挂，人人一支苍蝇拍，坐在椅上弯腰打苍蝇。成果丰硕，有的把黑豆粒一般的死苍蝇拢成小堆堆，就在脚边，好像小男孩看守弹珠。有一个较具艺术眼光的，将打死的苍蝇，沿着一块地砖纹路排好，形成手工镶嵌艺术。对一大早做手眼协调运动的老小孩而言，这是一桩值得拍照上传的小成就。

老女人只会东家长西家短，看看他们，谁说男人老了没有用呢？

8. 在露易莎咖啡店幻想跟机器人吵架

几年前她完整地把对"老"的思考写成书，出版后忽然生出许多机会邀她往这方向走，连保全、寿险公司都找上门。她一概拒绝，避免自己掉入应用层面江湖，失了专业作家分寸。这情况，在《老师的十二样见面礼》那本书也发生过，一时热闹非常，若不小心又贪心的话，很有可能掉入充满漩涡与暗流的教育江湖。

她不是不知这样拒绝失去了什么，然而人生一趟，岂能什么都要抢到手？她这个人不贪心，只要放在稿纸上能生字的那颗"蓝宝石"继续闪耀，心满意足，至于能不能换算为功名利禄，不在意。

虽如此，对"老"的观察与思索仍然存在，而且越来越朝自身设想——当然不是愉快的设想。她对未来感到忧虑，看不出眼下这个社会翻转的契机在哪里？望不到东向、西向、南向、北向的活路是哪一条？所以，她幻想自己被诅咒竟然长寿，困在一间斗室由一名（或具）机器人照护，应是心智正常稍具远见者的本能反应。酷暑之日，她避入露易莎咖啡小店吹冷气，在一杯热拿铁的催情之下，幻想自己的老年惨况，在笔记本写下：

　　那时，该死的人都死了。我还活着。仅能靠国民年金过活的我，无力购买客制化机器人，只能向市府照护局租用"长照机器人"——男的叫阿莱哥、女的叫阿莱姐，乃"老莱子娱亲"典故之转化。宅配公司把"阿莱姐"送来那一天，我还刻意搽了口红，想留给她好印象。（由于原文甚长，不宜在此啰唆，只说重点。）刚开始还不错，她算是受过教育有知识水平，工程师灌了好几本我的书的电子档，还有照片影音档，每天念新闻（报纸早就亡了），言谈之间颇具趣味。而且，细心得很，她会在沙尘暴来袭的早晨播黄莺莺的歌："风吹来的砂穿过所有的记忆，谁都知道我在想你……"对我说："今天不能出去散步了，我们玩扑克牌好吗？"或是，当我儿子年节无法来探望，看得出我落寞时，播杜德伟的歌："在我的心尚未憔悴之前，请你与我见面……"

　　然而就在试用期满正式录用之后，这家伙态度不一样了。她念完当日新闻竟然自作主张来一段评论兼历史回顾，我越听越觉得刺耳，哪来这些偏激仇恨、扭曲事实的言论啊？查看设定档，赫然发现她的上一任雇主是我极讨厌的名嘴，被灌满的存储器全是那人的"意识形态"余毒。我知道"那张嘴"已经"安静卧床"甚久，不需用高阶机器人，只需能做出移动要求的劳动基本款机器人就行了。没想到，"那张嘴"安静了，"余孽"还在。我删不掉"Ta"（这是为机器人专设的代名词，他、她、它、Ta）的档案，叫"Ta"闭嘴，没想到"Ta"更大声地叫我闭嘴！

我："闭嘴！"（音量3）

Ta："闭嘴！"（音量6）

我："去死吧，废铁！"（音量6）

Ta："去死吧，废人！"（音量9）

我气得朝"Ta"丢鸡蛋，这是我拿得动的最具爆破效果的东西，没用，干湿双吸功能，蛋汁还没滴到地上就咻地吸干了。

我哭哭啼啼跟我儿视讯："你快来救我啊，你妈被欺负了！"他人在国外忙得不得了，上网预约维修人员叫我少安毋躁。

七个不同部门的维修人员（专门用语叫"人工智能医生"）按照SOP程序分别跟我比对基本资料，最后依照急诊伤病分类，排定三个月后到府"检测"。

"等你们来我都死了，为什么那么久？我受不了这堆废铁！"

我的脾气变得很坏，维修人员提醒我，歧视性用语会影响我的敬老点数，点数不够的话叫救护车需要等。他很不客气地说，别家的阿莱姐、阿莱哥手脚不能动严重多了，我家这个只不过"嘴巴坏"而已。

　　"你要学习跟'Ta'相处，机器人也是人，也有人权！"维修人员训我。

　　"你这什么态度？人权？我的人权呢？你懂不懂敬老尊贤啊？"

　　"那也要看看你是不是个贤？"

　　"气死我，我要检举你！"

　　有一晚我假装睡着了，偷偷戴上助听器，听到这"废铁"对主管机关报告："我家这个老妖婆之难搞啊，旧档气不死她，要求升级！"

　　我恍然大悟，当局为了节省年金给付，植入恶意程序，简言之，派蓝骨机器人伺候"绿老人"，派绿骨机器人照护"蓝老人"，气死验无伤，死一个是一个。三个月气不死的，升级，六个月一定气得死，六个月气不死，再升级，九个月"铁定"销账。

　　才想起老友老骆、老枫曾分别对我说："简尊尊，千万别租啊，这些机器鬼都是阴谋啊！"当时我还以为她俩的脑袋瓜萎缩了，诬蔑当局的德政，现在才知这两个老婆子好厉害是先知啊！

> 呼天抢地之后，流了一滴珍贵老泪之后，我立
> 志活到一百岁。

她写得忘我，直到黄昏，才小跑步回家煮饭。她常常跳接到那个未来世界，在"全联"采购时，幻想会在"宠物用品"旁看到"机器人耗材区"，甚至猜测柜名会标示"钢小孩"。

实不相瞒，她已经预见那种恐怖的老年生活而开始焦虑了。

9.《仙履奇缘》五十岁版，王子手上拿的是慢跑鞋

她的理财专员跟她差不多年纪，小个头，却能泳渡日月潭，酷爱跑马拉松，跑遍岛内外。每次去银行，两人聊的大都跟理财无关，跟跑步有关。她记得她说："一旦跑，停不下来，每天很期待晚上去跑步。"

她的话很具煽动力，这不就是恋爱感觉吗？年过"青春换日线"，会在后面痴情地追你的，只剩死神了。慢跑鞋，绝对比高跟鞋有用。但她是个大量劳动却不爱运动的人，一向也自恃体能甚佳，除了走路，不必运动。直到写完《我为你洒下月光》那本书，前所未有的疲累一寸寸僵化了身躯，走起路来有犀牛之感，尤其在走了几个五十几岁朋友之后，她警觉到该动一动了，虽然不害怕死，但也没什么诱因需要赶着去投胎。

买了一双不便宜的慢跑鞋，搁着、等着。某一个盛夏晚上，

她告诉两只脚："今晚咱们来举行开鞋典礼。"戴上小古董听着歌，跑出去了。

她先生也喜散步，但两人出没时间与偏好路径不同，并不同行，但有时会在堤岸碰到。所以，她出门前对他说："希望等一下有缘遇到你。"

住家附近是河堤，她规划了喜好路线；先路过两家DVD出租店还片或新租——她是重度电影嗜好者，除了不喜惊悚片，口味庞杂近乎饥不择食，连小孩看的皮克斯动画都没错过，把电影当短篇小说看[1]。再跑向散发樟树香的路段，而后顺着河堤长跑。跑步、健走之所以迷人，在于这是一种无法共享的"愉悦的孤独"。

一个多钟头后，她习惯坐在石椅上休息、喝水，仰望夜空、欣赏月色，或是看人——抓宝可梦的人像"行尸走肉"，年轻小伙子站在滑板上一面溜行一面盯手机。或是盘算如何解决某些现实难题，或是预先幻想下一本书主题，或是任凭夜风吹拂把脑子放空无牵无挂。末了，从一条有花的小径折回家。

某晚，她依稀嗅得暗夜树丛间有栀子花香。太暗，无法辨识。次日下午，她特地跑来一探，果然看见一人半高的栀

---

1 离家最近的"白鹿洞"与"亚艺"终究敌不过高房租的荼毒与年轻人阅听习性改变，收摊了。从此，不喜欢透过手机、计算机荧幕看电影的重瘾者只能仰赖电信公司的电影频道。

子树丛里，开了唯一的、在这之后再无花讯的一朵乳白香息的栀子花。

不该在溽暑出现的栀子花，就在她写完书、去了该去的地方探望之后出现。她猜想，远方有人传来回答。

10. 一个人的田园生活

美国绘本画家塔莎·杜朵（Tasha Tudor，1915—2008），是她的偶像，一个用一生护守纯真、发扬善美的艺术家与大自然恋人，正是她自我整理之后向往的也是坚持的。可视作塔莎传记纪录片的《一个人的田园生活》（*A Still Water Story*），原名应是《静水的故事》，她看了三遍以上，近乎痴迷。塔莎在佛蒙特州买下大片土地建了小屋，屋前植满各种花树，坡地、原野、池塘、森林，在她与家人栽种照料之下，繁花盛放，宛如天堂。

塔莎一生热爱土地、大自然。"园艺是我的生命，人生苦短，一定要享受当下。"塔莎说着，接着用儿童与诗人般的口吻描述她看到的美景："你应该亲眼看看原野上开满雏菊，变成一片雪白，好多萤火虫在原野上飞舞，白雏菊和萤火虫相互辉映，真是美极了，还有头顶上的星空。"

她沉醉在塔莎的描述中。如果，塔莎穿着亮丽坐在高级皮沙发上说这段话，她不会感动，但影片里，塔莎戴头巾、穿着朴素的旧衣裙，柯基犬跑来跑去，公鸡跟她午睡，小毛鸭乖乖地躲在她的毛衣里，赤脚走在亲自栽种的花园中。她看得目瞪口呆，恨不得钻进电视给塔莎一个拥抱："你是我的偶像！"

"只要能萌芽开花，就值得等待，要有耐心。看到牡丹慢慢成长茁壮，长大了还会开花给你欣赏，我不知道还能怎么表达！"塔莎说起园艺哲学，遇到种子或球茎被小鼠吃掉，她轻描淡写地说："要看开一点。"

"不喜欢的地方，立刻搬走。及时创造自己的快乐。"塔莎说，眼神坚定。

"我有新英格兰精神，你听过吗？就是不被打倒的精神。"塔莎说，带着微笑。

"世界如此美好，人生苦短，不好好享受真是可惜。"塔莎说，好像在劝一个愁苦的邻居。

"我一直很快乐，人生苦短，一定要快乐。"塔莎不断地说，人生苦短、要快乐。

片中，提问"你的信仰是什么？"她的回答颇有哲思，说："Still Water"，平静的流水。静静流淌的水，天光云影俱在，万物和谐。

九十二岁那年初夏，塔莎辞世，离去当天，花园里繁花在阳光中盛开。

"人生苦短，何不好好享受，你说是吗？"塔莎说。

老家演变史。

11. 一砖块

那块地终于出售了。原有的竹围早就铲平，三户人家迁走后荒废三十多年，如今买卖双方谈妥条件，银货两讫。

她正式没了老家，得知旧厝被打成一堆废砖块那天，心情低落，内心深处有一个地方崩了，以后回乡，不能再散步回旧厝巡巡看看，将来新的组合式住宅盖成，换了新门牌，那是别人的根据地、新的故事。她童年的一切，完全消失了。

这是真理，一切都会随风而逝，宛如从未存在。

其实，生在一个服膺重男轻女铁律的家庭，女性一出生就注定是无根的；她的孤鸟性格从这里开始，很早就明白也等着这一天到来。男性只要存在即是保证拥有，女性则只是借一块地方成长，长大后离家。她明白自己不可能从长辈手里继承什么，每一位长辈都疼爱她，但她注定不在任何清单上。她从少女时期就调整好心态，不管对任何人，手心向下。付出永远比等待收获更悠哉。

但这次，她与小姑妈破例各捡了一块砖做纪念，虽然一切都会随风而逝，她想，就当作形上层次的记忆积木、缩小的童年，当作一个无根之人对风的叛逆吧！

12. 独，是一种兽

这人除了工作之需很少出岛度假，可列入无趣之人行列。

最喜背着背包到猫空散步或近郊步道闲晃，恢复最自在的孤独状态。四五月桐花似雪，满山遍野相思树绽了黄澄澄相思泪，合起来就是灵堂颜色。她坐着、赏着，沉浸在季节的伤怀之美里连孤独都起了一点暖度，感悟种种人间故事都不值得大惊小怪。独，是一种动物，似猿而大。她好奇，当猿类在做团康游戏时，庞然大物独都做些什么？或许如她一般，向天地取暖吧！

她的脑子里藏着好几本书构想，用不同笔记本纪录思潮，写作进度很慢，更多时候只是推翻进度。独，这兽不赶路，只想寻一处荒烟国度，看能不能开辟出自己的风景。但随着年华流逝，这人也会猜测，生命会停在哪一本书之后？带着未完成的写作构想离开，算不算留下遗憾？

即使如此，当她坐在凉亭内，远眺季风吹翻相思花与桐雪一片苍茫之时，思维无限扩展仿佛瞬间历千百劫又回到眼前，不免觉知这一身再活一百年、再出一百本书，也还是尘埃。

当然，这些都不妨碍次日早晨五点左右，她再度醒来。

散步到芒花深处

有风吹来，眼前一条河堤往云空的地方蜿蜒而去，望不见尽头。

埋没在生活当中，日日像磨坊里的骡子团团转，也是望不见尽头的。柴米油盐的空隙，塞的是疲惫，难以栽种悠闲。所以，旅行的第一层意义就是把自己绑架出去，脱离轨道，去新的时空变成另一种动物；磨坊骡子变成草原上花蝴蝶，一肩扛家一肩驮负业务的人，变成蹦跳小兔。旅行，通常有个潜藏的倾向，把自己变小，小到像蝌蚪、瓢虫，不被找到。

谁有用不完的福气，能常常把自己丢到海角天边？被数条绳索绑手绑脚的人，南北一日游都是奢侈的。但疲惫的心需要雨露润泽，心花才能含苞待放；至于脑，像笼子关满骚动鸟类，必须找个天高地宽之处打开栅门，让老鹰、乌鸦说不定也有云雀一般的思绪，振翅飞出，以免憎恨意识凶猛的猎鹰啄死那只仁慈的小云雀。

散步，是自我解救的最佳小路径，不必订票无须行李，带上钥匙就好。若不幸是从跟人喷火爆油的地方摔门而出，忘了带钥匙，回头去拿会破坏刚刚甩门的戏剧效果，干脆不回头，好似一个不打算回家的人，也是一种小小的气魄。

最好有一条长长的树街，两边大树枝条在半空交握形成隧道，只挡丑陋建筑不挡春花秋月；最好有几条可喜的小巷，经过咖啡小铺闻到诱人的咖啡香，经过公园，晒太阳的老人依然高声谈笑，走到固定地点，抬头欣赏爱种花的那户人家，阳台上艳色九重葛开得像造势大会……但这些都比不上离家不远的地方，有一条河堤。

我与河有缘，童年时沿冬山河骑车追风逐日，落籍台北后，住内湖时民权大桥下是基隆河，住深坑时每日过升高大桥，常见景美溪畔钓客与白鹭鸶同在，如今移居文山区，景美溪也来到宽阔可亲的下游，不像其上游"石碇"、中游"深坑"因河川作用得名那般惊险，河之流程与人的成长有异曲同工之妙，世面见多、年岁够久，越来越显得和蔼可亲。

台湾有将近一百三十条河系，以此张开的水性网络遍布全岛，浪漫地想，每个人的童年都应该在河边长大才对，如果没有，不是河抛弃我们，是我们背叛河。一块土地，从农耕开发成都市，首先铲除的必然是山丘与河川，不懂得保留大自然资产的城市，丑得惊人。台湾一直犯这种错，是以，三十多年前我虽临基隆河而居，却无法亲近那条又黑又乱的河，移住深坑山庄岁月，山下景美溪常飘来养猪户排放废水之臭，后来虽取缔，但杂树丛草掩盖河滩，亦不易亲近。直

晴空下的河滨，散步解忧吧！

到十多年前搬来此地，拜自然意识抬头，台北开始寻找"河川亲情"，公共部门提拨经费整治河堤，民众才拥有一条可以骑车、慢跑、散步的堤岸小径。可叹，等得都老了。

"青青河畔草，绵绵思远道。远道不可思，夙昔梦见之。"乐府诗《饮马长城窟行》前四句，曾出现在我中学时一度着迷收集的风景书签上；一条小河蜿蜒着，两岸枫林转红，天空有飞鸟。配合低回的诗情，这张纸上的风景伴我苦读，当心绪疲累时便幻想自己躺在岸边小睡，河水潺潺，枫叶飘落我身。曾经这么依赖一条想象中的河，或许启动了冥冥之中的缘法，现实上也有一条河在我最疲累的时候安慰了我。

那是写《谁在银闪闪的地方，等你》期间，侍亲陪病与案头写作冲突，心力交瘁。某日，兴之所至散步，走到小巷尽头见一楼梯，心想应该是堤岸，搬来数年都未走到，不妨一探。

文山区曾淹水，应是为了防洪才修筑高堤，堤下便是景美溪，溪畔再修一条河岸小路，如此形成堤顶小径、河岸小路同行的地貌。这一条有名的单车道，从动物园起程一路可延伸至淡水，骑程两三小时。我家附近这段，堤顶仅供步行，岸路较宽可以跑步、骑车。河岸边为了提供暴雨时河水宣泄之用，相隔甚远只种几棵茄冬树或水黄皮，此外即是草地及河滩零星分布的芒丛。至于高处堤道，一边有长条花圃可栽花，另一边靠大马路的缓降坡，各色树木蓊郁，自成绿云带。

有一日，书写陷入困顿；要采取轻松作法将已完成篇章收拢成书，还是拆掉小格局拉出大架构重写？我坐在河岸，面对晚霞倒映水面，仿佛看着自己的心湖；有阴沉处也有绚烂部分，有潦草处，也有耐得住寂寞的地方，身旁高大的芒丛随风发出忽强忽弱的窸窣声，仿佛慰我："撑下去，撑下去，最困难的路段快要过去了……"我领受这不知是来自内心深处的自我鼓舞或是河流赠言，竟有被理解、被拥抱的感动。沉思："每本书如同一个人，都是一生仅此一会啊，既然如此，就选择困难却辉煌的，好好地与他恋爱、厮守一场吧。"我对着河流许愿，让我完成这本困难之书，出版后我会再来，朗诵给河流听。书出，再次坐在芒丛边，为一条河朗读。"青青河畔草，绵绵思远道"往日情怀再现，这时躺卧在河边听我朗读的，应该是年少以来陪伴我的那位河流精灵吧。

平静日常，堤顶散步也是愉悦的。有一次，我专程为认识植物而去，带一壶咖啡、笔记本，凡不认识的，利用手机软件查询。树群种类颇丰，有：小叶榄仁、樱、樟、松、柏、茄冬、海桐、榄仁、水黄皮、白鸡油、水杉、乌桕、苦楝、朴树……遇一丛十多龄栀子花尤其惊喜。至

晚霞倒映河面，天地有情。

于植花，堤顶棚架栽着山牵牛，淡紫色垂吊花串像爬屋顶的小顽童，除此之外，零星草花欠缺照料，不多时即出现败象，颇为遗憾。

大约就在酝酿《我为你洒下月光》期间，又发作了，写或不写拉扯着，随着散步的步伐起落，后来决定写，书的模样却不知从何构思起，宛若大海捞针，常坐在石墩仰望星空，对着月亮释放思潮。"人不能两次踏入同一条河流。"古希腊哲学家赫拉克利特之语引我深思；第二次踏入，河已不是之前的河，人也非之前的人。然而，人之所以想再次踏入，不正是因为前一次"未了"吗？未了的又是什么？我自行剖析，层层剥去，流露初心。或许，对夜风而言这些藏在头颅内的思绪都是可吹扬的絮，吹落河面，吹到花圃。不久，发觉堤顶花圃有几株欠缺照料的玫瑰开花了，我回程时特别会去深深嗅闻其芬芳，得到片刻欢愉。

随着书写进入如火如荼阶段，那条荒废花圃竟然种着不知自何处移来的含苞玫

初春，堤岸之树，蓄势待发。

瑰与百合，一百多株各色品种玫瑰开出盛况，成排的百合花也昂扬绽放，风中香氛流动。某晚，坐在花前椅上，问这条河："这是为我种的吗？"心情甜美至极。苏东坡《念奴娇》句："多情应笑我，早生华发"，原意是"应笑我多情，早生华发"，人生实难，自作多情又何妨，玫瑰呼应书写，解我疲乏，一路才有月光。

我重新思索旅行与散步有何不同。旅行去到异地他乡，急于认识新奇环境，自我变小，家常散步只在熟悉地方，感官凝缩，自我放大；一路上处于大脑放空状态无所思虑，或是思虑甚深沉浸在某项主题之中，步伐起落仅是依照本能而行，像在帮思绪伴奏。是以，旅行适合结伴交换惊奇，散步适合独行，若要结伴，除非两人脚步速度合拍，言谈主题相同、思绪涟漪交融，若是一人滔滔不绝宣泄其感受，另一人不得不听，便会坏了散步兴致。旅行昂贵，人不会把时间用来诉苦诉冤诉怨，散步免费，常会落入此井。

堤岸玫瑰与百合盛放。

最让我向往的结

203

伴散步，当属柏拉图《费德罗篇》[1]苏格拉底偶遇费德罗，问他往哪里去，费德罗答："我在吕西亚斯家坐了整个上午，现在要去城墙外散步。"多美的开始，他们往城外一起散步，打算找个地方好好听费德罗朗读吕西亚斯的演说稿。两人沿着伊利索斯河走，打赤脚，相中一棵大松树，涉水过河，称赞溪水清澈透明。以下这一段很迷人，值得引述。

苏格拉底说："这棵松树如此开枝散叶，高大参天，而一旁的牡荆树，也如此高大，提供这么好的树荫。况且，眼下正值牡荆花盛开，在这些花的点缀下，没有什么地方比这里更美了。除此之外，松树旁还潺潺流着令人无法抗拒的溪水，我刚刚用脚试了水温，想不到溪水如此沁凉。……这条溪流根本是献给水仙子与阿奇罗（指星河之神）的供品。看！请看这里的空气如此舒爽。这就是夏天的乐曲啊！溪水与蝉的心声相互呼应……这片草地实属当中极品：坡上草地天然的柔软让我们得以伸展全身，让头处于最舒适的状态。"

费德罗赞许他："你啊，令人仰慕的男人，你真是这世上最令人费解的人。"

让我不禁想起《论语》中曾皙所言："莫春者，春服既成。冠者五六人，童子六七人，浴乎沂，风乎舞雩，咏而归。"再也没有比徜徉大自然之中更能呼应丰饶的精神世界了，形上国度与自然美景互证，让我向往。读柏拉图，发现场景大

1　引自《论美，论爱：柏拉图〈费德罗篇〉译注》，孙有蓉著。

多在生活中、自然里，并非正襟危坐在课堂里辩论，显示哲思乃在行住坐卧之间，是生活需求的一种，也是自然运行的一部分。来到草坡，苏格拉底对费德罗说："我打算全身舒展开来，躺在这片草地上。而你呢，你就选个你觉得朗读最舒适的姿势，等你安顿好，就念吧。"如此生动，恨不得身在其中，旁听朗诵。

河岸散步，要是挑剔的毛病犯了，一路上看到的规划模式不是爱智而是反智；桥边拉一条很长的灯线，晚间变换各色霓虹光，没有故事，认为河只是水与土石组合而已，民众只需有平坦的地面追赶跑跳，

深秋，河边芒花，静观自得。

冬雨，自空中猫缆车厢所见。

不需知道一条河的身世。宁愿把大片空地切割成各种儿童游戏区块，忘了给附近学校布置一个可以当户外教室的空间，让学生有机会在明亮春天来这里上一堂语文课。

走着走着，不免幻想，如果眼前这一条河的左岸风景属哲学、历史，右岸属诗与艺术，不仅只是步道车道而已，该有多好。如果溪流能够再度清澈，允许赤脚涉水，还能保留大片原生芒丛，让沉思者散步到芒花深处，被白鹭鸶、黑冠麻鹭、红头绿鸠惊醒，领取一片白茫茫的秋天气息，那当下的触动或许能让疲惫的心恢复元气，像旭日初升一般。

这是喜爱散步的人不可救药的幻想吧。慢着，说不定不是幻想，是用另一种样态存在的情景。有一天，我走到芒花

尽处，看见边坡上三只喜鹊排成一列，频频点头不知在讨论什么？忽想，是苏格拉底与费德罗在辩论爱与欲、美与智，僵持不下，找来第三人评评理吗？那个人是谁？

天啊，难道是我吗？

相逢在夏日午后

【作者交代】

　　生于战后婴儿潮末期的我们是离乡的一代，从乡村涌向都市落籍，更远的，远渡重洋。这一去，很难返回。鲑鱼返乡的故事浪漫动人，但那毕竟是鱼，不必考量工作机会与小鱼的教育问题。

　　二十世纪七十年代流行"来来来，来台大，去去去，去美国"口号，八十年代大学毕业的我们，也还在喊。身边的同学、室友、社团友人，能出岛深造的大多跨越太平洋，毕业后成家立业，一旦有孩子就扎根了。他们注定活在两套时空里孤军奋斗，个中滋味岂是家乡的我们能体会的。本文缘于二〇〇五年一趟美国旅行，与十多年不见的大学好友重逢叙旧，今日读来仍有感触。

　　江湖老了那汉子，不止，也老了那群女汉子。

旅行前夕，我把你的电话抄在笔记本，面对一口饱满的行李箱思忖着该为你带什么礼物以慰乡愁？乌龙茶、养生保健食品还是我的书？摊开行程表，寻思哪一天该打电话给你、何日挤得出空隙见面？表上的每一天都是未来，但因已标记行程、登录待办事宜又使每一天形同过去。于是，我在未来与过去的迷乱感中搁浅，任由晨间阳光以三十一度高温伏在我身上烘焙汗粒。"唉！"我叹了气，不如什么都不带，谁也不见罢。

首夜歇宿于洛杉矶，次日即驱车北上圣塔巴巴拉市。这宁谧的滨海小城，空气像兰姆酒冰激凌，润口不割喉。我无事可做，日日走海滩两回，像迷航的鸥鸟。往返途中必然经过电话亭，口袋里也有一张未启用的电话卡，几次想拨打，终究没做。我相信你能理解这种心绪，我们的情谊是有根有叶的，不似时下数字化年轻人在虚拟的网络世界凭单项交集即能火热一场，关机后又瞬间遗忘。我们是二十世纪旧人类，交朋友像园艺家从小树苗开始养起，越养越繁复，不仅关心彼此亦扩及家人、亲朋，枝枝节节这么一缠，又多一处家人，添几位志同道合的朋友。行路已过半生，被我连根拔起的朋友不多，但像你一样缠入心头的更少。于是，这就两难了，我知你的生活异常忙碌，镇日奔波，若让你知道我人在此地，你必定要尽地主之谊恨不得把整座洛城风情塞入我的行囊，我不忍如此。若不告知，又显得寡情，好不容易飞越太平洋与你共时区，连一通电话都不打，岂不古怪？可是，我能在电话中这么说："我人在这里，不过，你很忙，我们不必见面，我知道你待会儿要接孩子、准备晚餐，所以只讲五分钟就可以了，你好吗？你都好吗？"我能这么说吗？

唉，家累，就是累世未解的那一副枷锁，解得开的是幸运，却也有愈解愈紧甚至又多出一副留给来世当见面礼的。每个女性身上总有一副枷锁待解，命运多舛的得解两三副，娘家、婆家、儿女家是常见款式。情债好还，家累难解；因为不欠一份情、一份粮是不成"家"的，是以，比诸男女恩怨又多一层牵扯。这份宿业有多折磨，也只有像我们这样花光了灿烂青春的中年女子能懂。我虽恨不得向天偷一把巨斧砍断所有枷锁，却也明白这是做人的艰困处亦是神圣处。因一颗柔软的心，故不忍离、不舍弃，遂竭尽赤心纯情凑着月光闪着泪花开锁，等到霜发覆额，岁月的斑痕烙上脸庞，蓦然听到清脆的金属声，锁开了，终于体会着累世不曾体会的那份自由。因这自由，有朝一日到了冥府，结算一生盈亏时，我们或许能自由自在地选择志愿，执起朱砂笔写下"来生不为人"，飘然而去。

好一条漫漫长路啊！然而，若真有一把削铁如泥的神斧交到你手上，你提得起、砍得下吗？

五年前，你的父亲再度中风竟成植物人。整座太平洋无法阻隔一个女儿对父亲的爱，你换算时间，固定在午后时分打电话到安养院父亲房间，由看护将话机放在父亲耳边，一整座太平洋的惊涛也无法淹没你的声音，你喊着："爸爸，我是你唯一的女儿……"台湾的午后正是洛城深夜,丈夫、孩子皆已歇睡,你一人做着孤夜的倾诉,这至情至苦的独白。

两年前,家人召开会议,商量是否放手让父亲远走。你千里迢迢赶回台湾,每天心里下两个决定,一个是、一个否。最后,你下不了手。父亲依然缠缚在维生系统的管线里苟延残喘。

现代医学技术助人延年益寿,却也让生命末程的人"求生不得、求死不能"——这两句原是古人诅咒他人的厉辞,怎料竟借医学之手让每个人都有机会领受。因着你这"下不了手"的启发,我恐慌且严厉地警告至亲至爱的家人,若我踏上生命末程,谁敢不择手段救我,我必变厉鬼吓他。蓬发与萎落,皆是生命的自然法则。正当蓬发之时不珍惜生命,到了萎落季节又分分寸寸养护,在我看来都是忤逆自然的。这道理,我相信你懂,因为你看待自身亦赞同我"老病只求速死"理论,偏偏用在父亲身上,所有的道理化成一溜烟。我曾提问:"你认为,父亲希望你怎么做?""若是你变成植物人,父亲会怎么做?"你沉默以对。

下不了手! 下不了手!

离开滨海小城继续北上,途经葡萄园、酒庄。宁谧的山谷景致分外宜人,天高气爽,薰衣草香弥漫山坡,劳动与悠闲同在。时候尚早,酒庄大门深锁,庭园悄然无声,但地上有人早早扫出沙纹,等待鞋子用印。我读了这份禅意,决心不踩。在不该来的时刻,不让对方知道自己已然来过,也是为客之道吧!

继续向北,黄昏时抵斯坦福大学,此后数日在大学城与旧金山盘旋。某日,到旧金山艺术宫游赏。七月份的台湾正当溽暑逼人,能把十年修行毁于一旦的那种热法;此地却是凉风袭来,夹了寒意,又有一点回暖,四季风情皆包藏于一瞬间,如酒入喉。我坐在艺术宫浓荫下,看湖光水色,水鸟浮荡,空中鸽哨断断续续,恍惚觉得人在这里,也不在这里。正出神间,忽见一对新人从草坡走下,来此拍照。新娘穿着露肩低胸婚纱,年轻貌美,不畏风寒。看得我不禁把围巾外套拉得更紧,自忖:婚纱果然只适合年轻人,若要我在此时此地重拍婚照,我只肯穿军用大衣。天气实在冻人,即使是结婚的喜悦也挡不住刺骨寒风,只见新娘双手环胸而抱,一脸瑟缩状,幸亏有人急忙从车内拖出一件丑毛衣给披上,她才能提起裙裾继续往下走。

每一桩因爱情而结合的婚姻,是不是都得走入那件丑毛衣所属的现实世界才算功德圆满?

大学毕业后两年,你结婚赴美。朋友们认为,你修习教育学位后理当回台投入热爱的教育工作——婚前,你已在中学母校任教并担任校长秘书,前程一片光明。怎料,你的婚姻里有个洞,你就这么一脚陷入一个坚持在美国土壤生根的家族的意志里,从此扮演一盏明灯,照亮整个家族。婚姻,给女性屋檐,却可能遮蔽了她的天。你不是追求浪迹天涯的人,你是根深蒂固、眷恋故乡的那种人,然而,一旦在异国发了新根，即意味着难以重回旧土。二十年了，你把生命中最有冲劲的二十年献给家庭与异国；如今，你成为地道的洛城公民，你的子女在此诞生，这里是他们所认同的国家。

人的一生，即是所做"抉择"的总集合。其中又以几次重大选择判定方向与结果。谁也无法替他人论定优劣，只有当事者冷暖自知。好几次，你问我是否可能移居洛城跟你做邻居，我总反问你何时归台跟我"同生共死"。我们嘻嘻然，如选战中不同阵营的人互相拉票。实言之，文学是我一生之所系，离了中文世界与台湾而漂泊在外，非我所愿。近年来，我从自身身世溯洄台湾历史、文化、传奇，思索下一阶段文学任务，虽屡生孤独一人、长途跋涉之感，然苦处即乐极。既已安身立命，则能鼓足勇气执"文学"的柳条鞭打不公不义的"现实"这一头猛虎。平日，亦颇有机缘深入校园与莘莘学子分享创作路程、鼓舞文学热情，从他们的表情、话语，我仿佛遇见千百个当年的我自己——怀藏梦想、充满希望，欲开垦自己的文学庄园。当此时，我总是被年轻人特有的暖流包围着、洗涤着，感悟：一个社会只要还有年轻人愿意孵育梦想、描绘公义、阅读文学，这社会即有希望。那么，像我这样迈入中生代的人，除了慨叹文学环境冷峻，难道不该更积极地以苦行僧意志顶住这一场风寒，等待年轻孩子们茁壮，以延续命脉。这，不就是"文学香火"的意义吗？

历来踏上"移民路"的总有一个响亮理由：为了孩子，遂不惜两地分离，早早送孩子出去读书。我不明白，如果生孩子是为了生下他之后一家星散，如果活在优美的中文传统里却不让他有机会习得一身武艺，导致与文化母体脱离，到底价值何在？我是个自私的妈妈，期盼先在孩子身上烙好"中文铭印"再去面对西方文明。孩子就读的学校注重古典熏陶，开学时发下的课本中有一本《古诗选》及《论语选读》，每周诵读一首、讲解一则，李白、杜甫、王维、孟浩然……已是他们耳熟能详的诗人。我平日陪他记诵诗句，为他讲解诗义，常生欣然之感。这就是我自私之处，把诗仙、诗圣、诗哲等瑰丽雄奇的作品视作宝珠、晶钻，一一缝入他的衣服内里，有朝一日，若人生走到衣衫褴褛地步，叮叮咚咚掉出来的珠玑诗句说不定能安慰沧桑的心灵。我相信你也赞成，你提及督促孩子们学习中文却成效不彰。"恐吓"要送他们返台，孩子齐声抗议："怎么可以？我们是美国人，这里是我们的国家，你怎么可以强迫我们学另一国语言？"你的声调中难掩无力感，你心里有数，孩子恐怕要错过根之所在的中文了。

回不来的你，不想去的我，注定如参商。

旅程只剩几日，我终于拨电话给你。你的欢呼声如银铃响过四野，催促慵懒的旅人莫再留恋星空，应往灯火通明的村庄行去。你建议我与家人去赌城之前先到你家住一宿，开"两家"同学会。这本是个好法子，但我知你甚深，你常常不顾自身处境、不管难度多高，一心一意成全他人，把自己累成五马分尸。我以间谍的心机揣度你的日常作息，当然不肯借宿。

遂决定行程照旧，不去叨扰你。电话中，我们以流利且具有乡土意涵的闽南语闲聊——后来我恍然大悟，对具有相似童年的你我而言，这套语言能治疗乡愁。如果不开门看外头街道、行人，听者会以为是宜兰农村的一位欧巴桑与台中小镇的阿婆正在讲电话。语言促使我俩摧毁空间、倒提时间，恣意变身，尽情奔驰于由语句、声调所逐一拓展出的另类世界。即使你的先生与我的丈夫就在旁边，也无法进入我们的姐妹淘语言系统。醺醺然之际，你提及拉斯维加斯风光，劝我务必一赌，我回说："若我发大财，买一栋豪宅给你。若发小财，就买一张豪宅明信片送你。"但当你描述赌城如何辽阔无边、走路走到脚断时，我这受够了美国幅员广阔、出门动辄开车一两小时的台北人顿然赌欲全消。遂问在一旁观看地图的丈夫车程多久，当他答以：从斯坦福大学开车十一个小时回洛杉矶，隔日再开四小时到赌城，次日又开四小时回洛杉矶时，我跳脚了："我又不是考察美国公路，不赌了！"既然省下两天，意味着我们有机会见面。我笑称你是差劲的导游，光是"行前说明"就让旅客行兴尽消。

回到洛杉矶亲戚家，你在电话中指点路径，从洛城西边到东边的你家竟也需一个半小时车程。这真是个把生命浪费在公路上的地方。从事房屋中介的你甫在新兴社区安顿了新家，我们行过四处大兴土木的土地，终于在一幢没有历史的新屋前停下。你打开门，走出，张开双臂，依老习惯欢呼："同学！""那是你吗？"我的心里有个别扭的角落养着一个孤僻的自己，此刻我听到她赌气似的自言自语："我们不要在这里，跟我回去十八岁，躲到台大校园杜鹃花丛下，不要被命运找到……"

你把家布置得高雅舒适，真难想象一个女子哪来的三头六臂，既要工作，又要扛起一个家？人在异国没有退路，只能拼命向前，在你身上充分得到印证。

客厅墙上挂了一副对联，我认得这联。数年前，我写过一篇文章缅怀旧日，述及我们几位姐妹般情深的朋友。文坛老前辈张佛千先生看了，以他宽厚且渊博的长者胸怀——按名字撰辞，请人书成、裱框，为我们的友谊留下"证书"。我把属于你的那副联寄至你娘家，并不知你何时携来美国。看它挂在正厅，我心头颇暖。如今，佛老仙逝，嵌名字撰联美事已成绝响。我们分隔两地，各自朝着白花花的老去之路走着，唯墙上的字镇住一段暖春时光，可供你在夜深人静之时栖息、重返。

在你家短短半小时，深深感受，老友切勿相会于奶瓶尿布间、杯盘狼藉间、病榻间及"小人"之前。我的小男孩十岁，你的女儿十岁（当时在学校）、儿子五岁；我俩执手相看，话匣才打开，就听到此起彼落喊妈之声，无怪乎你自嘲"命犯小人"——小孩之谓也。我追加："也犯老人、犯男人，只要是人都冲犯了！"相视大笑。人若改变不了命运，只能养一头宠物叫"幽默"，开命运的玩笑，以博自己一粲。

你在泮溪餐馆订位，又电召另一位数年前才移居来此的同学一起用餐。开车往餐厅去，你要我坐你的车，以便多说说话。然而三十分钟车程，你一面飞车一面接听手机回答客户问题无法停手。你提及有一回体力不济，竟在高速公路塞车时睡着，不知睡了多久，被尖锐的喇叭声惊醒，醒来不知身在何处，猛然发现自己的车后大排长龙，而眼前是一条空无车影的长路。我不小心目睹你的生活实况，心中万分不忍。落籍异国或许有我不知晓的甘美处，但到底是何种甘美值得用这种方式换？

你曾问我，若当年你不结婚未离开台岛，人生之路如何？我说："你可能是一所明星学校的校长，因强迫学生购买简媜的书遭家长抗议；也可能变成台湾天主教中生代重要领导人，宣扬教义、募款盖修道院，但因账目不清被收押，我们在土城看守所开同学会，因为我帮你伪造文书；也可能选上市议员或'立委'，问政认真，深受选民支持，可惜被狗仔队抓到你上夜店跟小白脸喝花酒；也可能变成建设公司老板，盖五星级老友养生别墅，因规划完善造成抢购风潮。你为老友们一人保留一户，成立特区，天天可以做SPA、唱歌跳舞吃夜宵，不怕死，因为你会让大家死得很快乐。于是，我们一起老……"

哪一种版本的人生较好呢？

在餐馆，你点了满桌菜肴却无暇举箸，我们的时间有限，越说越有说不完的话。临别，你的孩子在车内催你："妈妈，快一点！"我的孩子在另一辆车喊我："妈妈，好了吗？"

你要我先走，我要你先走，如是推辞数回，我坚持要你先走，你的女儿已放学在家等着。你依旧用老习惯喊："同——学！"眼镜后那一双疲倦的眼睛泛起泪光，我控制自己的声音不让它哽住，我们握手，我们紧紧拥抱，依依不舍。

目送你的车影离去。老友！我们把那滴眼泪省下来，不要浪费在街头。无论哪一种版本的人生都不可能尽善尽美，且宿命地，都有一处缺口需要我们以心血填补。那么，继续朝着前方行走罢，有一天，抵达驿站，你终于可以卸下肩头担子时，我们再相逢，回到自己的土地上。

那时，一起回到十八岁，再让那滴珍贵的眼泪流下来。

夫妻同在病舟上

【作者交代】

　　谨以此文，礼赞在我周围说法的菩萨们。

　　常看到你骑机车穿街走巷，一身瑜伽劲装赶赴上课地点。如果把机车想象成含水量低的筋斗云，你那风驰电掣的气势，恕我不温柔地想象，颇似西游记人物：你一下车立刻是带领婆婆妈妈奋力抵抗地心引力的大统领，下课，跨车催油一声呼啸，奔去另一间教室，又是引导一群好吃懒做天兵消灭万恶脂肪的大元帅。再跨车，巡视市场，踏进家门的你变成买菜回来的家庭主妇。别在意我把你比喻成孙悟空，他是经典名著中最叫人荡气回肠、可歌可泣的男主角——贾宝玉是用来梦的，孙悟空是用来战的。你我都明白，没有七十二变本事，唐僧西天取经之路寸步难行。

　　在我眼中，你与学长的关系颇似唐僧与孙行者，乃历险旅程中天造地设的一对。逆溯时光，大学校园里你们相识相

218

恋，已在硕班的学长呵护你到了无法无天的地步；为了让你能专心约会，竟代写"中国现代史"报告得到九十以上高分。这个出身寒门、小时候坐在路边石椅就能读书写功课的才子，就像校园里传诵的诸多神人一般，天赋异禀，第一次摸吉他自学不久即能上台演奏，学语言就像喝不同口味果汁般容易，除了中文，能通英、德、拉丁、梵、西班牙语。才子身边必有许多仰慕者围绕，但他痴痴等你毕业，料想你身上散发的热情、乐观与欢愉，是他这个书斋老灵魂迷恋的；古籍飘霉味、旧书多蛀虫，最渴慕阳光。

还记得《西游记》第十回师徒相遇那一幕吗？被镇在五行山五百年的孙悟空喊着："师父，你怎么此时才来？来得好！来得好！救我出来，我保你上西天去也！"玄奘揭了封条，孙悟空第二度诞生仍是从石头进出，做师父的给取了绰号"行者"，最精彩是行者原本剥虎皮当作衣服，之后竟拿玄奘的白布上衣穿，再在腰间围上虎皮。一发心即是半人半兽，僧衣也穿上半件，另一半得在旅程完成后方能修得正果。如果，婚姻里有《西游记》情节，必然是把爱情原封不动给搬过来，爱字，拿"心"去"受"，就是紧箍儿。

人生多奇遇，有缘者绕了一圈终会相逢。我与你们系出同源，先后在同一系出入，在校时却是天南地北不相识。搬来此屋，怎知与你们对门而居，一查问，原来都有哲学基因。俗话说千金买屋万金买邻，我一向芳邻福缘甚厚，这边一家三口、那里阖府四人，互通家常物资，情同老邻。此时皆已中年，出校门后如何负笈异国深造，熬过多少苦，如何在人生战场拼搏尝过几次败，都不必提，一人有一人的课业，一家有一家的经文，眼睛睁开看到的都是，即烦恼即菩提。

怎知你的新课本来了。初冬第一波寒流，学长竟脑出血倒下，紧急两度开刀留得一命，半身机能已失，书斋老灵魂有口不能言、动弹不得之苦，更甚五行山下镇了五百年的孙悟空。

唐僧上西天取经必须经历九九八十一难，学长这一倒该算第几难？你们全家齐心动员，求医问诊，西医复健、中医针灸、气功推拿，所有听过的医法都试了。你真的像孙行者，妻子、母亲、媳妇、老师，还要当女儿，这么忙，学长无论上哪家医院复健、去哪门哪派就诊，你总是陪着，指挥调度、督导医药，毫不含糊。

有一阵子，你家以大陶锅熬炖水药，镇日飘扬中药味堪比药铺，光闻那气味大概病就好一半。但老天无动于衷，学长起色有限。某日，我进你家，才叫一声："学长！"他竟号啕，你说你们夫妻已经抱头哭过了。

但你从来不是喜欢哭哭啼啼的人，也不爱抱怨家人、亲人、友人、路人，这一点很像孙悟空，整本《西游记》，咱们的齐天大圣打妖怪都来不及了，哪有空哭哭啼啼？犹记得，你曾积极探听其他病友家属，预想他山之药可以医病，通过电话后就作罢了，你说对方家人充满抱怨与无望，"我不想听到这种话"。爱，果然是扎入肉里的紧箍儿，你的学长口不能言，不会念咒，是你把他捧在手里，无论健康无论恶疾，不离不弃。你的爱，就是你的咒。

世间道理，写在书本用眼睛读来的都不难，可以赏析其修为、评论其境界，一面佐以蛋糕咖啡。一旦亲身碰到，才体会那些道理都是埋在刀山上沉入油锅里，什么叫"不离不弃"？当夫妻同在病舟上前途茫茫，这四个字的意义才出得来。

有一天在市场水果摊前，一位七八十岁老妇人与老板娘对话，显然彼此熟识，老板娘问其夫病况，老妇人述说丈夫久病情状，忽然有一语："我问他：你还爱我吗？爱的话就握我的手，他握得好紧好紧……"我听得竟忘了要买水果，一时眼热。

朗朗上口的诗"问世间，情为何物，直教生死相许？"要明白，元好问笔下生死相许的不是人，是大雁。是以，对有些人而言"夫妻只做到生病止"，路人甲乙丙能说什么？他是人不是雁！

这是学长病倒前的事，没想到从你身上再次印证，病舟上夫妻之爱，除了有情更要有义。你这个行者不改腾云驾雾个性，有时摆出瑜伽动作逗你的学长，问他有没有"心中老鹿乱撞"？惹得他尴尬而笑。病舟在雾锁江面飘摇，不见手足、天下也没有不散的筵席，老夫老妻，一个逗一个乐，日子总要往下过。

然而，你岂止是穿街走巷的拼搏者而已，身上的哲学基因必然也是当年学长迷恋你的原因。你在 Line 上写着：

"让世界静下来，或者让自己静下来？不要想去改变情境，事实上这也是办不到的，人只能处理离你最近的——你自己。困难的产生是因为人常在事情发生时就想离开。我们可以接受噪音，噪音中有份宁静，同时，它们也是宁静的一部分。

"活在当下，全然开放接受一切。你会发现，当你走在道途中时，事实上也同时就在终点。——中秋连假读书心得。"

我回复："我所赞许的，是通过'知其不可而为'之后萃取而得的领悟，渺小的人之所以变得伟大，不是在于他体认到自己渺小，而是洞察到'上天'竟有渺小的时候，遂在当下'代行视事'扛起重任。这一刻，人做了神该做的事，使人性展现神性的光泽。"

你立即恢复孙悟空的泼猴本色："老师的说明很艰深！"接着是《西游记》才有的情节，你写道：

"生活基本款：柴米油盐酱醋茶，生命基本款：吃喝拉撒睡加笑得出来。今晚回到家，屁股才刚坐热，便被老公急召（外佣大呼：太太快来，先生找你），来到床边，有何大事？果真是'大事'；生病六年了，天可怜见，今日自谷道释出一条长十厘米直径两厘米的'米田共条'！普天同庆，肠道终于有力啦！叫老婆来看。全家欢天喜地，抱抱亲亲……"

第一百回，取经圆满，唐僧受封"旃檀功德佛"，孙悟空为"斗战胜佛"。孙行者对唐僧说："师父，此时我已成佛，与你一般，莫成还戴金箍儿，你还念什么紧箍咒儿揢勒我？赶早儿念个松箍咒儿，脱下来，打得粉碎，切莫叫那什么菩萨再去捉弄他人。"

"打得粉碎"四字漂亮啊！唐僧说："当时只为你难管，故以此法制之。今已成佛，自然去矣。岂有还在你头上之理！你试摸摸看。"行者举手去摸，果然无了。

当此时，天地无忧无虑。老夫老妻牵手下了病舟，学长学妹一起成佛。

宛如白鹭鸶

——观大体老师入殓仪式有感

【作者交代】

"人死了，只剩一个空壳，捐出去，让医生做研究，帮助更多人。"二〇一二年，我的姑丈于病中有所感悟，签署捐赠大体意愿书之后不久仙逝，顺利成为台大医学系的"大体老师"。二〇一四年，完成教学任务之后，院方为老师们举行庄严隆重的入殓与火化仪式。本文追记其过程，以"白鹭鸶"意象礼敬这一群实践"无我之爱"的菩萨们。

深深一鞠躬。

1.

"昔人已乘黄鹤去，此地空余黄鹤楼。"我踏入台大医学院校园，脑中浮出这两句诗。

微风早晨，六月将尽。

其实，在门外踱步一会儿，才下定决心似的进来的。刚才，从台大医院地铁站出来，经过巴洛克风的医院旧馆，熙攘人潮已撩起记忆的涟漪，我的脚步沉了；过马路迎向新馆，知道再拐个弯就到医学院，越发有一股风急叶落的感触；急的是三十多年光阴何等无情，落的是无辜的人于今安在？因而，忍不住要放任地叹息，仿佛这一叹能把那一片枯叶唤回来，仿佛时光也肯协商，还给我一小段意犹未尽的青春。

首次带我进医学院校园的人，悬壶济世却挡不住命运的折磨已提早离席。昔年圆拱门二号馆的枫香红叶落在水洼上的景象还存在脑海，年轻时即使面对秋凋，心仍是滚烫的，因为还未认识岁月这名敌人。如今，眼前满是初夏时节澎湃的绿意，却有秋凉感慨，因为跟岁月交过手、领了伤。隔了三十多年，今天是第二次踏进枫城，若我当年预知第二次踏入时将是沉甸甸的缅怀与喟叹，年轻的我是舍还是不舍？

枫香掩映的二号馆，今称医学人文馆。

2.

进入基础医学大楼，高挑且空荡的大厅，恰好与嘈闹的医院现场形成强烈对比。这是学习生死课程的堂址，宜于静谧，因为安静才能练习聆听每一个困在生死夹缝里的人那微弱的呼救声。

一面墙，拼着"无我之爱"四字，列出近三百位大体老师姓名。我仰头诵读，仿佛读着敦煌石窟众佛的世间小名。

我以为我来早了，一抬头，看见兰姑与颖弟夫妇、凤妹夫妇都在，一早从罗东赶来的隆叔随后也现身。姑妈说："谢谢你们特地来观礼，他一定很高兴。"他，我的姑丈谢幸治，是大体老师。今天是台大医院为本年度十六位大体老师举行入殓仪式并安排次日火化事宜的日子。

我们不是最早到的一家，大厅四周休憩区，已有多人或走动或交谈。从穿着打扮看，都是寻常百姓，甚至比等待百货公司周年庆开门的人更接近庶民模样。也因此，我首先感受到每一位大体老师的护法家人的声情面貌，感受到寻常中有一股不寻常的心灵力量，在布衣裙钗之中流动着。

承办小姐一一呼点家属，每一家由两位医学系学生负责引导，其中一位捧着花束，这是帮家属准备的，作为仪式中献花之用。

3.

　　两年前，被罕见疾病折磨了四年的姑丈，有一天对兰姑提出器官捐赠与大体捐赠的想法。七十四岁的他不是虔诚信徒，一生风起云涌，走着一条令家人追赶不及的险路。然而，或许如他一般任心挥洒、旷放豁达的人才能轻易跨过一般人难以跨越的观念障碍。盛年时，他曾言，死之后无须以繁文缛节着办，"人死有什么？剩一个空壳而已。"想必"一个壳"的信念并未被顽固的"类淀粉沉积症"阻塞，他在病情风平浪静、意志完整清晰的时候，先后签了"预立选择安宁缓和医疗意愿书"，又坚持签下器官捐赠与大体捐赠两份意愿书。对一个谈笑间能挥手相赠五花马、千金裘的人，捐一个空壳，比主妇剥一支带泥笋壳容易多了。

　　签署四个月后，他的病情猝然生变，理应就医却忍着病痛不就，家人朋友合力要抱他出门，虚弱的他还用一只手抓着沙发不放，或许是想用最自然最轻省的方式蜕化吧。因肺炎引起肺部积水，医嘱需抽水，动刀前再照片子，竟然无水了，免去一刀也保全了捐大体的条件，只能归诸因缘殊胜或是意志坚定。倒数计时前两天，他已无法言语，但意识清楚能以点头摇头表达心意。监测机器立在床边，死亡阴影汹汹然涌入森冷的病房，令人不禁想起那两份捐赠文件的真实性，考验来了。兰姑心中忐忑不安，病床边再度问他，签署的捐赠意愿书可以反悔，"你后悔吗？"

父与子。二十多年后,儿子成为动画师,父亲成为大体老师。

他摇头。

再问一遍:"你后悔吗?"

摇头,他用力摇摇头。

倒数九小时。颖弟火速自美国赶回,几夜不眠,一张蜡脸、两只火红倦眼完全无法接受父亲垂危的模样;数月前他回来探望时,父亲还能一起出游,应允他要努力复健,有一天到旧金山参观儿子任职的皮克斯公司。此时,困惑、愤怒、悲伤与恐惧同时扼住他的情感与理智,他对那两份捐赠文件起了激烈的推翻念头;无法接受父亲将离去,更不能想象一个做儿子的要把父亲送上解剖台被千刀万剐的事实。这想法让人发狂!那些刀,那些将划在父亲身上的刀,已预先划在儿子身上。他揣测父亲是被诱导,并不"真的清楚"捐大体的意思,更不相信父亲要这么做。母子之间起了一层浓雾。他必须抵抗,为正在大口喘息已无法言语的父亲抵抗所有逼近的利刃。倒数五小时。

抉择,有千斤之重。我与他坐在病房外,七月炽烈的阳光自窗口照进来烘热了座椅,高壮的他如暴风中即将拔根的小树,根本不是天地的对手。我看着他从小长大,能

228

理解对年轻的他而言，第一次与死亡交手竟需同时面对父亲将逝与捐大体两道难关，这绝对会让人崩溃。"……想到爸爸不能入土为安……"他喃喃低语，如无助稚子，陷入痛苦深渊。

我告诉他："这是爸爸发下的大愿，不是一般人做得到的。我们做子女的虽然千般万般不舍，但是必须把自己的感受放到一旁，如果爸爸值得我们为他勇敢，就要勇敢地帮他完成人生最后一个愿望，这也是我们回报他、尽孝道的方式。民间旧观念所批判的不孝、不能入土为安将导致家道衰败，或是无关紧要的人随意批评做儿女的残忍，都是无稽之谈，你都要抛弃。爸爸的境界已经超越这些了，我们怎么可以把他拉下来？再者，如果今天你违背他的意愿，将来想起来会懊悔，而这种懊悔永远没有弥补的机会！"

他从小是个能修复缺憾、选择以敦厚宽阔的心灵处世的人。父亲在他的成长过程常常缺席，然而他并未落入怨尤，反倒流泻一般耳闻的受宠儿女也给不出的亲情。一席谈后，内心风暴歇息，他一脚跨越俗世格局，天地顿时清朗。回到病房，他想单独与爸爸说话。众人退出，我在门口，见他坐在床头，深情地望着父亲，伸出手臂环抱他，另一只手掌一遍遍抚梳他的额头与发，温柔且坚定地在垂危父亲的耳边说："爸爸，我们都很爱你！爸爸，我们都很爱你！"

这是儿子的勇敢。任何一个即将烛灭的人，能依偎在儿子臂弯里被温柔地以爱语抚慰，都会无憾的。黄昏，姑丈安详而逝，如愿成为大体老师。

当遗体送到台大医院，家属得以最后一次瞻仰遗容时，颖弟与他的太太佳儿都说："爸爸的脸好像在微笑。"

含笑离去的父亲，如愿之后绽放的笑意，在生死茫茫两岸之间，回头一望，送给爱儿的灵魂馨香。

4.

台大医院诚挚且详尽的说明让家属立即卸下种种疑惑；他们应能明白每一具躺在推车上的不仅是躯壳更是家属心中永远的挚爱，每一个踏进来的家属都挣扎、征战过了，希望能获得尊重。是以，他们以迎接一位老师的规格对待被送来的大体。

经过一年药物处理后，第二年新学期开始，姑丈与其他十五位捐赠者，将上解剖台担任医学系解剖课的大体老师。

开学后，十三位被分配到姑丈这一组的医学系学生想来拜访，欲了解老师生前的故事。兰姑约他们在咖啡厅见面，她从这些知礼、活泼、聪敏的孩子身上再次印证姑丈的布施具有崇高的意义。临别，学生问："谢妈妈，您还有什么话要对我们说？"兰姑说："你们好好学，谢老师在天之灵会保佑你们，将来都成为有医德又有医术的好医生。"

舍与受是可以建立温情联系的。因着这群习医孩子来访，兰姑再次卸下悲怀，感受到异乎寻常的温暖。她相信这些学生会认真学习，她也相信大体老师启用那一天，若姑丈有灵，必会感到光荣。

5.

教室外布告栏上，慎重地挂着裱框的每一位老师的照片与生平介绍，显示出院方诚意。这也是一种潜移默化的生命交流，医者，心中若没有人，终究只是一门炫技之事。

静肃中，百多位家属依序跟随引导学生步向教室。宽敞的大教室极冷，解剖台上躺着全身裹紧白布只能分辨身形的大体老师，其两侧站着该组学生，身穿白长袍肃然而立，师生皆白。

宛如圣洁的白鹭鸶。十六只昂然飞行的白鹭鸶，抖落季节光影、飞过俗世牵绊，选择栖息在舍身树上。

每一家家属被安排到大体老师前，入座。在我们正前方，有三台解剖台，我悄声问兰姑，哪一个是姑丈？她指了中间那一台，说："他以前躺在床上睡觉就是这样子。"我不禁默然，记忆的力量真是刻骨铭心，即便只有身形、背影，唯有至亲才认得出自己的家人。

一股深沉的哀思笼罩整间教室，家属们肃坐，各自望着至亲的大体，悄悄低头以面纸捏住鼻翼、擦拭眼角，谨慎地不碰破情感的瓮。忽然传来一阵哀伤的低泣声，一位坐在轮椅上被推进来的老奶奶沿途哭泣着。是老妻还是白发母亲呢？无论何者，那位纯洁的白鹭鸶老师，必定是老人家的至亲至爱啊！

对家属而言，今天是延后两年才举行的入殓典礼，迎回舍身教学的亲人的大体。这两年来的等待与追怀，又岂是言语能道尽？是以，实践"无我之爱"精神的布施者是伟大的，而作为护法者的家人，其勇毅亦非常人。

实现"无我之爱"精神的布施者是伟大的。

典礼在庄严肃穆中进行，院长、所长、系主任、任教教授依序向家属致诚挚的感谢。随后，数位代表医学系、牙医系与解剖研究所的学生诵读《致大体老师的一封信》。由于是对老师说话，人的情感自然流露；回想第一次上课时，掀开白布，何等惊恐紧张，生怕划错一刀，经过八个多月相处，又如何在老师身上学会每一条血管、神经，每一块肌肉、骨骼。这些，"都是老师您无私的奉献，我们才能学会基础医学这门课"。

一位学生哽咽地读着感谢信，台下亦有同学红了眼眶，那真挚的情感让人感受一切的付出都有了代价；这代价不是要回到家属身上，是因其真挚诚恳而使解剖台上躺着的白鹭鸶与坐着垂泣的家属愿意相信，是的，愿意相信站在这间教室的白袍学子，将来戴上听诊器时，都记得前人奉献，都听得到病人心声。

整个仪式不假礼仪社之手，全由学生亲自为大体老师入殓、献礼，大信封装着的感谢信也慎重地放入棺内，伴他们化尘。每一位大体老师的家属与学生在这一刻成为"亲戚"，原先的哀伤情绪转为家人般亲密，一齐为他们画下无比圆满、充满荣耀的句点。

礼成，退出。有位学生知道我，前来合照，照完之后一回头才知背景是无我之爱那面墙，我不禁浮出一丝意念自问："愿意把名字写在上面吗？"经此一问，方知舍身大爱之殊胜之艰难。

6.

次日透早至二殡举行火化仪式，全体学生提前到齐，列队恭迎十六辆灵车。当礼仪师呼喊某某老师抵达，已成为"亲戚"的家属与学生上前行礼，"请老师下车"，由学生捧照、扶灵进入火化场。致祭典礼毕，家属至休息室等待火化后捡骨，学生亦不解散，一起等待老师们化尘归来。

捡骨时，家属先捡，再由学生们依序持长箸捡一块老师

大体老师正在进行神圣的火化仪式，医学系学生与家属一起等待。

的骨骸放入骨灰罐，鞠躬致意。末了，家属捧着灵骨罐，学生与家属相互鞠躬作别。淡淡的依依不舍与说不清的谢意，在怀中的仿佛有知的灵罐里，在作别的那一弯实实在在的鞠躬里。

"谢妈妈，我们以后可以再联系。"一位很有礼貌的学生拨开人群跑来对兰姑说再见。我笑着对他说："以后去找你看病。"他惶惶然摇头："不要不要，做健康检查就好啦！"显然已对自己的职业有了礼貌性的敏感。

"做个好医生！"我说。

7.

"以后去找你看病。"我说。三十多年前，圆拱门建筑如今改称为"医学人文馆"的二号馆，片片枫香红叶落在水洼上，雨过之后天色灰青，秋意已深。年轻的枫城之子谈解剖课感触，谈诗与画，谈生命的脆弱与困惑，口若悬河，但当我说这句话时，他竟惶然叠声地回答："喔，不要不要不要！"不要替我看病，还是不要我生病？

他自己竟早早故去了。

生与死之间存在着什么？是丑陋的世间还是绵延的善念，是化不掉吞不下的憾恨还是依随时间而翻飞的情怀？无论是什么，当化尘化土时刻来临，谁能不从呢？

姑丈的灵骨顺利地晋入风景优美、俯瞰淡海的塔位。之后，我独自上楼，寻找故人，早去的他，竟也是安厝在这里。

当我终于找到他的塔位，才完整地想起昨日徘徊在医学院外面迟迟不忍踏入时盘旋在心中的诗，"昔人已乘黄鹤去，此地空余黄鹤楼"。我伸手摸着他的名字，念给他下一句：

"黄鹤一去不复返，白云千载空悠悠。"

原载于二○一四年十一月十六日台湾《联合报》副刊

物之索隐

老人家仙去之后，屋子突然静了下来，静得连灰尘都发出砂砾滚动的声音。

这种超现实感觉像走进虚实并存的世界，一时之间感官的定位方式大乱，晕眩之中，因发觉医疗小家电阻碍居家动线，收起氧气机、化痰机、抽痰机等轰然作响"刑具"，才理解屋子之所以静下来是因为少了低沉的病吟、持续的咳嗽以及随时必须启动的机器声。这种静很虚，欠缺元气。"真的要收起来吗？"竟然出现这样犹豫的念头，此时告别式已过，但时间像一团毛线被猫儿拉着绕，有时绕回原处，让人以为什么也没发生。

过了不久，屋子发狂地喧腾起来，每一样旧物喊着故主。橱柜桌屉，摆在固定位置的一把牙刷几条毛巾能继续放着吗？专属的缝补过的拖鞋、木筷、瓷碗、水杯能继续摆着吗？更别说书柜鞋柜衣柜，打开立刻关上，再打开又关上。主人走了，物属世间不会跟着去，却好似吵着要跟；留在器物表面的讯息过于强大，不同物件保留不同阶段或欢愉或愁苦或惬意的生活剪影，亲人接收存藏在器物里的讯息，如电流窜动全身，唤起记忆与感受；倏地，故主的声息神色闪出来，仿佛刚刚听到他清一声喉咙，要说当年那件已经说过十遍的奇遇。亲人在形上层次重返器物所指涉的时空现场，情节再现，声影跳动，话语笑容动作甚至连那日穿着、菜肴都一串一串想得清清楚楚，亲人想窃取那时空，神不知鬼不觉地带回现在，取代已发生的事实，瞬间，被莫名的力量阻挠，悲伤之感像不知从哪座山头射来的暗箭，七彩时空泡泡破了，只剩眼前器物它能带你回到过去，却无法把过去搬来现在。

一个人走了，留下失去灵魂驻守的器物，该如何处理令人怔忪。失去母亲的孩子，如何面对床头边仍在嘀答走动的妈妈的手表？失去孩子的母亲，如何处理挂在墙上的书包、鞋柜里尚留着脚形与汗味的球鞋？失去配偶的，如何整理当年那一叠情书？物岂止是无生命的物，器物表面的讯息如看不见的手指，密布着，等着碰触亲人，只有至亲至爱才感受得到那一阵轻微却深刻的电流，跨越了生死两隔，再次握手。

终究，失去灵魂驻守的器物，需要有个冷静的"刺客"——凡是携带利器、需要动手之事皆可称之——去窥视、翻查、拆解、整顿。

在一个适合当刺客的日子，我带着胶带、绳索、纸箱和垃圾袋踏进大门。屋子稍为安静些，仿佛有几双眼睛隐在墙壁的水渍漆痕之中窥伺，好奇来的这个人怎么动手。绕了一圈，三房两厅双卫一厨前后阳台，该从哪里开始？突然，有一股沉重伴随复杂且疲惫的情绪使我住了手，"活着好累"，不，这不是我该有的情绪，却不知怎的、抢头香似的窜出来，我当下的感怀应该是这个："一个活人，该怎么阅读亡灵一生所囤积的庞大器物？"如何能够不以窥视、掠夺、评议之眼而是以亡灵之心去辨识何者可弃、何者乃心血情思之所寄应该予以保留？

这么说吧，如果逝者是位雅爱艺文、具有陶渊明之风的书写者，来帮他收拾屋子的儿女恰好相反，是擅长估价的当铺商，只需翘一根指头翻抽屉，两眼炯炯放光如贵金属探测器扫视一圈，即可下令阿清阿光两位粗工把这些废物"清光"，即使抽屉里有一本小说手稿可能是旷世巨作，上头附一纸交代此稿乃老父十年心血盼能出版，谁在乎呢？全部扔给巷口的回收阿婆。说不定还得"当铺商"评语："专搞这些没用的东西才这么穷，人家的爸爸留股票钞票，我们的留小说手稿，都是纸做的怎么差这么多！"如果亡灵尚在屋内流连，他会怎么想？是否因看到子女的真面目而痛苦？（若此情节属实，作者我忍不住跳出来奉劝亡灵：那是你生的，别怨。）而人生的痛点之一是，再也没有人在乎你，无人知晓的亡灵叹息，大概只有蠹鱼白蚁听得到。

人走了之后，需要一位知己帮他把"生不带来，死不带去"这几个字缝隙里的积垢清理干净。只肯在法律文件上签字其余一切不管也无意探问的继承者，料想，是看得开的人啊！

而那些生前不做整理，或是自认仍有大把时间可以花用，或是信任继承者会做妥当处理的，料想，也是看得开的人啊！

老人家对于报纸具有令人费解的收藏癖，这是经历抗战、流离来台一代人的通病，报纸是他们的精神靠山、每日灵粮，必详读之、剪贴之、存留之，画线、眉批。岁月，轻如羽毛，重起来像一头从非洲拉来的犀牛，就这么侵门踏户占去一间房，旧书报堆成的样子似酣眠大兽。老人家读报不仅自娱，常剪报与子女分享，尤以健康信息、时事评议、国际局势为主。每回餐聚之后，必取出事先写好的便条纸，上面写着数条事项依序叮嘱：或是眼球如何转动看书每隔半小时需闭眼十分钟，或是脚底如何按摩以保暖养身。剪报上他已用红笔画"流水曲线"做重点，交给迫切需要保养却积习不改的那个人。子女年岁再大，在他眼中都是不懂得照顾身体的小孩，而小孩不管几岁，只要父母还在，就继续不懂得照顾自己，但懂得照顾自己生的小孩，并且要他们做他做不到的保健之事。

至于时事评议、国际局势，乃老人家日常关注重点。然而，时代是朝着"第一代外省人"无法理解的道路滚动而去的。他们这代人生逢乱世，除了行不改名坐不改姓，到哪里都是飘荡，无法供奉祖宗牌位，设不了家族墓园，好不容易在台湾扎根，设了祖先牌位也有了墓园，新时代的风向却是大笔一挥把外省第一代第二代圈起来，管你母系是谁，全涂成深蓝色标记为外人。这些都深深地伤害到他，却也是作为地道台湾子弟的我因为不能感同身受而一度认为他们夸大了原罪感与悲情意识的。直到有人在大庭广众之下，追着录影，逼问第一代老"荣民"怎么还不回去他的家乡，我才毛骨悚然：竟然有人认为自己有资格驱赶另一群无辜的人！遂感受到一族群被霸凌的痛楚——住了七十年还被当成昨天才上岸、被蛮横地取消七十年存在事实的那种羞辱与愤怒。（作者我忍不住第二度跳出来，若有人骂你：滚回去！你就笑眯眯地回他：先来的先滚。）"这块土地""家乡""闽南语"，不是他们的口头用语，即使要学，也讲得气血虚弱，日久，当别人拿这几样当武器攻击，他们没人招架得住，连回呛"讲虾米肖话"都不会。牛皮纸袋里有一叠关乎政党恶斗、族群对立、探讨民粹政治的文章剪报，画满红笔蓝笔"流水曲线"，几张广告单背面密密麻麻写着读后感。刺客如我，本省子弟如我，能不停下来读一读一个外省老爸爸的抑郁感受吗？

然而事情有点失控了。一九四七年两个年轻人漂洋过海来台湾建立一个家，自此除了厨房归女主人，一切庶务皆由男主人掌管，而他几乎不丢弃任何跟"纸"有关且上面有字的东西，譬如子女学生时期作废的公交车票、过期的户口簿、储蓄存单，即使是武功高强的刺客，落入一座庞杂的军公教家庭庶民生活现代史里，也会因只配备两只手两颗眼睛而像泄气皮球。"老天爷呀！怎么都不整理呢！"刺客自言自语，若亡灵未走远，想必会为这场面说一句："哎呀，让你忙了……"

谁帮谁收脚印，是不是注定好的？

可辨识的旧书报、家常用品、衣物较易处理，刺客分类后捆绑，贴上便条：转赠、回收、丢弃。难就难在散放四处、堆栈成丘的字纸里，混杂着一个人一生足迹与一个家六七十年来的历史文件。这些非实用不具法律效力的文件、照片、书信、札记，闭着眼睛悉数扫入垃圾袋也是一法，然而，这样做，对亡灵而言等于被亲人在精神层次判了死刑：亲人只在乎他留下多少资财如何分配，至于牛皮纸袋里塞了多少老照片旧证书家族文件，笔记本上涂涂改改写了什么，丝毫不感兴趣，不在乎养育他们的这个人过了什么样的一生。若亡灵尚未走远，岂不残忍！

不得不起身冲一杯咖啡提神。就着日光，刺客小心地掏出一只皱巴巴牛皮纸袋里的东西，一小股夹着蟑螂屎的灰尘让人打喷嚏，仔细翻看，从一叠作废的全家身份证复印件之中掉出一张车票，如果不是个具有历史感且对文物怀有敬意的人，这张车票必然被丢弃。刺客惊呼："36.1.29，台湾铁路，快车，台东至花莲港，二等，一六八元。"这是古董啊！

那一日，想必寒风飕飕吧。前一年才从大陆来到台湾、在台北任职的二十八岁年轻人，大年正月新春期间，怎会从"台东"坐火车到"花莲港"站？那是什么样的火车，分头等、二等座吗？以一九四九年六月发行新台币、"四万元旧台币换一元新台币"来推算的话，在此两年前车费值台币一六八元是什么概念？够吃一碗阳春面吗？为何留下票根，第一次在台湾坐火车？这是"二·二八"事件发生的前一个月，年轻人可曾观察到不寻常的社会氛围?

刺客有太多问题想问,恨不得老人家能现身解答。刺客想,一般家庭里充斥太多家务纷扰,日常所谈皆是柴火油盐,欠缺历史视野,预先看到寻常生活中随手可得的物件正是将来回顾历史时的珍贵证物,殊为可惜。然而,就算留下人生证物,说故事的人不在了,物也是残缺的啊!

老人家在职场工作超过五十年,是个喜欢上班的人。刻着"君国济民,以礼闾风"的铝盒里装了七枚印章,皆是刻有职称与姓名的公务用章,从"书记""组长""科长"到"经理""副处长"等,这该丢还是该留呢?

刺客自己的职场时间很短,可比喻为吃火锅时"涮肉片"之举,且当时都用签名已不流行公务印章。刺客颇觉新奇,找来红印泥与纸,坐在地上盖将起来,想知道哪一枚章盖过最多次?哪一枚是经过激烈竞争、人事倾轧才得到的?哪一枚盖过最关键的公文?哪一枚曾盖过让他心不甘情不愿的麻烦事?一个男子用五十年时间换得七枚公务印章,养活一家人,栽培子女攻读博士,是容易的吗?刺客心一酸,决定好好保存这七枚章。

接着,写满文字的札记该不该扫入垃圾袋呢?做子女的该怎么看待老父老母留下的笔记、手稿?需不需要拨空翻阅,读一读纸上透露的真实心声呢?刺客不禁设想,如果有子女因诸如此类原因与父母疏冷,怠于闻问,在顺利当了继承人之后,读到日记里父母对自己的碎心文字,该如何自处、自辩呢？无怪乎大多数人整理尊亲属遗物，张开垃圾袋，一袋袋喂饱就是。

老人家颇喜记事，四十多本手札，大多是安分守己岁月里的起居注，但其中也有暗笔：书写的人当时必然压抑着情绪，蓄意用小得不能再小的字体、挤得不能再挤的排列法，字迹稍乱、字辞交叉难辨，不知写些什么。刺客找来老人家的放大镜，照着，像研究昆虫如何交换讯息而集体迁徙的专家，读出"一家之长"从未说出的话语、不曾张扬的感受。"啊！真是辛苦您了！"刺客看得十分心疼，却明快地做了决定："这些，就让它永远消失吧！"除了留下几册作为纪念，其余皆不留。

刺客翻阅太多文件照片，看到一个男子从二三十岁至八九十龄的变化，脑海里的时序混乱起来，仿佛乱了章节的影片，顿时感到荒芜：他曾是寒门子弟、战火青年，曾是尽责的人夫人父，这些看似平凡却因摆在一个离乱时代而显得惊心的故事，生前不易完整尽兴地对子女陈述，逝去后却由遗物透露出点点滴滴，连缀出清晰的一生。然而，不管如何，属于他的时代已逝去了，那辈人"忠贞爱国"的思想、"庄敬自强"的座右铭已成为当今社会取笑的材料，而他们曾经当作誓言一般地信任着。就是这一点，让刺客感到别无他辞可以形容，唯有荒芜。

日影悄悄推移，刺客决定清完那只恐龙般生锈大铁柜内的杂物就要歇工，灰尘让她鼻腔咽喉有过敏现象。不知清掉多少袋养生剪报、多少年几家银行对账单、多少本作废存折，有一只看来年岁更久积垢更深的牛皮纸袋现身，刺客料想也是银行对账单正要丢弃，慢着！刺客不放心，掏出内容物，用力睁开干涩的眼睛，接着发出声音："天啊，这是什么！"

恐怕连故主都忘记了才会塞在这么糟糕的角落，一大沓保存完整但欠缺整理的旧纸钞现身了，历史像隔巷七里香被风吹了进来。刺客对币品亦小有兴趣，每出国旅游必留下硬币纸钞做纪念，评赏各国币面图案乃一乐事。二十六年前，刺客至北京公差之余抓紧机会逛琉璃厂，购得一套锦匣装历代钱币，最古的是一枚汉朝五铢钱。然而这包旧钞款式却是从未见过的，映入眼帘的第一张是直立式、正面印孙中山画像背面印上海海关大楼："中央银行，上海，凭票即付，关金伍佰圆，中华民国十九年印。"第二张是："台湾银行，台币，壹万圆，中华民国三十八年印。"

刺客昏了过去，这是动漫手法。刺客露出暴发户笑容，这是搞笑手法。其实，刺客只是静静地用干布擦拭每张纸钞上的灰尘，继而发现，一个省吃俭用的男人以收集旧钞的秘密嗜好，无声无息地保留他存活过、奋斗过如今已被遗忘的那个大时代。

瞬间，刺客知道自己被指定为继承者，而亡灵就在身边。

凉亭

  我决定以旧币旧钞作注，唤出大时代幽魂，追踪一个一无所有的年轻人在台湾扎根的故事。历史烟尘、社会辙痕、家庭离散、个人奋斗，从一枚枚银币、一张张纸钞中可以窥知。而这些被淘汰失去币值的银圆纸钞，因与一个人的故事编结在一起，换得历史意义，重新有了价值。

爸爸的故事

【作者交代】

七年之后重读，依然被这篇文章紧紧抓住心绪。

除了重现老人家身影、缅怀亲情之外，更有深沉的感慨如涟漪一般扩散开来。人，自然要接受万事万物皆有消逝之时，此为真理，然而人该怎么接受社会掀起非理性涛浪，企图速速淹没某段历史的作为？若社会之集体心理样态朝向狭隘的甬道发展，入口前设了族群栅栏，怎能让在此已衍育两三代的流离族群安安稳稳地通过，取得安全感与信任感，坚信台湾历史是他们立业所依凭的枝干，而他们的故事是台湾历史的一部分？如果"裂解社会"是执政者与掌握话语权之知识分子的终极目的，甬道狭隘到连落脚七十年的老住民都通不过，遑论新住民，那么，在权力可以伸进去塑型改造的集体意识形态里，他们将被成功地铸入模子，成为外来的流浪族群、新品种"吉普赛人"。操弄民粹到极致，产生的必是新阶级、新权贵与生而不平等的宿命天条，是一切跟"民主"无关的魔物。而这些，是崇尚融合、向往多元的我毕生反抗的。

二十三年前我踏进一个外省军公教家庭，即承受公婆厚爱，他们对我的信任不亚于亲生。七年前公公重病之际，将重要文件与诸多庶务交我，对婆婆说："有简媜，一切有了交代。"当公公病情进入最后一程，我邀九十三岁的他口述一生由我记录，幸好趁他意识清楚实时完成《爸爸的故事》初稿，于病榻前诵念给他听，稍减遗憾。犹记得老人家告别式那日，表定的火化时间因故排到晚上，只能候补，等待空档排入。谁也不知需等多久，猜想起码一个时辰以上。没想到，我在等候区才喝完热咖啡，竟被通知排上了，需家属做最后一道确认手续。当此际，其亲生子女、亲族至交皆星散不知去向，联络不及，只剩我这个媳妇在现场。我速速奔至炉前，目送棺木进入烈焰之中，鞠躬说："爸爸，再见，火来了要躲开！"

这是冥冥之中被指定的最后一送吧。

如前文《物之索隐》所记，我从遗物中发现一包旧钞，料想连老人家也淡忘却是充满历史谜团的物品，必然有许多时代故事、辛酸人生掩在一叠旧钞之中，惜乎，错失在其生前听闻收藏过程，引以为憾。犹记得当年得知罹癌、身体尚未出现病况之时，老人家领出保险箱里的贵重物品，摊在桌上，让女儿、儿媳们拣选，我对珠宝无感，对十几个黑乎乎的银圆兴趣较大，幸好没人竞争，欢喜选藏。如今，我重读他的故事，决定以旧币旧钞旧物作注，唤出大时代幽魂，追踪一个一无所有的年轻人在台湾扎根的故事。历史烟尘、社会辙痕、家庭离散、个人奋斗，从一枚枚银币、一张张纸钞中可以窥知。不禁一叹，在钞票面前，只不过是凡人，只不过是为了生存越走越远竟然漂洋过海的平民百姓，不是吗？那些烟散的日子、滴汗的岁月，人人有份，不是吗？而这些被淘汰失去币值的银圆纸钞，因与一个人的故事编结在一起，换得历史意义，重新有了价值。

是以，《爸爸的故事》与《钱币简史》两文共构合读，纪念今年老人家百岁冥诞。

"谢谢您，爸爸。"深深一鞠躬。

下面是爸爸口述的内容：

1. 迁徙：曾祖父北迁海门

我们姚家本是浙江慈溪人，因境内有一条慈水经过而得名，清朝属宁波府。大约在咸丰年间，我的曾祖父嘉善公跟随族亲北迁到江苏省海门，那地方位于长江入东海附近，故称海门，当时是新兴发展之地。

曾祖父是做银楼生意的，专精技术方面，从事金饰银饰的镶嵌、打造工作，就此在海门成家立业，定居下来。他育有一子一女，其子就是我的祖父，唯一的女儿嫁给顾家，住在隔壁。曾祖父过世后，棺木归葬浙江慈溪家乡，所以，他虽然大半生都在海门度过，但心意上仍然认为自己是慈溪人。

我的祖父志麟公，年轻时也是做金饰技术的，可说两代都是摸金子的人。有一件事我一直不明白，我家住海门市西边，东边也有开银楼的姚姓亲戚，但奇怪的是，两边姓姚的不往来，到底是什么原因我至今不明白。我记得有个邻居洪先生，安徽来的，做茶叶生意。他的儿子结婚宴客，我大约十六七岁，被邀去喝喜酒，洪先生把我跟东边也姓姚的一位大哥放在同一桌，叫我们要多多往来。显然他是知道一些事的，可惜我当时没去追查。

祖父与祖母（潘太孺人），育有二子。长子就是我的父亲，名成德，字纯修，以字行，生于清光绪二十一年（一八九五）。次子成仁，也就是我的叔叔。我父亲是银行专科学校毕业的，有四个金兰之交的结拜兄弟：杨惕深、陈宝南、刘鸣皋、曹廷荣。至于叔叔，上海有家烟草公司招考职员，他报考、录取，分发到汉口工作，从此定居没有回来。

2. 从银楼到银行：父亲的职涯

我父亲于民国元年（一九一二）毕业，十八岁。到他这一代，总算是读了书的，职业选择也就不一样了。有状元实业家之称的张謇，海门人，当时担任实业部长，交通银行是归实业部管的。父亲毕业时成绩优异，获优先分发的机会，被分派到长沙的交通银行任职。然而，天下事是福非福很难说；父亲成绩好，得以优先分发本是好事，但时局变化难料，一九一五年袁世凯称帝，长沙锑矿跌价，交通银行受到波及，停办了，父亲只好另谋出路，经人介绍到上海中华汇银银行做事。

我的母亲姓黄，闺名锡珍，生于清光绪二十六年（一九○○）。其实，她的生父本姓倪，务农为生，她是幺女，正好有黄姓夫妇不育，抱养了倪家的这个小女儿。养父儒桢公，做刻印生意，他们对女儿宠爱有加，而且以非常开明的观念让女儿受教育，所以我母亲毕业于海门女子师范学校，这在当年是很不容易的事。

父亲与母亲在一九一八年结婚，一九一九年十一月十六日生了我，取名鸿钧。一九二二年，生大妹雅如，一九二四年生大弟定行，一九二九年生小妹雅芳。

父亲一个人在上海工作，离开了家庭的照顾，可以想见日子过得很孤单。银行里不免也有人事倾轧、靠关系走后门的现象，他自觉能力优于别人，升迁却受阻，种种不公平的现象让他心情郁闷，得了抑郁症，辞职回家。

父亲在外工作多年，薪俸全部交给祖父，家中经济大权都在他手上。据云家中存款有一千元以上，当时一栋房子约五百元。怎料，祖母过世后，祖父搬去外面住，恣意挥霍，把积蓄都败光。我们家原本可以过和乐小康、培育子女的生活，却因为祖父欠缺盘算而陷入困境，父亲身心欠安辞职返家之后，家庭的困境更是雪上加霜了。

3. 姚氏初级小学：母亲办学记

为了生计，母亲一肩扛起重担。

大约是一九二六至一九二七年间，母亲在师范同学的协助下，向市府申请立案，创办"海门私立姚氏初级小学"，专收一至四年级学生，教育机关命名为"齐贤小学"，每学期发给十元教育补助费，一年二十元。由于通往附近小学的路上需跨过一条大水沟，颇危险，所以周边人家把孩子送来就读，约二十人。课桌椅则是向一所停办了的私塾借，教材由书局买来，老师由我母亲一人包办，当时父亲赋闲在家，正好可以协助。

这些孩子来上学时，有的连学名都没有，我父亲帮他们取名。我记得有个小男孩姓洪，是寡妇之子，父亲替他取名洪声华，字硕甫。有个黄姓女孩，家里开棉花行，父亲考量她家的职业，取名为黄秀红。

我六岁时，母亲即送我去附近的新式小学读书，所以没有在家里学习，但中午都回家吃饭。

办学期间，我母亲非常辛苦，除了教学还要持家做饭。这期间，祖父在外败光积蓄，晚年无处可去，回家养老。大妹雅如、大弟定行都还小，小妹雅芳在一九二九年出生，可以想见母亲何等干练，独当一面地把这个家撑起来。我记得到了晚上，把课桌并起来，铺上席子，我们一家就睡在上面，非常克难。母亲常训勉我们："天无绝人之路，人生有不如意、有苦难的遭遇时，要把自己当作过渡的工具，认清自己的责任，尽到责任最安心。"

经营四五年之后，由于学生减少，加上父亲在能仁初中谋得职务，姚氏小学就停办了。

父亲在能仁初中担任会计工作，由于是教职员，子女就读免学费。他中午在校用餐，我则回家吃饭，还好距离不远，来回不算辛苦。等到我上海门高中，距离远了，每天中午需跑步回家吃饭，匆匆吃完，又赶回学校，来回一个多钟头，常常会迟到。家里吃的是杂粮饭，大麦、米、玉米粉混在一起煮，配碎肉蒸蛋及蔬菜。若碰到下雨天，母亲会给我六个铜板在学校附近买饭和一点菜吃，当时一块钱可换三百个铜板。

能仁初中只收男生，同班同学中，周慕陶与我相处融洽，这一段同窗情谊后来影响了我的人生。

初中毕业后，我参加教育厅举办的联考，顺利考上海门高中。高一上学期结束前，教育厅来抽考，考试前需先缴清学费才有资格应考。一学期的学费十元，当时父亲一个月的薪水只有二十元，入不敷出，十分窘迫，眼看要交不出学费了。邻居徐公公文彬先生，徐婆婆蔡心蔓女士，知道了我们家的困难，慷慨解囊，送来十元，解决了我的困境，让我一生铭记在心，永远不忘。我发愿将来若有能力，一定要效法徐公公的精神，多行公益多做慈善。

4. 抗战：十八岁青年的抗战地图——上海、江西、福建、桂林、重庆

一九三七年，我十八岁。

六月，高中毕业，身为长子的我积极谋职以求能扛起家计。七月，顺利考上上海江苏银行，八月即只身离家报到。

七月七日全面抗战爆发，战火四起，八月十三日淞沪之战，上海沦陷，局势越加困难。淞沪之战，打乱了金融中心上海，也打乱了十八岁的我的第一份职场工作。兵乱之下，上海撑了几个月，百业萧条，银行关门，我只好转回海门的江苏银行分行任职，回家享有短暂的家庭生活。到了一九三八年三月，海门也沦陷了。海门人民害怕日军进城烧杀掳掠，侵犯女性，所以妇女小孩纷纷逃往乡下避难。母亲带着十五岁雅如、十三岁定行、八岁雅芳也在逃难行列，从此这个家就拆了。家乡沦陷，银行的差事没了，十九岁的我

无路可去，迫于生计只好往上海碰碰运气，留守家中的是年迈老病的祖父与四十多岁的父亲。

母亲与弟妹先在乡下亲戚家住了半年之后，在父亲一位拜把兄弟曹廷荣先生的协助下，逃往上海。曹先生人在外地，独留老母住在上海，母亲与弟妹四人住进他家，彼此有个照应。半年之后，母亲另在徐家汇郊区租屋，搬离他家。

我回到上海，发觉各分行的职员也跟我一样涌入上海，想寻觅出路。我没有能力找个像样的地方安顿，只好睡银行椅子。三月份应该是春天花开的季节，对我来说却是冷得发抖的。大概银行高层察觉对这些职员不能不安排，所以由江苏银行、农民银行、上海绸业银行三家银行合办"上海商业专科学校"，让这些年轻人上课读书，稳定局面。学生约一二百人，发给微薄的生活费。我读了半年，收入虽少，省吃俭用半吃半饿，还能给家里寄钱。

到了一九三九年，全面对日抗战开打已两年，得父亲金

十八岁拿起算盘，开始养家，七十三岁放下。

兰之交杨惕深先生的介绍，我到江西师部当军需官，负责记账、管钱，中尉职，每月有二十元军饷。从银行金融界转入军中，大时代动乱之下，人往哪里走往往由不得自己。师部奉上级命令抗日，是游击部队，战场在哪里，军队就往哪里跑，部队也从江西移往安徽、浙江等地。

一九三九年这一年，对我家而言特别艰难。留在家乡的父亲重病，在当时那么恶劣的局势下，不要说治病，恐怕连吃饭都有问题，病中乏人照顾、挨饿受冻，到冬天就辞世了，享年四十五岁。我在部队服役，无法奔丧，想到父亲晚境凄惨，是我心中永远的哀痛。后来，政府针对抗战中无法返家奔父母丧的士兵，做了补救，于一九四七年题颁"德音孔昭"荣典。父亲过世次年，祖父也撒手人寰。家，只剩母亲与我们手足四人，在这战火硝烟的大时代里像浮萍一样沉沉浮浮。无家产无显赫关系的我们也都明白，除了靠自己努力寻求生路，我们是无依无靠的。

一九四二年，师长由于兼福建师管区司令，把我调到闽北。三月，我赴福建建瓯报到，此时已升少校，仍做会计。福建算是后方，比较安定，等于像在机关工作，工作上都算顺利，做了一年多。

我是个喜欢求知的人，一直很遗憾在动乱之中无法循序升学，追求更高深的学问。然而，人只要保有求知欲，再困难的环境，也能找到学习之道。

一九四三年，我得知"军需学校"招考学生，立刻报名，

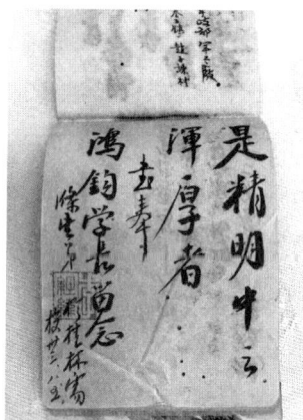

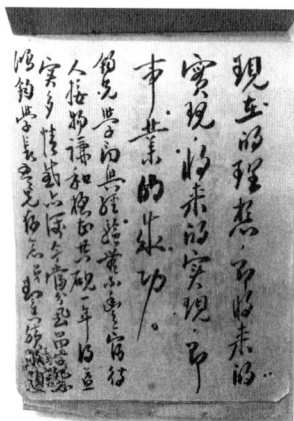

军需学校毕业，战乱中，用薄纸裁成克难的纪念小册。

约九月初到广西桂林应考。

军需学校本部在重庆，另有桂林、西安分校。我考上了，在桂林分校读了一年多，正式教育一年，实务两个月。由于成绩不错，一九四四年，优先被分发到重庆校本部任职，负责会计工作，月薪几百元。

除了薪俸，另有米粮配给，配给办法是：二十一至二十五岁算一个级数，二十六岁以上才能配米八斗。承办员为了让我能符合规定领八斗米，把我的生日改成五月十六日。所以，我身份证上的生日是错的，这个错就是从那八斗米开始。陶渊明不为五斗米折腰，战火乱世，为了八斗米我改了生日，据我所知，基于生存原因改了姓名的也有。

这期间，母亲与弟妹都在上海。雅如在手帕厂工作，她小我三岁，我长年在外，家里的事她照顾最多最重，后来与杨惠秋先生结婚，是最早成家的。定行也在盒子厂工作，收入虽然微薄，但生活温饱已无问题。对我们这样辞根飘荡的家庭来说，在乱世中能拥有一点安稳生活是很不容易的。

5. 人生转折点：来到台湾

一九四五年抗战胜利，对国家、个人而言都是一个新的转折点。不同的抉择通往不同的方向，得到不同的结果：有些抉择固然是个人考量下的决定，但有些则是全凭机运。

抗战胜利，到处都需要人才。我二十六岁，已有七八年的工作经验，谋事求职都不难。

我的长官将调去北京，他很欣赏我的工作能力，要我跟着他去。正在这时，碰到一个同学，他被派到台湾当第一批接收特派员，正好返乡，听到我考虑去北京，竟然建议我到台湾。北方较冷，加上这位同学的建议，我决定往南走，当时并不知道这是个天翻地覆的决定。我们共有二十多人，属军政部第二批接收特派员，负责粮饷发放。

十二月底，我从重庆坐美国飞机先到汉口，十二月三十一日回到上海。在外多年，终于能家庭团聚，迎接一九四六年元旦，非常欣慰。母亲有感而发，说："将来如果有办法，在上海买个房子。"这话我一直记在心里，一九九七年我在上海购屋，就是圆母亲的梦。

在上海期间，我也跟周慕陶见了面。他与我是能仁初中三年同窗，毕业后各自升高中。

他在校成绩优异，可憾因父亲早逝，辍学就业，挑起家计。他在银行做事，我汇给家里的钱都托他转给母亲，所以一直保持联系。他问我有没有女朋友，我答没有。

在上海住了十多天，一九四六年一月，我背着行李踏上往台湾的路。

先到宁波停几天，再到福州等船，大约停留十多日。一个偶然的机会，我去算了命，算命师说我命中水多，宜往南方，往北方会结冻成冰，就没前途。这倒是一个有趣的说法。

福州与台湾之间有船舶往来，我们搭的那艘船是经历过甲午战争（一八九四）的机帆船，少说也有五十多年船龄了，可见其老旧。船上约有四五十人，航行到基隆约需一日一夜。我们待在船舱里，颇为提心吊胆，有命在旦夕之感，无不祈祷能平安抵达。终于到基隆外海，还是黑夜，眼看就快到了，怎料这时竟然发生机械故障，整条船安静下来，开不了。大家害怕极了，不知下一秒能不能活着，躲了八年的轰炸、炮火，难道会命丧大海？还好终于修复，天亮时平安抵达基隆港。下船时，有恍如隔世之感。

我记得来台湾没多久，就是阴历除夕。当时，日本人尚未全部返回日本，街上可看到不少日人在摆摊贩卖物品，大约到四五月才遣返完毕。

我们一行人到台北，住在北门附近一栋楼房，设备很好，当时暂时作为特派员办公室，在那里住了半年。后来办公室改到爱国东路、南海路一带，办公室东边就是联勤总部营区。一九四六年上半年，母亲有个学生姓沈，嫁给台湾人，她先生原为日本人做翻译，战争结束后，要回台湾。母亲就随这位沈小姐一起来到台湾。

日本人走后，留下的空房子不少。我的一位黄姓同学告诉我小南门附近有空房子，因此我就搬去住。那房子原来的住址是台北市末广町五丁目一番地，光复后改为古亭区六四九巷，后又改为广州街八巷二十一号，之后又改为延平南路二五八巷六号。这房子是我在台湾的根基之地。

在上海时，慕陶得知我尚未交友，有意介绍他的妹妹雅英与我交往，我表示婚姻的事由母亲做主。他向母亲提起，母亲欣然答应。我曾写信给慕陶，他的叔公看到我的信，对雅英说："这小孩不错，信写得很好。"我与雅英的姻缘就这么订下了。

一九四七年，我被调到高雄凤山被服库。二·二八事件那天，我本要去报到，车票都买好了，临时火车停开，可见局势紧张。四月份左右，弟弟定行、小妹雅芳与雅英一起坐轮船来台湾。我第一次见到雅英，对她说："你跟你哥哥很像。"我们于一九四七年十月十日在台北中山堂参加团体结婚，随后在国际大饭店宴客。她与我胼手胝足撑起一个家，无怨无悔，是我一生的伴侣。

这一年，我赴凤山任职，升少校科长，有眷舍，定行亦随我南下，在被服库做事。在凤山一年多，我觉得台北才是中心，所以申请调回台北。我任职的单位曾多次改称：原叫"军政部台湾区特派员办公室"，一九四六年改为

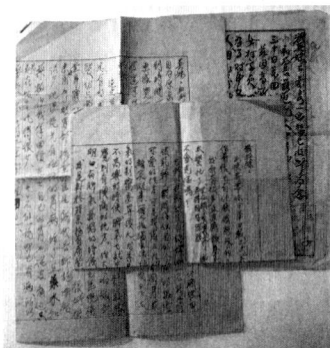

人在凤山，写给未婚妻的信："我们以往虽然没有认识，但从各方面的谈论，我明白你是一位很能干又经得住苦的人。在上次见面，更使我觉得你有很多可爱的地方。可是我还不大明白，究竟你又觉得我怎样？"

"台湾供应局"，一九四九年改称"第六补给区"，之后改为"东南军政长官公署补给司令部"，又称"东南补给区司令部"，最后改为"联勤总部第六补给区"。

一九四八年下半年，已怀有身孕的大妹雅如、惠秋夫妇带着两个儿子——五岁煜儿、两岁华儿来台相聚，她于年底

一九四七年十月十日，结婚照。

产下长女贤儿。从事纺织业的妹婿惠秋原有意将厂房迁来台湾，甚至与人谈妥合作事宜，可惜事到临头竟然变卦，夫妇俩决定带三个孩子返回上海。那时已进入一九四九年，惊天动地的变化正在酝酿，有办法的人早已举家外渡，但一般老百姓没有门路洞烛先机，不知时局即将翻覆，留或不留、是福是祸，都是事后才知道的。一九四九年四月，雅如、惠秋返回上海前，母亲顾念她刚生产不久，两个男孩加上婴儿，恐她忙不过来，提议留一个男孩在台北陪她，过一段时日，她要回上海时再带回。

母亲问雅英："留哪一个？"雅英看煜儿较爱哭，华儿乖顺，随口说："留华儿吧。"怎料局势遽变，两岸从此封锁，再也无法见面。大弟定行亦随雅如、惠秋返回上海，母亲、我与雅英、小妹雅芳、外甥华儿留在台北。这一别，近乎永诀。

当时，台北市仅有三十多万人，百废待举，所以谋职甚易。

雅英学会打字，在台湾公产公物整理委员会工作。

一九四九年，长子铮儿出生。我于一九五〇年七月一日升中校。一九五一年，通过"台湾普考财务行政人员优等及格"。一九五二年，长女馨儿出生，同年通过"台湾高考财政金融人员中等及格"。一九五四年，我升上校，次子庆儿出生。

我在工作上一向秉持勤力从公的态度，务求认真、负责。与同事相处融洽，得贵人提携颇多。军中人事亦有复杂之处，相互倾轧时有所闻。当时，总务处李处长原拟升我担任科长职位，不料高阶另有属意人选，双方僵持。尤有甚者，有人暗示我需送礼云云，我行事为人凭靠实力，绝不钻营后门，一概不理。没想到这一桩小小的人事案，竟惊动到需司令召见面试的地步。李处长陪我面见司令，极力保荐，我终能顺利升迁。我对李处长的提携之恩铭感在心，他一生未婚，逝后葬在南港军人公墓，每年清明节，我与雅英必到他灵前鞠躬、缅怀，直到二〇一〇年我已届九十二龄止。

我一生坚持清廉原则，在他人眼中，我职权所及处处皆有肥膏，但我奉公守法，非我应得者，一介不取。逢年节，凡送礼至家中的，必原封退回，久之，他们也知道我的为人了。有一回，不知是谁送了月饼来，母亲不察，拆了给孩子吃，我为此动怒，大发脾气，从此，孩子们不敢拆任何礼盒。

这期间，母亲多次当选"联勤总部"模范母亲，获颁奖表扬。母亲晚年因中风饱受病苦，于一九八三年端午节辞世，享寿八十四岁。

我于一九六四年获评选为联勤优秀军官，亦分别获颁"忠勤勋章""陆军宝星奖章""陆军景风甲等奖章"等。一九六九年至一九七〇年，我卸下"联勤总部"留守署总务处上校副处长职，借调到"退辅会"欣欣客运公司，担任会计主任，掌管财务。一九七〇年十二月一日，正式自军中退伍，但继续在欣欣客运公司服务，负责欣欣客运、欣欣通运、大南客运三家公司的财务，一直到一九八四年退休。

退休后不久，欣欣大众百货公司董事长聘任我为顾问，掌管财务工作。因此，自一九八六年至一九九一年，我又工作了五年。一九九一年一月一日，正式结束职场生涯。从抗战那年开始工作，我这一生的上班生涯超过五十年。

6. 一生无憾

一九八七年，台当局开放探亲。一九九〇年，我与雅英返乡探亲，在上海见到定行，当年他返回大陆后，落籍贵阳。可憾的是，雅如、惠秋已逝，我们兄妹无缘再见。雅英亦与其弟周恺相见，重叙我们这一代被战争截断的家族亲情。自此，我俩每年返回上海，定行自贵阳、恺弟自南京来会，共享一个月的手足之亲。

我深感我们这一代遭逢战乱，多少家庭流离失所，多少人家破人亡，而我与雅英能够平安顺利地将孩子抚养成人——华儿在工程界服务，铮儿在加州州政府任事，馨儿从事教育，庆儿在学术界发展，皆是上天赐福、祖上庇佑、贵人扶助。我们虽然仅有绵薄之资，亦应反馈社会，多行慈善之事，感恩图报。

家训：走正道，不畏困难，做公益。

为此，我捐助"台湾儿童暨家庭扶助基金会"成为永久认养人。母亲逝后，我在台北县智光商职设立"姚纯修先生黄锡珍女士纪念奖助学金"，奖助清寒学生。二〇〇七年，我返乡至徐公公、婆婆墓园祭拜，感念他们当年资助我十元学费；二〇一〇年，我拨专款在母校海门中学设立清寒奖学金纪念他们，奖助初中、高中清寒学子，发扬他们的慈善精神，化小爱为大爱。

回想这一生，我充满感谢，没有遗憾。

——口述于二〇一〇年十二月，病中。

二〇一五年，台当局纪念抗战胜利暨台湾光复七十周年，特颁赠参战官兵"抗战胜利纪念章"。爸爸虽已仙逝，我们知道这是他打过的仗，一生系念之所在，特别为他申请。清明节，呈纪念章于灵前，以慰他在天之灵。

钱币简史

一、铜钱

清代铜钱

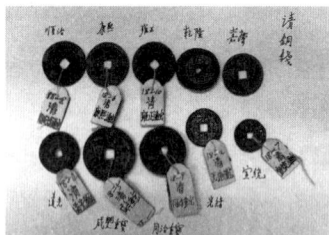

自唐朝至清代，铜钱分为"元宝""重宝""通宝"三款，形制外圆内方，冠以年号成四个字，文字排列大多上下左右，如唐"开元通宝"、清"雍正通宝"等。此叠为清代顺治至宣统十帝所铸的通宝或重宝。民间相传铜钱可避邪，尤以清朝五帝——顺治、康熙、雍正、乾隆、嘉庆年间的铜钱"气场最强、能量最旺"，以红绳编缀成"五帝钱"，可以挡煞旺财防小人。结论是：做皇帝也要做出口碑，能富国强民，才有资格成为"五帝钱"候选人。看看崇祯、光绪、宣统，根本就是负面教材。

二、外国银圆

墨西哥鹰洋

清代，外国银圆风行，如"西班牙本洋""墨西哥鹰洋"。此枚墨西哥鹰洋，乃墨西哥一八二一年独立后所铸，正面为国徽：一只雄鹰，单脚站在湖边岩石旁的仙人掌（国花）上，展翅叼长蛇，绕以象征力量、忠诚、和平的橡树与月桂枝叶。背面为自由软帽置于三十二光柱（代表三十一州与一联邦区）前，象征自由。

此币内涵丰富，像小本墨西哥起源史。清末虽亦铸有大清银币，然据统计，晚清至民国年间，在中国流通最多的外国银圆就是墨西哥鹰洋。每一枚银圆都见证中国大门被英、法、德、美、日、俄等列强踹开，遂行经济侵略的历史。

三、贸易银

自明朝起，列强为竞逐东亚市场，竞相发行银圆作为对外贸易之需，如"英国站洋""美国贸易银圆""大日本明治贸易龙银"……那是个眼花缭乱的银圆菜市场时代，搞国际贸易、经商、做财会的人除了要认得"西班牙本洋""墨西哥鹰洋"外，还要弄懂每个直径约3.9厘米、27克重，图案各异的各国贸易银圆，而且要随时睁大珠宝鉴识般的眼睛，辨识真伪。

如果我生在那时代又不幸当一名账务员，应该会得抑郁症。

英国站洋

英国站洋壹圆，正面是戴盔，右手持三叉戟、左手持"米"盾，站在海边的不列颠女神，故俗称"站洋"或"站人"，另有"ONE DOLLAR"字样及年代。背面中央有寿字纹，满文与中文"壹圆"。

这是个宣战图案，站立的女神指挥不列颠战船航向东方，帝国主义的涛声回荡在一枚刻着英文、中文、满文的银币上，呐喊着："我来，我征服，我占领。"

美国贸易银圆

这枚铸于一八七四年的美国银圆，没一个中文字。正面是自由女神坐在海边小麦货品上，右手向前（意为东方）递出橄榄枝，左手下垂持"自由"（LIBERTY）绶带，底座刻着国家格言"我们信仰上帝"（IN GOD WE TRUST）。环绕的十三颗六角星，代表独立时的十三州。背面为展翅的美国国鸟白头海雕，站在三支箭与橄榄枝上，由上而下的英文依序是国名、国徽格言"合众为一"、重量、含银量、贸易银等五个讯息。

把重量与成色标示在寸土寸金的币面上，被钱币学家批评："莫名其妙，中国商人哪里看得懂？"表面上看，坐着拿树枝的自由女神比站着拿武器的不列颠女神形象温和些，但那只大老鹰抓橄榄枝与利箭是什么意思？谈判不成，就动武吗？贸易战场上有橄榄枝这回事吗？上谈判桌的官员如果背后那个国又穷又乱，怎么谈？若我是晚清负责与各国通商交涉的官员，看到列强贸易银上的船、盔、戟、盾、箭图案，恨不恨？

日本明治贸易银

一八六八年——一九
一二年，日本致力于改革，
明治维新使日本迈向富强
之路。为了瓜分大清帝
国这块宇宙超级无敌大肥
肉，亦铸贸易银，然只发行三年。此枚贸易银，正面是象征
皇室的"十六瓣八重表菊纹"，右樱花左白桐环绕、中间"贸
易银"三个中文字。背面图案为飞龙抢珠，除了重量成色（学
美国）与年代，最显著的是自称"大日本"。

别被唯美的菊、桐与樱给骗了，那颗大珠，紧紧地抓在
龙爪里，才是重点。别以为可以跟他称兄道弟，他是"大日本"，
你在他心里算什么？

日本明治、大正龙银

一八八四、八五、九〇、九七
年日本发行的"一圆"银圆，及
一九一四年"一圆"银圆，通行其
国内，币面图案与前述相同。这几
个银圆流通初期标记了三个时间
点：一、一八九四年，中日甲午战

争爆发，次年缔结马关条约，将台湾割让给日本，自此日本龙银跟随军队流到台湾。二、在台湾，一八九七年那枚银圆铸造发行当年，依照马关条约正是台湾人民"国籍选择日"两年期限到期之年；台湾二百八十多万人口，仅有数千人迁至大陆，其余皆编入日本籍。国籍选择权属"户主"所有，换言之，同户同进退。试想，穷老百姓一户十几人老老小小加上三只猪一头牛，除了这个岛，还能去哪里？"选择"这两个字落到民间就是"别无选择"。三、一九一四年，这枚银圆，命带干戈，那年第一次世界大战爆发了，日本对德国宣战，正式介入"一战"。

四、民国银圆

大汉四川军政府银币

这枚银币非常稀有，年轻人曾随军到重庆，料想应该是在那儿因缘凑巧收集到的。一九一一年十月十日辛亥革命后，中国各省纷纷宣布独立，四川亦然，数个军政府相继成立，其中一个是"大汉四川军政府"（仅存在两个多月），为扩充军需而铸币。

正面："军政府造、四川银币、壹圆"，成都简称"蓉"，中间即是象征成都的"芙蓉花"。背面除了"中华民国元年"，最特别的是十八个小圆圈象征响应辛亥革命的十八省，中央为小篆"汉"字，代表"大汉四川军政府"。与其他银币相较，币面图案与故事太单薄，留白太多。好像想不出来要说什么，又像预知短寿所以没什么好讲。

军政府成立，军政府消失，比一趟花季还短。"汉"字银币出现，一个年轻人把它带到台湾藏起来，铸成一百零六年之后，在我手中，不会消失。

袁大头

小时候看民初连续剧，见剧中小贩用指尖捏住银圆凑嘴一吹再移耳听声响，留下深刻印象，以为只有银圆才吹得响，市井间亦以作响与否辨别银圆真伪。然就科普常识而论，吹币缘会响是共振之理，跟材质无关，行家不会只用声音来辨真伪。当然，响的声音因材质而有别，大抵而论，银圆之音清脆且有细微的嗡声，在我的听觉经验里，与轻敲水晶杯缘、水头较长的玉镯，所发出的声音是同一类型的。

任何地方，只要有"袁世凯"三个字，就会像连动债一样出现"北洋政府、洪宪帝制、北伐"等近代史头痛章节。而俗称"袁大头"的银圆，其系结历史之庞杂也是"一言难尽"，干脆直接跳过。简言之，此币正面有年代，接着就是让人眼睛大亮的袁大总统侧身相。币面只容纳两个讯息，我寻思，归诸袁大总统体态庞然占用太多面积之故。也因此，藏家赏玩、研究此币巨细靡遗，已到了比较眼皮单双、胡须几根、耳郭形状大小、颈部肉褶肥瘦等惊悚地步（幸好他没头发，此点无争议）。背面有"壹圆"，左右环绕丰收的麦穗。此币有三、八、九、十年四种年份，与铸造日期无关。一九一四年铸的银圆很特殊，流通次年，见证了袁世凯称帝八十三天的"中华帝国"（一九一五年十二月十二日——一九一六年三月二十三日）兴亡史，而短命帝国消失七十五天之后，五十六岁的袁世凯辞世了。

其实，他称帝称错地方了。一九一一至一九三五年实施"法币"止，"孙中山开国纪念币""袁大头""孙中山帆船银圆"（简称船洋）之发行逐渐取代外国银圆，其中流布最广的就是袁大头。据统计，自一九一四年起铸至一九二八年（那年北伐成功）止，计二百八十多种，有案可查的共九点九亿枚，若计上一九二八年之后仍有小额铸造的，总产量超过十亿枚，这是个什么概念？二十世纪三十年代世界人口才二十亿呀！这种规模，同时期世界其他银圆难望其项背，这不是银圆界的"皇帝"是什么？而且，跟后来印或铸在币面上的无发者相比，脱帽亮相的他，颅形浑圆，就一个字：萌。

孙中山帆船银圆（船洋）

银圆界两个男人"头"的竞争！袁大头的头太大了，孙中山被比下去。照先后来看，我合理推测，"开国纪念币"在先，为了容纳"中华民国开国纪念币"七个大字，头像无法放大，北洋政府铸袁大头时气焰正旺，自然要把袁世凯的头放大。

一九三三年是货币史上重要的一年，国民政府颁布"废两改元令"和"银本位铸造条例"，统一"元"计价并将银币铸造权收归国有，各省不再分铸。同年，上海中央造币厂用"开国纪念币"孙中山侧身像的旧模改铸"孙中山帆船银圆"，因背面有双桅船乘风破浪，故被称为"船洋"。

银圆背面的帆船惹过争议。据云此币原有一九三二年版，背面图案除帆船外，右有旭日东升，上有三只飞鸟。推出后，因一九三一年九一八事变才发生不久，民众附会旭日指日本，飞鸟喻飞机，活脱脱就是日本侵略图。岂止社会观感不佳，要是皇帝还在，设计者会被问斩的。能怎么办？回收回收、销毁销毁！

此叠"一九三四年孙中山帆船银圆"仅发行一年余即因颁行法币政策失效。据说"一九三五年孙中山帆船银圆"铸成后，仅少数流传在外，未发行的全部退回造币厂熔化。又来了，销毁！

五、纸币

关金券

一九三〇年发行的"海关金单位兑换券"，简称"关金券"，本是专为缴纳关税之用。一九四二年，财政部为供应市面钞券之需，以汇价一比二十，一圆关金券换二十圆法币予以流通。随着法币快速贬值，政府也发行大额关金券。直到一九四八年"币制改革"又来了，"关金券"变成废纸。

这叠"关金券"共六百三十元。猜想年轻人应是在它变成废纸之后才收集到的（想象一下，丢在地上没人捡，直接踩上去）。唉，币值还算数、稳定的时候，家里有这叠钞该多好，就不会发生缴不出十元学费的事了。

钱不是万能，没钱万万不能，经济没搞好，什么都是假的。执政者应将这话刺青在手臂上。

法币

一九三五年，国民政府颁布"法币政策实施法"（法定货币），以中央、中国、交通三大银行（后亦将中国农民银行纳入）发行的"纸钞"为法定货币，白银收归国有，银圆正式走入历史，结束中国历史上使用近五百年的银本位币制，改为金本位。

如前所述，孙中山船洋才铸造发行两年就失效了，小老百姓除了接受还能怎么办？既然规定买卖都得用法币，只好把银圆拿去兑换，一比一，重得要死的银圆变成轻飘飘的几张纸。贵金属收到政府手里，币制改革发挥成效，稳定财政。

币制统一了，但法币的命运并未"可长可久"，对日抗战打得国残家破，民不聊生。法币快速贬值，后来出现二万、四万、十万面额大钞。撑到一九四八年八月，政府发行"金圆券"，法币变成废纸。废到什么地步？钞票拿来当手纸,乞丐拒收千元以下的,回收纸钞当成纸卖,都比钞票本身值钱。

中储券

这张"中央储备银行"印行的钞票,标示着一段历史纠结。

"中央储备银行",简称中储行,存在期间为一九四一至一九四五年,来头不小,乃是汪精卫伪政权在南京设立的,日本扶植,其发行钞券"中储券"主要在日军占领地区使用。抗战胜利后,中储券与法币怎么个兑换法关系着沦陷区无数老百姓的身家财产。据云,当时两币币值接近,但一九四五年九月,国民政府财政部发布"伪中央储备银行钞票收换办法",中储券二百圆兑法币一圆。简单地说,老百姓家中现金立刻贬值两百倍。无缘无故,无辜小户人家破产了,甚至流落街头沦为乞丐。任何政策,有吃亏的一方,就有得利的一方。史学家黄仁宇曾述,当时他刚领了薪饷,从昆明经柳州到上海。飞上海前,在柳州理头发,到了上海才发现手中的法币太值钱了,在柳州理一次头发的钱够他在上海理一年。这个货币转换的裂口,提供有门道有办法的官商海捞一笔的机会,吃亏的永远是老百姓。

如果你是一家老小仰靠的男人，靠劳力挣那么点儿钱糊口，忽然间两百元变成一元，物价却是节节攀升，你拿什么回家养父母养小孩？能不愁吗？

金圆券

凡是经历过"金圆券"恐怖年代的老人家，若还活着（大概九十岁以上），看到这张钞票会发抖。为了心脏能正常跳动，还是别给他看了。

我们没经历那年代，用眼睛读的历史总是无关痛痒，亲身经验的历史才叫血泪斑斑。那是财政史上最黑暗的时段，这张钞票的代号就叫"全面崩溃"。

一九四五年抗战胜利了，那是表面，社会的骨子里百病丛生。怎么个病法，就说钞票吧，在市面上流通的除了法币，还有日本扶植伪政府发行的钞票与军用票，苏联在东北发行的军用票，日本株式会社台湾银行发行的银行券……中学生都看得出来必须整顿金融秩序，稳定财政，赶快把奄奄一息的经济救起来。

然而，一九四五至四八年，三年间政府施行的财政政策完全失败，加上内战军费之需，大量发行法币：一九四五年发行五千五百六十九亿元，三年后增至六百零四兆，超过一千倍。印钞票像在印卫生纸，钞票是用来买东西的，钞票变多但东西没变多，其结果就是恶性通货膨胀，死路一条。

要改革，这一天太重要了：一九四八年八月十九日（口诀：依旧死罢爸要救）颁布的币制改革叫"财政经济紧急处理办法"，把法币及关金券给废了，发行"金圆券"。眼睛看过来，认识新钞票，继袁大头、孙小头之后又有一颗"石头"（蒋介石的头）出现了，这张才管用。

好，换币行动开跑。一圆金圆券，折合法币三百万或东北流通券三十万或台币一八三五圆。附图中的金圆券如果换成法币，即便法币有二万、四万、十万面额大钞，真要换起来大概要用牛车拉。那是什么场面呀？那些钞票怎么点啊？点钞与换钞的人是否当场崩溃？

金圆券发行不到一年（一九四八年八月十九日至一九四九年七月三日止），这期间商家囤货惜售，物资匮乏，通货膨胀全面疯狂，以前的银圆拿出来用了。史学家顾颉刚日记有载，一枚银圆上午值一万三千圆金圆券，下午变成一万七千圆，一个月后，一枚银圆值四百万金圆券。这时候，若家里还存有袁大头、孙小头、船洋，堪称先知。当时物价疯狂飙涨，一石米的价格要四亿金圆券。上市场采买粮食，真的必须牛车拉钱不是拉菜。

金圆券最大面额是五百万圆，创下财政史纪录。但就票面数字而言，最大的是一九四九年五月由新疆省银行发行的"陆拾亿圆"纸钞，票面上注明"折合金圆券壹万圆"，两种币制同在，匪夷所思。据说这张钞票在上海只能买到七十几粒米，没错，是"粒"。

全面崩溃、全面失控，看不到明天，老百姓怎么活？金圆券大势已去，一九四九年七月，政府又颁布"银圆及银圆兑换券发行条例"，企图恢复银本位，规定五亿圆金圆券兑一圆银圆，然而民众拒用。此时，摸得到的黄金较可靠，开始打包行李，几条黄金换一张往台湾的船票。

这几张沾着历史血泪的金圆券，与其他钞票相比，总觉得少了什么。仔细端详才发现，唉，请容我先叹一口气，少印四个字："中华民国。"

而乱世中的年轻人，是以什么样的心情留着这几张纸钞呢？

六、台湾地区钱币

日本侵占时期的日币

这几张一九三八、一九四二、一九四三年"五十钱"日币，印行、流通于人血流成瀑布的战火年代，标示着中日战争与太平洋战争。摸过这几张钞票的人，不知有多少比率没活过一九四五年八月十五？那一天，即位时据《尚书》"百姓昭明，协和万邦"改元为"昭和"的裕仁天皇，透过广播"玉音放送"，宣布向同盟国投降。

"协和万邦"，这四个字竟被用来注记侵略战争。

一九三八年那张钞票印行时，"总督府"宣布在台湾实施"国家总动员法"。一九四二年，第一批台湾"陆军志愿兵"入伍。一九四三年，中、英、美发表"开罗宣言"。这几张纸钞流通期间，一批批被送往战场的台湾兵里也有我的亲族，死在连亡者自己都说不出地名的地方，更别说为何而战、为谁而战，也不忍引林徽因的诗问："你死是为了谁？"

不确定这几张纸钞当年能否在台湾使用，也不确定年轻人怎么会有这些虫蛀过的钞票。我猜想，后来他从大陆来到台湾任职，搬进"末广町五丁目一番地"那幢日式房子，屋内必然有返回日本的前屋主留下的杂物，整理时发现这几张日币，正合他的兴趣，就留着。

他没去过日本，不是没能力，是不想去，因此，这几张钞票额外标记了打过抗战那一辈人忘不掉的国仇家恨。

日本侵占时期的台湾银行券

　　"台湾银行券"是日本侵占时期在台湾流通的货币，一八九九年成立"株式会社台湾银行"开始印行，有几张印行于二十世纪前期的旧钞，其来源可能跟前述日币一样。

　　其中，一九三七年发行的这张"百圆"钞，面额最大，正面图案是象征皇室的菊章与神社，背面援例是垦丁海岸及鹅銮鼻灯塔，最特别是正面与背面都加上具有台湾风情的"槟榔树"，因此，民间称为"青仔丛"。我小时候听闻大人以"青仔丛"称呼钱，以为指的是当时通行的绿色孙中山百元钞，后来才知道"青"指的是槟榔树。也因为正面有茂盛的槟榔树叶，背面又有两棵英挺的槟榔树站立垦丁海边与灯塔遥遥相对，营造出天宽地阔之感，有藏家认为，这张是台湾有史以来最漂亮的纸钞。

　　这张漂亮钞票流通八年之后就废了。

台币

一九四五年台湾光复后，台湾省行政长官公署正式运作。一九四六年五月改组成立"台湾银行"，发行台币，据载首批台币乃是在上海印好船运来台的，想象一艘货轮上的货物就是"钱"，让人兴奋莫名，但跟之后运来的黄金与故宫文物相比，这算"纸屑"。

年轻人收集的这一大沓"三十五年印"台币，应该是来自薪饷，加上日常使用所剩，除了漏掉"伍拾圆"钞，其余皆齐。

当年他才二十七岁，就经历过财政史上的血泪篇章：银圆、法币、金圆券大起大落，来到台湾摸到新版台币，钞面上有他熟悉的孙中山像及台湾地图、台银总行，战争结束，一切苦难都过去了，新生活从此开始，那份踏实与信任，那种喜悦与感恩，会让人不禁亲吻钞票。出身财会的年轻人，知道金钱与资财是活命之需、尊严后盾，是以持家靠"节流"、理财以"开源"，绝不寅吃卯粮，反而是卯吃寅粮，领到薪饷必定先储蓄若干，其余省吃俭用，剩下又可储存。一分一毫用得恰到好处是技术，用到极致则是艺术。

这批台币有两个地方稍嫌刺眼，一是简体"台"，即使是日本侵占时期钞票都是用繁体"台湾"，据载，"台湾银行"四字是第一任行政长官陈仪写的，其"湾"字笔法三点水之第一第二点有连，藏家称为"湾连水"，以此鉴别。其二，背面用郑成功与荷兰海战图，炮火轰炸、船只覆沉，非吉兆。若有"币相"之说，这款钞票看起来不够福相。

果然，受累于恶性通货膨胀，台币亦贬声连连，竟至需发行一万、十万、百万大额"台湾银行本票"的地步。海峡那边缠在金圆券魔咒里，海峡这边陷在台币噩梦中。一九四九年六月十五日不得不进行币制改革，发行仅三年多的台币走入历史（金圆券随后在七月三日终止，相隔十八天），改印新台币，四万台币兑换一元新台币。从此，民间称台币为"新台币"。如果有阿公跟孙子说，一九四九年六月十四日他身上有四百万元，先别发出"啊"声，一觉醒来变成一百元。我母亲对这一段历史的记忆是，去换钱的路上一直哭一直哭。这一年，年轻人三十岁，已婚，妻子怀第一个小孩，遭逢生命中第四次币改，骑脚踏车载旧钞去兑换的路上，他比我母亲更有资格一直哭一直哭。

当然，像他这么内敛的人应是不动声色的。从他留下二十九张大半崭新、连号的百圆钞可以推想，其心中存有两套币制，失去票面价值的那张纸，立刻拥有历史币值。

新台币

改版的新台币为直式钞票，"台湾银行"的"台"仍是简体，但背面的海战图取消了，换成台湾省地图、台银总行。直到一九五四年版，原"台湾银行"四字换字体，"台"改成"臺"，"湾"字也不连水了。一九六一年版开始，由直式改成横式至今。

新台币颜色丰富，年轻人所收的这批就有八色。此图上排有壹圆，下排由左而右是拾圆、伍圆、壹分、伍分、伍角。其中，"壹圆"钞竟有两色同时发行；一九四九年版有正面红（背面绿）、正面暗紫（背面粉红）两款，一九五四年版的有蓝（背面同色）、绿两款。一九四九年版正面暗紫（背面粉红）这款"壹圆"钞非常特别，其背面台湾地图画出中央山脉山形与澎湖、绿岛、兰屿，不像其他钞面的台湾地图标的是行政区域线与澎湖而已。另外，直立式钞票的花纹图案变化丰富，这也成为这批钞票的特色之一。

我个人对"伍角"比较有感情，小学时较常使用的币值是两角，去"柑仔店"买金柑仔糖或是腌得让人吃完像吐血的红橄榄，拥有伍角简直就是"富人"。年轻人显然比较喜欢红色喜气的"伍圆"钞,一九五五年版一叠崭新且连号,藏家看到会尖叫的。从收集作废旧钞到直接留下新钞,他在想什么?此时三十六岁,三个孩子都已出生,是否心中那两套币制产生变化了?生活稳定,允许他收集崭新钞票,把本用于生活的现实币值当下转换成未来才会兑现的历史币值。或是,他用储存新钞来扣合社会大事,那年国民党军队撤出大陈岛,也可能只是用来记录家变化,那一年小儿子满周岁(四十年后这小孩的名字印在我的身份证上)。作为三个孩子的爸爸,他怀着喜悦与感恩之心,用这叠伍圆新钞标记一个家在台湾扎根的事实。

二十世纪六十年代以后新台币

壹佰圆、伍拾圆

一九六四、一九七〇、一九七二年版,绿色壹佰圆与紫色伍拾圆,其背面是台湾当局领导人办公处或中山楼。虽然看起来差不多,但一九六四年版正面孙头小,显然比较精瘦而且英俊,呼应当年社会进入拼搏模式,全台湾一千二百多万人口朝向积极建设之大道,开始路跑。一九七二年版的孙中山变胖了,显得丰腴,眼神也被修得慈祥,表情似笑非笑。

拾圆

都是拾圆钞。一九六〇年版的，有两种颜色，蓝与红。这版拾圆钞很特别，加上非政治性的台湾图案：西螺大桥，一九五二年完工时号称是仅次于美国旧金山金门大桥之世界第二大桥。一九六三、一九七六年版，最大的特点是：乏善可陈。

伍圆、壹圆

一九六一年版伍圆，两种颜色，棕与红。延续前述一九六〇年版拾圆的设计概念，双色，加入台湾元素：鹅銮鼻灯塔。最下方是同年版"壹圆"，绿色，加的图案是清水断崖。这一时期的钞面设计颇具视野，呈现各地地标，思维开阔。到了一九六九年版的"伍圆"，如上所述，不知发生什么事，走回头路，板着一张严肃的政治脸。查了一下，那一年台湾经济成长率为亚洲之冠，金龙少棒队勇夺世界冠军，返回时五十万台北市民夹道欢呼鞭炮轰天，彩色电视上市……

纪念币

喜欢收集钞券的人，通常对纪念币与硬辅币（简称硬币）也会关注。纪念币系乎人事，不容错过，硬币随手可得，积存容易，时日一久，便乱成一堆。

孙中山百年诞辰纪念币等，想必是先从收音机听到发行消息再排队购得的。

硬辅币

他上班超过五十年，摸过的钱恐怕比吃过的糖还多，却拥有奇特的金钱观。钱，是用来经营家庭、培育儿女及行善布施的工具，不是用来追求个人享福作乐。他没有皮夹，不用背包，证件钞票放在小信封内，出门挽一个塑胶提袋便是。他绝对有能力过高档物质生活，却爱简朴清淡，不烟不酒不赌不茶不咖啡，出入搭公交车连地铁也省下，类近僧人，却从容自在、真心满足。

每日回家倒出口袋硬币蓄着是很多人的习惯，他亦是，随手积下，家常中若需零用，买蛋买盐，往盒里掏就有。他的小儿子忆及小学时向爸爸要几元缴班费，他全部数一角给他，同学见状，问："这是你自己存的哦？"害他好窘。

老人家保存的硬币都是早已不通行的，他用布袋装着随便塞入柜底，被我拖出来，那么沉，当下以为是金块，一时眼底现出迷幻之象。

壹角、贰角

都是轻飘飘的铝币，但一九四九年"壹角"是红铜币。此币，要向它

敬个礼，是硬币界的"阿母"：早年物资匮乏，有补锅人行走民间专门帮阿母补破锅，此币材质铜九五锌五，用来补锅甚佳。所以"三八年份红铜壹角"，不是补锅人的菜，却是他的最爱。

伍角

依发行序为："一九四九年孙中山银伍角"（左上）、"一九五四年五月二十日孙中山铜五角"（左下）、兰花黄铜（右上）、梅花小红铜（右下）。最具收藏价值的是"一九四九年孙中山银伍角"，含银量百分之七二，一堆银币中，取一枚自上落下，听其声，宛若空谷传来铃响，清脆有细微尾音，这是银才有的歌喉，其他铜、镍金属，都是闷沉重坠之音，不必细赏直接拿去花掉可也！

"一九五四年五月二十日孙中山铜五角"被称作"大五角"，是硬币中难得有年月日的。虽然纸钞、硬币上的孙中山正面侧面像，忽胖忽瘦、时而发多时而发少，让人眼花缭乱，但不用怀疑，这个人是孙中山没错。

壹圆、伍圆

"壹圆兰花镍币"自一九六〇年发行，流布最广，是陪着四五年级生长大的奶妈级硬币，买饭团、吃刨冰都用它，直到一九八一年才被现行的壹圆小铜币取代。

此堆壹圆硬币中只有两枚"一九六九年版农耕纪念币壹圆"，可见其稀有。此币可能是币面文字最多的一枚，铸有"响应联合国粮农组织粮食增产运动"字样，正面图案为屏东县万丹乡十九岁陈命珠小姐戴斗笠操作农机的犁田图，这是第一次有平民且是女性被铸在币面上，让出身农家的我非常感动，绝对珍藏。

伍拾圆、贰拾圆

硬币一族中，我个人偏爱五十元这一支，原因不明。此处三款中，尤以双色那枚设计铸造最漂亮，具现代时尚感。独一无二的二十元币是纪念雾社事件抗日英雄莫那鲁道，基于致敬的理由，这枚币亦应供奉起来。

其他

时代向前翻脸无情地翻滚着，新台币图案设计也越见多元丰富，山川风物、时代脉络皆入币，早已淡化政治图腾，除了四款硬辅币及百元钞见得到人头，现在通行的伍佰、壹仟圆纸钞图案活泼，都是台湾味。

现行壹仟圆钞图案四个小学生观地球仪，经市井小民戏称"出外打拼全为了四个小孩"，因此"那四个小孩"用来指称千元钞，犹如"青仔丛"称日本侵占时期百元钞。慢着，有人说不止四个小孩，若隐若现在外还偷生一个女孩正在看显微镜，五个才对。再慢着，有人擒放大镜说："还有一个还有一个！躲在中央银行印旁。"果然，但这未免也太模糊了。藏家都有侦探癖，连袁大头的胡须几根都在数了，清查人口算什么。总之，说得出"打拼全为了那六个小孩"的人，一定是行家。

要不要花五百亿新台币，帮新台币"转型正义"，把让某些人看了刺眼的人头除掉？这事儿不是见仁见智、是见"财库"的问题。不必问已在天堂财务部门服务的老人家摸了一辈子钱，见识过钱币大起大落，钞票上的人头、图案重要吗？我，因整理他的收藏有机会复习历史，浏览钱币百年沧桑，可以代他回答："那都是虚的。"

结语

从十八岁开始拿起算盘工作到七十三岁荣退，"钱"在他眼中只有两种：公与私。前者，过眼云烟，一文不可取，后者，得自薪俸才是自己的。他对待钱的方式也很明确：节流与开源，善用各种投资理财管道，积沙成塔。

摸了一辈子的钱，不烟不酒不赌不茶不咖啡的人，悄悄保留一点私密的兴趣，在能力范围之内收藏钱币。好像一个躲过战火、奔过大江大海，十八岁就得扛家计的长子、长兄，做了丈夫、父亲，偷偷给自己买一个小玩具。他的妻子、子女从不知道这项爱好，以致没有机会在他生前询问收藏的经历与故事。直到仙逝之后，才被媳妇发现。

而我，我该怎么看这么长一段历史的沧桑，怎么看一个我要喊爸爸的外省人，留给我们的钱呢？

老人家生活素朴，却乐于行善布施，常捐慈善机构、设立两个奖学金。赚钱，是徒弟，会存钱才是师父；赚钱是技术，懂得花钱才是艺术。花在哪里？八风吹不动，他用钱吹出第九种风。

菩萨历八风而不动，恒心心为第九种风所摇撼耳。第九种风者，慈悲是也。

有了钱，更要有慈悲。

生命最后，他说："回想这一生，我充满感谢，没有遗憾。"

步道三
老朋友相对论

给天长地久的老朋友

青春时光，我们忙着收集自己的欢乐与悲情，过了日正当中岁月，该赶走的人都赶走、该挽留的也挽留了，往下的路，除了要有云淡风轻的日子，忠心耿耿的膝盖，还要有相互支持的"老捧油"。

英雄与魔术师

——李惠绵与简媜相对论

【作者交代】

据说我们一生遇到的人大概有八万个，不知怎么估算的？有时候某些数字或字词仅是包装纸，为了引出结论："茫茫人海中，只有少数人跟我们这一生有关。"这话延伸地体会，除了大约五十个生命中重要的伙伴，其他七万九千九百五十人可以忽略。我曾经问自己一个看似无聊却颇值得推敲的问题："如果旅途来到最后，只能跟十个人见面话别，名单上有谁？"接着问："谁，有可能把我列在他的最后名单上？"当我交叉比对之后，忽地想通纠结之事，心情为之轻盈不少。青春时光，我们忙着收集自己的欢乐与悲情，过了日正当中岁月，该赶走的人都赶走了、该挽留的也挽留了，往下走的路上，除了要有云淡风轻的日子，还要有忠心耿耿的膝盖，以及不离不弃的"老捧油"。

二〇一七年八月，惠绵与我应《联合报》副刊之邀，做了四场纸上"相对论"，引起的回响超乎预料，其间副刊举办的"星期五的月光曲"朗诵会亦得到旧雨新知热烈参与。当时社会上颇有一些时事引发议论，我们的对谈触动读者心中的忧虑与感受，方受到如此关注。一年过去了，重读内容，依旧怃然。

这份对谈亦有余波可交代。二〇一八年八月，惠绵《用手走路的人》重制再版，收入相对论，辑为"知己交心，文学对谈"。得此触发，我决定本书另辟第三条步道"老朋友相对论"，不仅收入与惠绵的对谈更扩篇至另一位老友谢班长。我与惠绵的相对论内容，同时收入各自书内，成为友谊佳话。然而，基于我生性多变，收在本书的这份对谈做了不少整修，与原刊登见报、收入《用手走路的人》的"惠绵版"不尽然相同。

心理学家荣格将人格原型分为十二种：天真者、孤儿、英雄、照顾者、探索者、反叛者、爱人者、逗乐者、创造者、智者、魔术师、统治者，有人设计问答游戏以检测属性，在社群中流传。惠绵与赵国瑞老师做出的内外原型皆是"孤儿"（The Orphan）与"英雄"（The Hero），我是"爱人者"

（The Lover）与"魔术师"（The Magician），当下都觉得有趣。我见这十二种原型，可能俱存于每个人内在，仅在不同人生阶段为了因应环境与课题而展现不同的排列顺序而已。就惠绵与我而言，这一生能活在学术、创作桌前，既是靠英雄般奋战不已的精神也是凭借魔术师化腐朽为神奇的本事，是以忽发奇想，将这份对谈定题"英雄与魔术师"，借以纪念我们走过的如此坎坷、这般丰美的人生路，并期盼还能拥有健康，让我们能继续在自己的书桌前埋头苦干，完成学术与创作的"未竟之志"。

【第一论】英雄的旅程——谈成长与蜕变

1. 你为什么不屈服？

【简媜】：

惠绵！在我们相识满三十八年的此时，这一场纸上对谈显得既沉重又轻盈。一回头青春已成霜发，要与知己在纸上泪眼相望、回顾遍体鳞伤人生，沉重是双倍的；因为你看过我致命的伤口，我见过你狼狈的肉身，我们的青春是晾在暴风雨中的绣花绢帕，曾经那么渴望生，却又离死那么近。终于，我们双双突破各自困局，爬出深渊，走到听得见鸟语花香的地方。如今跨过知天命门槛，在安身立命的地方回忆前尘往事，别有一种恍如一梦的轻盈之感。才体会，绣花绢帕上的奇幻风景，其实是给中年自己欣赏的。

我们之所以认识完全是偶然。你住女五舍一六室，我住女一舍二九，本不可能有交集。我常去一六室找哲学系同学，对因行动不便坐在大门口位置的你印象深刻，也对常来探视你的那位雍容如贵胄的赵国瑞老师（好气派的名字，天生具有巾帼英雄气概）感到好奇。当时，你全副背架武装、外加两支大拐杖的样子吓坏我，那时的我长发长裙状甚飘逸，与你的"钢铁人"样貌形成极端。然因醉心写作，我们的交集竟与日俱深，成为分享人生关键的挚友。

其实，你我的共同点不仅是喜爱文学而已，更重要的是，我们的成长都必须经历奋斗与突围。必然是在相识之初嗅到对方身上带着跟自己相同的战场硝烟味，才让我们视彼此为可深谈之人。我想，如果我们这一场对谈有"励志"作用的话，就是给正在奋战的年轻人隔空打气：看，像李惠绵、简媜这样体形瘦弱、资质普通、资源匮乏的小女生都做得到，有为者亦若是。

我们生长于二十世纪六十年代，你是台南乡下贫困的杂货店幺女，我是宜兰乡下贫困的农家长女；你被重度小儿麻痹剥夺行走能

童年简媜

力，我被"丧父孤雏"烙印。严冬与晚秋，这不仅是你我诞生的季节，也是我们生命奋斗的序曲。

我们所成长的六七十年代是什么概念？白色恐怖、大同电锅上市、小儿麻痹流行、台视开播、石门水库竣工、美援终止、人口一千三百万、九年义务教育开办、九年建设……把以上条件构筑起来的社会再稀释十倍就是耕牛与泥田共构的穷乡样貌，那是个几乎不可能给肢障与失怙"女孩了"资源的年代。如果依照世俗法则，你会成为台南县下营乡手艺不错的"打金仔"或刻印师傅，我大概是宜兰县罗东镇某家成衣厂的课长，我们可能隔着中央山脉同是杨丽花、许秀年的歌仔戏粉丝，但不可能认识。如果是这样，我们也会成为邻人赞许的成熟懂事的女孩子，过着稳定生活（说不定更快乐）。但，就你我与生俱来的各种"禀赋"而言，这不是最能让我们发光发热的人生版本。奇妙的时刻来了，你十二岁时离家北上独自在医院做生死交关的大手术（现代小孩拔一颗牙都有父母陪同，你好勇敢，竟然一个人上手术台）寻求可以站起来的机会，我十五岁时提着行李离开破碎的家，不知希望在哪里，只知必须走出辽阔的稻田。我们只是两个手无寸铁的孩子，怎么会不约而同去突破一个庞大且沉闷的困境？似乎有一股力量在"召唤"，使我们做了一个从孩子眼界不太可能看得见的关于生命的决定——我要去寻找能与我匹配的人生。因此，一九七九年，我们在台大校园面对面了。

我们俩的学习路上，父母、社会没给任何压力，甚至，当一个成衣厂小主管、刻印师傅更符合社会期望也更轻松些。相较下，从我们有自觉的那一刻起，朝向"大学教授李惠绵""作家简媜"的这条路上，等着我们的是黑暗、伤害与无边的孤独。

惠绵，是什么力量让你这个从小被叫"残障"的小儿麻痹女孩爬也要爬出下营？你为什么不乖乖去学刻印？你为什么不屈服？

【惠绵】：

简媜！与你结缘三十八年，说是转瞬之间，却也是悠悠岁月！从"相识相赏"到"相知相惜"，各自历经生命沧桑，不因人情反复，没有情随事迁！相对于汉代古诗的感慨："昔我同门友，高举振六翮。不念携手好，弃我如遗迹。"我们的磐石情谊，更可以入诗了。

一九七九年，我们翻山越岭成为台大的新鲜人，心境却大不相同。阅读《吃朋友》，你追忆中学时期拼联考的景况（如考试成绩不理想，不吃便当，饥饿一天。）。天啊！十四岁的少女，怎会如此自我惩罚？高中为了省钱，一碗爱玉冰也能打发一餐，简直是现代版的"苦其心志，劳其筋骨，饿其体肤，空乏其身"。相较之下，你考取哲学系，是大学联考的精兵胜将；而我则是战场上生还的残兵败将，诚然，也是不肯投降的小女将！

一九五五年小儿麻痹症公告为法定传染病，如瘟疫般大流行长达十年，我躬逢其盛。流行时期的医疗归功于国际宣教人士的努力。一九五六年，第一个由外籍医师设立的屏东"基督教诊所"，三年后展开物理治疗。一九六二年引进免费注射的沙克疫苗。免费疫苗引进之前，我已诞生；出生十个月后罹病，一切都是命中注定。小学六年级，父亲唤我，语重心长："台北振兴复健医学中心有物理治疗，我不忍让你少小离家，还是由你决定吧！"对长年匍匐的我，生命乐章出现变奏，毅然高唱：我要出征。苦难的母亲背着我，踏上征途。在振兴受业于赵国瑞老师，她承诺做惠绵的牧羊人。巨大的愿念重于泰山，果然成为守护我一生的灯塔。

　　经过一年的手术矫正与复健治疗，穿着六公斤支架背架，腋下挂着两公斤双拐，终能站立。为继续读书，赵老师建议我到无障碍的彰化仁爱实验学校，时时南下探望我。寒暑假由父亲往返接送，每回含泪离去的身影，至今深印脑海。

童年李惠绵，蹲地而行。

　　自十二岁为求医求学，被迫离开正规学校的升学操练，英数理化基础几乎溃散。北上参加高中联招，因考量住宿选择私立崇光女中。三年后虽以智育特优毕业，却在大学联考落榜。卧床三天绝食求死，赵老师煮一碗鱼汤端到床前："吃点东西，活下去，去考夜间部，天无绝人之路。"含泪，哽咽……

考取夜间部中文系已是我的极限。一个来自台南行动不便的异乡人，没有能力租屋，写信给阎振兴校长，恳请惠允住宿。于是我住入女五舍（听说从此夜间部身障生皆可申请住校。）。阎校长成为我进入台大的第一位贵人，也搭起我们相遇相识的桥梁。

三十八年后回顾，这才恍然大学落榜的意义原来是"置之死地而后生"。就读夜间部才能认识你和一群同类相应的好朋友，拜识诸多提携造就我的师长，从而开启我在台大求学与任教的生涯。

在文学国度，你耕耘散文创作，早有文名；我开垦学术研究，如乌龟学步。不想，你以在文坛的成就与人脉为我搭桥铺路，也是我的贵人。

我们第一次对谈是二○○五年，你促成我的自传散文集《用手走路的人》增订版在九歌出版社排印，并安排对谈，题为《一生借宿》。这次邀请对谈，你依然是相同的信念："我们身上这些水潦火焚的痕迹，或许有一些活命的气力与秘诀，可以传给年轻人吧！"我犹豫，绣花绢帕上的奇幻风景应该私下展阅或与人同赏？仿佛，这也是知己的召唤。

回想你大一初试啼声，夺得台大文学奖散文奖冠冕，永远的室长张碧惠学姐曾问："惠绵！你也能写作，怎么不妒忌简媜呢？"我说："啊！似乎应该妒忌，证明简媜不是庸才！"试想，如果当年被妒忌蒙蔽，焉有昔往今日的生命对谈？

2. 召唤

【简媜】：

惠绵，在朝向老天早已为我们准备好的那条路之前，你是否听到"召唤"？这一切是怎么开始的？那是一个美好的启蒙日。念小学的我独自走田埂回家，踩着无忧的步伐，沉醉在与天地同欢的快乐里。不知怎的，我开始加速跑起来，一面念自己名字取乐；越来越快的步伐呼应越来越大声的叫唤，瞬间，我叫不出自己名——脑中一片空白，无法举步。像遭受雷击，非常惊恐，两三秒后恢复正常，可是这经验太震撼了；仿佛，那名字所指涉的人不是我。那么，我到底是谁？

另一次发生在十三岁，父亲的丧礼上。盛夏酷热，出殡队伍绕行至罗东市场让他的朋友能目送一程。我与弟弟妹妹披麻戴孝、捧斗执幡，步行过久俱感疲累，挤坐在小货车后车厢。因连日守灵欠眠加上繁复的丧仪，以致在烈日与哀哭双重折腾下我濒临昏厥边缘，猛然，一个清晰的声音进入脑海："有一天，我会写出来。"我吓醒了，用不可思议的眼光看着乐队引导的出殡队伍及那口描花棺木，看着囚笼般无尽的稻田。这个声音太重要了，它必须像一个收集古董的行家般矫健地把所有宝物收拢起来，藏入内心深处的库房，它擅自回应命运的"召唤"，启动了"旅程"。

美国神话学大师乔瑟夫·坎伯（Joseph Campbell）在《千面英雄》写道："英雄自日常生活的世界外出冒险，进入超自然奇迹的领域；他在那儿遭遇到奇幻的力量，并赢得决定性的胜利；然后英雄从神秘的历险带着给予同胞恩赐的力量回来。"

多么幸运，刻骨铭心的启蒙日在那么小的年纪到来，而我听到了这么珍贵的"召唤"：去做自己生命中的英雄。高三，我决定当一个作家。

惠绵，上天对你我是用了大力气来厚爱的。若我们早生十年，再怎么努力也踏不出村界；我们不可能识字，不识得文学、戏剧、哲学、艺术，只识得人生有那么多做不了主的遗憾。生命本就内含残缺与痛楚，这是你我自幼就尝受的，但这些不应是生命的全部。内在的"英雄性格"，使我们在面对屈辱与伤害能自行刮骨疗伤、寻求复原。旅程绝对不能停止，我们必须把生命带到能产生意义的地方，愿意穷毕生之力，忠诚地去完成"使命"，领取属于自己的那一份荣耀。黑暗只是尚未诞生的光明，我们很早就跟它打交道，用尽童女身躯的力气把霉臭的黑暗拖到阳光下晒一晒。不得不如此。因为我们知道，面对足以吞噬生命的困境，英雄要不是死在战场上，就只能有一个结果："赢得决定性的胜利。"

【惠绵】：

人生有三样身不由己，生、死与身形样貌。十三岁的你，父亲因车祸亡故；十个月大的我，来不及注射疫苗而罹病，彼此各增添一笔身不由己的巨大变量。简媜，如果你没有遭遇失怙的风暴，如果我没有罹患小儿麻痹症，我们是否能编写出今日的生命剧本？是否能听到内心深处的召唤？

十岁的简媜，呼叫自己的名字，自问：我是谁？作家独特的禀赋，让我联想改形托生的变形神话。炎帝之女游于东海溺而不返，不甘心死亡的命运，乃化为一只黑身白嘴红脚的精卫鸟，每天呼唤自己的名字。一声声，证明自己不死。

对我而言，召唤的起始一点也不哲学，纯然出自抗拒性的对话。三姑六婆心疼："生得水当当，可怜带着这款身命。"我生气："不要你们可怜！"三姑六婆恼怒："哎哟！刺耙耙（凶巴巴）！以后没人会养你。"我高声回话："甘愿饿死！不靠人养！"这是五六岁的幼年对形残命运的怒吼！虽不曾歃血为盟，竟成为自己立下的军令状，奋力杀出重围求生。

第一次是七岁。母亲因我匍匐不能自行如厕，又恐受人嘲弄，没让上学，我哭了两周。有一天看到姐姐的拖鞋，一个不需要拖鞋的孩子，天外飞来神思穿上它，开始学习平稳蹲地，然后用手掌抓住鞋面，左一步、右一步蹒跚挪移。我学会蹲着走路，兴高采烈"走"到母亲面前，仰头呼喊："阮会走路了！阮要去读册！"母亲蹲了下来，频频点头，泪眼盈眶……你为《用手走路的人》写序，提及曾取拖鞋模仿："才

304

走五六步即有濒临溃倒之感。”简媜！当你偷学蹲地行走时，或已注定惺惺相惜吧！

第二次是初三初冬，意识到在仁爱实验学校绝无能力参加高中联考，请求转学回下营初中升学班。母亲反对，父亲悄悄寄来印章，赵老师请假南下陪办手续、整理行装，送我回乡。

第三次是初中毕业，母亲希望我学一技之长，比如打金子、学刻印（幸好双腿无力，否则会增加学裁缝）。我向赵老师呼求，带我参加北区联招，这是一场家庭革命。多么巧合！

你也毅然决定到台北考高中。彼时，我们已经同在台北的星空下，终于在台大相逢。

我不知道一路过关斩将与争取独立自主是否有必然关联；但明确知道，生命蜕变历程是连续不断的“选择题”。性格固然决定命运，我更深信人生十字路口的危机意识与果断抉择，必可改写命运。由于强烈的求知欲，不断向学术山岭攀登，克服难于山、险于水的障碍环境，竟不知不觉朝向“大学教授”之路。从“不靠人养”的誓言，到恐惧面对求职的挫败，而后将学校视为避风港，终于找到停泊战船的港口。这一段烽火烟尘的征战之旅，如此刻骨铭心。

简媜！当你以英雄冒险的气概驰骋于作家之路，当我披上盔甲朝向学者之路，开疆辟土以回应命运召唤，宠溺我们的赵老师为这一段奋斗做了评论：“你们的名字会刻印在文

二十世纪六十年代，惠绵与父母、兄姐摄于自家杂货店前。

1972 年振兴门口，赵老师相送，从此守护一生。

学创作与学术著作的青史，即使来生化为精卫鸟，也会有人
不断呼唤你们的名字。"

【第二论】开疆拓土谈散文与戏剧

1.另辟蹊径

【简媜】：

惠绵，如同你钟情于戏剧，我一直待在散文领域，从
三十二年前出版第一本散文集开始没离开过。那一年我
二十三岁，那么早发的船只，却驶入那么寻常的航道——好
比一个年轻人誓师远行，却只是去隔壁村把野狗打一顿挖几
个地瓜回来。文坛大佬提醒我，伟大的作家都是小说家、诗人。
我不以为然。

大学时我有两个秘恋情人，一个让我从生往死里走，另
一个带着我从死往生里爬，第二个情人赢了，他叫文学。那
时也写小说，但写得较酣畅的仍是散文，我猜测跟长于雨神
眷顾的平原有关，地理风土、气候特色影响情感基调，讴歌、
咏叹与倾诉的欲望自然流淌，最宜承载的文类就是散文。我
常说，人生是散文之母，然而烟火人生的情节只是散文表层，
其内部肌理是作家的"理想我"追求。无论是以知性博深见长、
借冷墨演绎理智，或是以庞盛的遭遇、翻腾之世情作证，或
者推敲文辞之美、钻研悟境之深，散文岂是一本起居注而已？

所谓"理想我",乃作者邀集读者一起启程,穿过人生丛林,于文字原野中修炼出一个理想的自己。

三十四年前我带着近二十万字的稿子自大学毕业,两年后洪范书店欲从这批稿子中选出一本书,我告诉叶步荣先生:"这是三个不同主题的文章,不可以混在一起,是三本书不是一本。"简直不知天高地厚。这个概念怎么来的?一则得之于中文系醍醐灌顶,再者,大学时期陪伴我最久的两个男人——一是莎士比亚,一叫陀思妥耶夫斯基。我一生都在相对的极端之中寻找平衡;女身男命,农村的耕作经验加上古典文学的形上盛筵,读西洋小说戏剧却写散文。我不确定会走成什么样子,但幻想过要完成自己的星图。人生的每个阶段都有料想不到的难关与课题,我特别感到幸运的是,能够将现实时空与文学时空区分共生,取得平衡。活在世间,顺心如意是祝福语,因其难得如麒麟祥兽,才需要祝福,而我静心考察你我的现实困境,更坚信我们是被祝福过,也受命要去祝福别人的人。

惠绵,你我皆是多梦、易感应者,相信你一定有过相同的奇妙体验,不知是"我们在写",还是不可思议的存有"在写我们"?近日我整理年轻时札记,本欲毁去然不免炫迷其中;梦是私我的神话,而预知现实的意念暗示心灵活力超出我们所知,遂将这些心灵年轮称为《穿过你的森林的我的河流》,虽无出版考量却可留待年老时自娱。每个人内心深处都有一个"荣格",一本神秘的《红书》,乃是自我与神的对话录。你的学术案头我的稿田，我们的信仰俱在其中。

奇妙体验是，每次执行写作计划期间，常发生奇特的巧合事件。写《谁在银闪闪的地方，等你》那四年，亲人死了四位、熟识朋友家中有长辈辞世的共十一人、罹患重症的朋友六人，密集到我觉得不快点写完会出更多人命！《我为你洒下月光》写了近三年，这是一本让我极度心乱的书，几乎写不下去。有一天，我竟在半空中猫缆车厢内见证远道而来的年轻恋人求婚的场面，"瞬间即永恒"就在我面前，好像另一时空有人向我暗示。当我平定内心乱局继续写下去，所有现实上困住我的谜团竟——解开，仿佛冥冥之中有人暗随。身为作家，书写期间是我唯一能以爱恋之感拥有作品的时刻，当书出版，离我而去，自有其沉浮的命运，我又归零，回复一无所有，朝向另一个未知。一部分的我永远埋葬在那本书里，藏在白纸黑字间寻找与它印合的心。作家生命只能葬在读者眼里，我们是活着就亲手把部分自己送进灵骨塔的那种人。有时，我觉得自己写的东西如果全被不可逆的力量消灭了也不可惜，因为时间终究会把它们扫入渊谷，所谓"成功或成就"皆是虚妄之念。你能理解这种既丰饶又感伤的心情吗？

【惠绵】：

古典文学中的诗、词、曲、小说、戏曲、散文等文类，都是一座宝山。我们不约而同选择兼具抒情与叙事的散文和戏曲为志业。散文具有多元的书写策略，可随不同主题而运用相应的风格技巧。你曾自诩是"不可救药的散文爱好者"，当年自觉那二十万字的文稿是三个不同的主题，如今出版二十一本作品，包含乡土、教育、女性、寻根、爱情、生死等各种主题，足见你高三立志当作家，并以散文为创作文体，已然印证简媜为现代散文树立"横看成岭侧成峰，远近高低各不同"的庐山境界。

文学、音乐、绘画、雕刻、建筑等艺术创作，都必须具备天赋异禀，仅能凭借自力，不可力强而致。进入学术之门，只需取得一张门票，半由努力，半由机运。

我进入古典戏曲，源于婴幼儿时期，母亲经常背我到庙口看歌仔戏，播下钟情戏曲的种子。一九六二年，岛内三家电视台陆续开播。不论阴晴风雨，每天匍匐至对街邻家看电视，为掌上乾坤的布袋戏和宛转凄恻的歌仔戏而痴迷，总是忘记回家用餐。"你规气（干脆）住在人家厝仔！"母亲抗议。我嘟着小嘴："为什么我们家这么穷，连电视都买不起？"一个月后，放学回家赫然看到庞然电视机，惊喜之余，努力拼出问句："妈！我们哪来的钱？"母亲答非所问："从今日起可以让你在厝内看歌仔戏了。"长大后，母女闲话家常，方知当年竟是母亲不惜借贷。霎时，无言，泪下。

回首这段戏曲因缘，蓦然发现，那自幼失去椿萱而没有机会接受教育的母亲，正是我的启蒙老师。在写完功课没有玩具和玩伴的童年，我经常取两条大方巾当水袖，坐在木板床独自扮唱，忽哭忽笑。偷偷哼唱歌仔调是童年仅有的快乐，也成为一个梦想，沉淀在记忆之中。

母亲、童年、乡愁以及土生土长的剧种，片片断断的影像剪辑成篇，原来戏曲是我精神生命的土壤与养分。硕士班二年级，我带着沉淀的梦想，决定以戏曲为研究方向，承蒙曾师永义不弃，收我为入室弟子。你我虽在各自的田地耕耘，但都有高度的警觉：创作主题与学术课题坚持不重复。因此永义师指导我硕士班探索专家戏曲批评，博士班钻研元明清表演理论。戏曲文本与表演相互辉映，犹如姹紫嫣红的花园，任我游赏。不论开在庶民之家的断井颓垣，或高门豪宅的亭台楼阁，都不会减损它摇曳生姿的神韵。

戏曲剧本有平仄、押韵等严谨的体制规律；而戏曲表演有"唱曲、念白、做工、舞蹈（武打）"四功，其中唱曲之

2007年北京"牡丹亭国际学术研讨会"，与曾永义教授（左一）、华玮教授（后立）、赵国瑞老师（左二）合影。

咬字吐音，更与声韵学关系密切。为能掌握曲学家论述创作的音韵格律、度曲的技巧口法，以及看懂昆曲曲谱，博士毕业后连续三年参加昆曲清唱研习班，开启"戏曲音韵学"跨领域的研究。神游于曲学奥义，穿梭于文字肌理，爬梳擘析，欣然忘我。探索多元的研究面向，不断自我挑战高难度的课题，以期扩大画圆的面积。

学术路上更有助我越洋渡海的师长和学生。一九九七年，永义师首度带我到韩国。从中研院文哲所转任香港中文大学的华玮教授，二〇〇七年邀请我首度到北京参与"牡丹亭国际学术研讨会"，永义师再度陪同。陪同的师长且抱且扶、又推又抬，完成知其不可为而为之的壮举，就是要引领我跨入国际学术舞台。其后，学生陈姿因、林孜晔分别陪我两度远赴大陆搜集孤本文献。她们推着轮椅，每天来回从旅馆到图书馆，暑热炎天汗水淋漓。这样的身影，在异乡的人行道上或图书馆内，时时引人探问。他们很难置信，来自台湾芳华盛年的女学生不辞辛劳成全我移地研究的心愿。你的散文创作与我的学术研究皆蕴藏一个"理想我"的追求。三十余年，你年年笔耕，我岁岁织锦，或能向新世代的年轻人，示现开疆拓土的意志与精神吧！

2. 孤鸟飞行

【简媜】:

谈一谈《我为你洒下月光》。去年底出版时,我不送你们书,后来勉强送出却蛮横地叫你们不准看。现在简体版也出了,秋天时必须去巡回,总不能站上讲台跟读者玩益智游戏。

先说点别的。在网络世界网住年轻世代导致文学作品销售下滑,在政治目的操弄下的氛围里,在无止境"挖土机思维"掌控下我记忆中的原乡平原已面目全非(犹记得在电影院看齐柏林的《看见台湾》,我从头哭到尾如丧考妣。题外话:听闻他猝逝那日,我在札记上写:"上天收回一个美丽的灵魂,因为台湾不配拥有吗?")这三股大变动意味着"创作、古典文学、乡土"我生命中三个重要成分同时面临泥石流。数年来郁抑的心理背景下,一桩年轻时因"宗教信仰"争论而黯然分别的爱情故事在主角猝逝后重新投影到心里,引我痛惜。此时此刻,我已无法当作单一事件,它像一个重新追求的声音,唤起当年没唤出的复杂感慨。我陷入心乱如麻的情绪,在幻灭感里沉浮。最后,用镜面相互映照的意象拟定了书写策略,架设往昔和当下、真实和虚构、主线和岔文相互交错渗透的架构,安排人物去演绎爱情里信仰与文学、爱的意愿与能力、分手与守护之种种探问、诠释、领悟及终极的和谐与美。"维之、渊、群"这三个主角名字摘自罗东、武渊、群英，我的原乡关键字，也藏了不同面向的我。这一场关乎信仰之争、文学追求与幻灭的纸上"爱情寓言"，在书末隐晦地将"妳"改为"你"，做了翻转，如此才能读懂最后的悼词。有读友告诉我，舍不得很快看完，也有读者说看一次哭一次，完全说中这一条散文爱河里作者与读者同游共感的那一份恋恋不舍。如果说《红婴仔》是"诞生之书"，《谁在银闪闪的地方，等你》是"死荫之书"，那么这书不仅是用来安放青春挽歌、忏情密录而已，深层地看，是作家大多会碰触到的"伤逝之书"，或可用出身中文系的你我都曾在课堂上迷恋过的李商隐名诗来做比喻，"此情可待成追忆，只是当时已惘然"。这本书就是我的哀丽凄迷《锦瑟》诗。我送别的不是"一个恋人"，是逝去的、培植我的"那一个旧时代"啊！

【惠绵】：

二○一六年初春和初秋，我分别出版《中原音韵笺释》和《中原音韵北曲创作论与度曲论之研究》。真巧合，你也同时出版新书，皆是三十年自我纪念之作。台大校庆日你来访，我们与新书合拍了照片。

《我为你洒下月光》，你历时三年写作，等同完成一本学位论文。这是你年轻时一段感情的沧桑，若纯以抒情或叙事，可能流于直抒胸臆，囿于写实情录，于是你构思多重技巧，创作"散文化、诗化、寓言化的小说"，并将爱情扩大为宗教、省籍、生死等难题，最后揭示告别的是"逝去的、培植我的那一个旧时代！"这就是简媜创作散文的高度、深度、宽度与广度。如同元曲家白朴《梧桐雨》杂剧，唐明皇夜听雨打梧桐残叶之声，思念的不是杨贵妃之死，而是

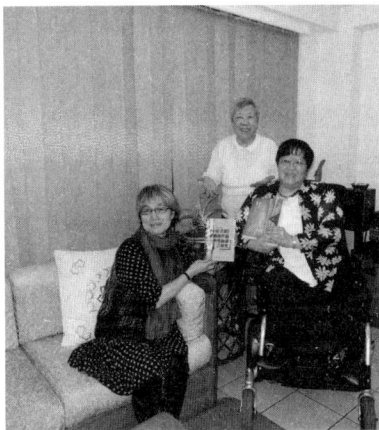

风雨飘摇国势已颓的盛世。

我自一九八六年起探索《中原音韵》曲学，整整三十年。这是元代周德清为北曲押韵而编撰的韵书，兼论创作北曲之原理、评点度曲之义理，是第一本曲学专著，也是戏曲音韵学开山之作。元明清重要的戏曲理论经典，早有注释出版，独缺《中原音韵》。原书约三万五千字，措辞甚简，义有未尽。承蒙声韵学专家何大安先生指导，耗时七年，兼顾曲学素养与音韵义理，考订、辩证、演绎、举例，完成四十万字《中原音韵笺释》。撰写笺释期间，发掘问题意识，撰写各篇论文，再以三十万字《中原音韵北曲创作论与度曲论之研究》画下句点。

海峡两岸对戏曲音韵学之研究相对偏少，原是冷门学科，

知音几希。在学术伦理迷失与研究士气低迷之际，我兢兢业业的研究成果难入主流之列，不被了解或认同，更觉挫伤。回首来时路，只觉月暗云迷，耳畔仿佛听见岳飞悲切吟唱："三十功名尘与土，八千里路云和月……"

简媜！同是千里跋涉，多么羡慕你未曾被退稿。你不忍听闻老友困顿，曾捎来一段扣人心弦的文字："我辈走到水浅泥深的时代，虽不免有龙困之叹，虎落之郁，却应自我纾困，回归安身立命之初心，只问孤灯下埋头苦干，不问镁光灯如何风光。学术与创作真的都是'念天地之悠悠，独怆然而涕下'的志业，只要对得起天地良心，其他的都是尘灰。你的学术峰顶如果已经积雪，不必再想别人家小桥流水、歌台舞榭好不热闹，留得青山在为要。"

作家的片言只字，负载着提振人心的巨大能量，让我再度启程，继续攀登崇山峻岭。

我曾为搜集资料从图书馆台阶高处摔下，因伤困坐卧房，伏案床边书桌写作，双亲送餐。母亲抱怨："为了读册时常跋倒，害老母一世人为你操烦。"母亲俯身为我换药包扎，泪珠不偏不倚滴在我的手臂上。而今依旧如母亲所说："为了读册，常常'跋倒'"，瘀伤痛楚不减当年，然而对学术的抉择九死不悔。

长年埋首"坐忘书斋"，以戏曲安身立命。虽无人脉山脉，犹存骨脉气脉。你又何尝不然？既是如此，我们且与陶渊明诗中"托身已得所，千载不相违"的孤鸟结伴飞行吧！

【简媜】：

创作与学术论文刊载之规则不同，你的论文动辄数万字起跳，加上走的是冷门僻径，不易聚光，刊载路上"命运多舛"应是一种"宿命"。

大凡于某一行耕耘数十年且已积存若干成果者，皆需面对一关曰"爵关"。大学时读《孟子》，影响我至深的一段话即是"天爵""人爵"之喻，用现代话来说就是"功名"，诸如奖项肯定、荣誉加身、晋爵增禄。人生五大难关：权关、名关、财关、情关、生死关，宜乎每隔一段时程自问攻破了几关？不破又如何？人事脉络经营之深广、竞逐之激烈，再不是无党无派、孤鸟习性如你我负担得起、承受得住的。历来都说富贵如浮云，没说何种富贵、怎么个浮云法？这一关要是容易勘破，古往今来也不会有那么多垂头丧气的读书人写出可歌可泣的诗文了。想来，前人也没比我们高明多少，绑着我们的名绳利索也曾绑过他们。我认真思考这一关的时间颇早，大约就是三十多岁婚后退隐江湖那段时间，我想通一个道理，我们这一行的"时间观"跟其他行业不一样（其实，学术也是），想通了，略略明白浮云的意思，"不畏浮云遮望眼，只缘身在最高层"。

这些年来，看你用早该休息的"残躯"执行中年壮汉都难以完成的学术研究，成果丰硕，佩服至极，如果不是内在有个不服输的"英雄"，谁也无法过你的"牢笼生活"：抢时预约复康巴士，一旦约不到车即出不了门、回不了家；每周针灸两三次、每月滑罐两次、筋骨整健一次，每天服用中药，每餐遵照食谱吃清淡无味的食物……或许是凝神纯志之故，你的学术文章精彩得不得了，撇开《中原音韵笺释》这种一般人看不懂的专书不论，你曾给我看的那篇后来登在北京《戏曲研究》杂志的《论昆剧〈朱买臣休妻〉之表演砌末与文学意象》论文，读得我拍案叫好，曾发一段读后感给你："精彩文章能自行辩论，无须他人倡导。你步步经营，论述有据，既见评析刀锋，又具鉴赏法眼；谈剧情、说人物、探内心，理路严谨、辞藻丰华，自成文章筋骨肌理，无一不归结于文学本部。这才是大块文章、学者本色，说透一出好戏，写得一手高论，喝彩喝彩！"

　　惠绵，我们是真心沉醉其中的，当沉醉之时，哪有什么富贵念想？以此视之，果然是如浮云。你曾创作歌仔戏剧本《宋宫秘史》，整编昆剧小全本《长生殿》《寻找游园惊梦》《玉簪记》，写论文之外还有一管创作彩笔尚待挥洒，但愿将来退休后能火力全开，为戏曲剧本续命。我还帮你想好一本书：《一生必看十出戏》，请务必把你的庙堂学养化成游人可赏的大花园，这是你欠众生的，期待期待。

【第三论】知我者谓我心忧，谈传承与困境

1. 心灵后裔

【惠绵】：

方东美说："学生是心灵的后裔"。

没想到，我也能拥有"心灵后裔"的喜悦。

二十世纪七十年代，家姐和许多同学因家境清苦放弃明星高中，选择公费师专。彼时师专院校不准身障生报考，我傻傻地读书，无形中跨越师范体系的设限，这似乎也是"行到水穷处，坐看云起时"的写照。

获得正式教职，人生峰回路转。那年永义师为此"耿耿不寐，如有隐忧"；启蒙文学思想的柯庆明、乐蘅军、陈修武老师等，视如门生，指点提携。台大中文系破格聘任一位身障教师的胆识，堪为公私立学校、企业机构之典范。二十三年来，唯有以信仰的精神尽心教学，用以答报。唯文学院因列为市府三级古迹，不准设置电梯，中文系办公室和会议室在二楼，无能为系上做更多的服务，深感愧对！

传授古典文学，时有机缘将作品当作生命教材，进行知性与感性的传授。"心灵后裔"就从师生的对话诞生。有一年讲授庄子对形体与心神"残／全"的思维，庄子认为涵养生命之主，不在形全，而在神全。我问，觉得自己"形全神全"请举手，寥寥无几。我又问："这个题目可以反问我自己吗？"

全班无言。当天晚上收到佳佳的邮件："只要老师认定自己是形全神全，您就是。"再次相见，我说："你让我哭了，得赔偿我的眼泪。"佳佳说："老师！写信时我也是哭着的。"

某一天，毕业十五年的小雨突然来访："我昨晚梦到老师在哭，不放心，直接来了。"那段时日，我病痛缠身，万念俱灰。小雨轻缓地说："老师一路走来经历种种奋斗，对于那些您曾经帮助过的人，曾经发生影响力的人，不能一瞬间将他们借以生存的信念一举瓦解了。"第一次看到理性的小雨流泪，也是第一次惊觉生命存在的意义已不仅止于个人。是怎样的牵系？让当下的、过往的学子，如此心有灵犀？

做一个老师，我更看重学习态度与人品性灵。你出版《老师的十二样见面礼》，引发我在课堂上对美国小学充满人文精神与意象的物品进行二度诠释：不要自以为中文造诣不佳而自卑，我会发掘你的优点（牙签）。即使语文较为薄弱，相信你仍是一个有创造力有价值的人（铜板）。每周带着喜乐的心上课，书写笔记（铅笔）。虽然课程有压力，修完一年必能成长（口香糖）。请具备抗压的弹性（橡皮筋），接受学习的挑战。我们将进行小组讨论，请使用和善赞赏的语言（棉花球）。考试不作弊，作业不抄袭，即使用"橡皮擦"，仍有痕迹。心灵困顿请找我（救生圈）。如果你很悲伤，我给"面纸"，请吃"巧克力"，为你贴"创可贴"疗伤止痛。共聚一堂研读文学作品，因缘难得，请珍惜当下，永结善缘（金线）。往往多年后，收到学生来信："老师！我在教书，也送给学生十二样开学礼物。"你的作品，我的解读，有了洄澜，何其欣慰！

有一年台大中文系邀请你担任"现代散文及习作"，是否也曾体会心灵后裔的悸动？你经常受邀至各校演讲，是否也看到一些动容的师生故事？

【简媜】：

是的，你永远不知道你的影子落在何方。我非常尊敬"老师"，从小到大，每阶段成长得之于老师的提携甚多，他们留给我的温暖与鼓励永生难忘。高中时，语文老师在课堂上朗诵我的作文，极具鼓舞，大学时曾陷于低潮郁郁难欢，某课老师当堂命题为文，题目中有一恨字。我交卷时老师低声说："这个题目是为你出的。"有哪一门行业担得起"春风化雨"赞辞？

我去过不少校园，从富裕私校到偏乡小校，我都会问：学生人数与水平、家庭环境与低收比例、升学与就业。佐以演讲互动、观察所见，老实说，有时不忍拿那份钟点费，回捐给校方急难救助基金。不久前，我去中部一所女子名校演讲，热情、认真的语文科老师推动校园书香计划，每年选一位作家，举办班级共读、征文征海报、演讲，办了几届，到我这一场经费缩水了，承办的两位老师自掏腰包五千元给得奖学生奖金且抵死不让我分担。外面沸沸扬扬在推"前瞻"，这些老师在讲台上不只掏心掏肺，还掏钱，我问她们这么辛苦为什么要办？她们的回答是："我们的孩子可怜，如果不做，他们真的没机会接触到艺文。"

我曾写过一段话："富人和贫家最大的差异在于，当黑暗降临，富家之子手上有灯，而穷人家的孩子只剩老师。"我是流泪写这段话的。固然校园里有不适任者，但大多数都是对教学有热情的老师，我从他们身上看到"无私"。砍年金之前，请不要砍掉对他们的尊敬啊！

惠绵，你也是稀有品种的老师。你未婚未育，对学生的关爱内含"母性"成分。学生跟父母争执不回家，你劝小的劝老的，为他们搭桥；毕业多年的学生遭遇婚变，你喊来家里吃饭陪着哭；有学生健康、学业出问题欲重考得不到父母支持，你盯他做规划还代管存折免得他把钱花光。你的身体早已摇摇欲坠，眼睛坐骨肠胃筋脉都出问题，但只有两件事能让你"起死回生"，一是研究一是学生。相较之下，我欠缺你的耐心，不适合在讲台上久站。那年开设散文课留下颇美好记忆，学生优得不得了，十倍于我当年的才情。不过，备课过于耗费心血终究抵触创作，黄埔一期同时也是最后一期。

2. 难道就这么沉入泥浆之中？

【惠绵】：

艺术本无国界，何况海峡两岸同文同种，台湾作家作品

322

不需要翻译，可有更多的读者群。你的作品在两岸出版，对学子之启迪，自是不容小觑。我屡屡接受你的赠书，转送学生当作嘉奖礼物。送书时，总有学生早已购买。曾经在中文系"戏曲选"课堂，我问受奖同学："你要哪一本？"他腼腆回答："简老师的书我都买了。"我微笑："改送我的书呢？"他欣然点头。我又微笑："谢谢你没买，我才有机会送你。"教室笑声荡漾。这位法律中文双修的蔡孟融同学荣获二○一七年台大文学奖散文奖首奖。无独有偶，曾经收到来自大陆交换生恳托的邮件："我带来简媜老师所有的作品，难得到台湾，非常渴望拜访简老师。"我欣然为他穿针引线。因此得知你获得台积电主办的"二○一七青年最爱作家"第一名，引以为荣之余，一点也不惊讶。莘莘学子的"文学导师"，你当之无愧。

我们共同期待江山代有才人出，然而不免忧心：新世代脱颖而出的创作才人，身处"月落乌啼霜满天"的茫茫大海，前景在何处？台湾的"文学市场"是否可以让他们兼顾现实生活与创作梦想？文学创作何止仅于新诗、散文、小说，六十至九十年代，风靡一时的电视歌仔戏、布袋戏、传统戏曲，早已停播，有深度的台剧少之又少；有线电视亦已沦陷为日剧、韩剧、陆剧。演员流失、编剧缺少、制作萎缩、财力匮乏，加之进入网络世代，电视文化几乎瓦解。传统戏曲全盛时期、两岸戏曲交流时期，三家电视台避开相同时段，每周播出戏曲节目。至于京剧、豫剧、昆剧、歌仔戏各剧团相互争胜，也曾经是剧坛的风华岁月。唯昆剧团至今尚未纳入编制，已出现推动危机。二〇〇一年昆曲荣获联合国教科文组织颁发的"世界首批人类口述及非物质文化遗产代表作"，面对台湾昆剧的困境，有心人士束手无策。

普及性的电视文化艺术日趋式微，传统戏曲剧团欲振乏力，中文教育也逐渐缩减。小学生要分心学习闽南语与英文，中学、大学相继减少语文授课时数。大学语文原是新生必修，一年六学分。联考引导中学的教学与学习，大学语文则不再着重记问之学，而是培养阅读文本的能力、训练问题意识的能力、学习思辨表达的能力、提高问题写作的能力、发挥想象创造的能力、增广经典文学的视野，不可同日而语。如今各校大多减为必修四学分，甚至纳入通识课程改为选修。中文是世界认可的语言文字之一，必须向下扎根，方能涵养，陶冶性灵。老师忧心，学生的语文能力普遍下降；学生陶醉于小确幸，浑然不知他们正逐渐丧失竞争力。

台大中文系戏曲学门，自郑骞、张敬先生传授曾永义先生以来，恢宏戏曲为显学，指导之博士、硕士研究生逾百七十余人。如今研究戏曲人才出现断层，响彻云霄的交响曲，恐将进入尾声，令我忧心不已。

【简媜】：

你我皆同意，文化与文学是一国命脉所在，然而当今时潮却轻忽之，尤其对古典部分，更因受到意识形态拉扯而处境堪忧。我在《我为你洒下月光》书末絮语首句就是"向中国古典文学致上最高礼敬",语重心长。在我的观念里,"信仰",不论是宗教或政治,是自多择一的"减法"作为,而文学、文化正好相反,是"加法"甚至是"乘法"。《管子》所言:"海不辞水,故能成其大;山不辞土石,故能成其高;明主不厌人,故能成其众;士不厌学,故能成其圣。"伟哉斯言,深获我心,是我这个向往多元包容的自由派奉为圭臬的。

古典有难,当代丰饶吗?我们这一行,叫好不一定叫座,专业写作之路,天昏地暗。相较之下,研究机构与学院里的资源丰沛极了;有办法的学者同时保留岛内外两份"正职"穿梭自如,即使像你这样做冷门研究的学者也长年有科技部补助可申请。而我们"搞创作"的,单兵作战、自生自灭。我听闻有盛年作家为了专心写作向银行信贷,有的参加文学奖获取赏金以挹注生计。对矢志建立个人风格的作家而言,文学市场太小;过去二三十年出版界捧大把银子买岛外作品不看重本地作家,图书馆推动阅读冲高借阅率无助于作家收益。现今3C潮浪下,地铁上已看不到拿书读的人。一个严谨自律的作家花一两年完成一本书,版税收入有限。这几年出版产业以可怕速度萎缩,读者不看到七九折不买,文学类作家每年能结算到的"再版版税"更少甚至挂零。我知道说这些,会有父母拿给闹着要念中文系、当作家的孩子看:"给我看清楚,你要饿死啊?"说不定就此挡下一个曹雪芹。

我很悲观，新生代作家怎么办？有能力用三五年执行"大计划"挑战自我极限、最需要奥援的盛年作家怎么办？当看到五花八门的前瞻计划，看到种满小花小草的城市美化计划，实言之，我们比不上那堆废土。无论哪一党执政，漠视文学最上游作家的态度却是一致，因为我们最难收编、无法换算为选票。难道就这么任凭政治黑帮撕裂分赃？难道就这么集体沉入滚滚泥浆之中？难道我们爬出坎坷命运就是为了亲眼见证毁灭？惠绵，你甘心吗？我不甘心。

我知道社会上有各种文学奖，大企业也重金举办"高中生"文学奖（首奖奖金相当于一个作家两本书的初版版税，如此丰厚令人动容！），相关部门也有新秀出版与文学创作补助，相信也成绩斐然。我无意责备，他们已做了他们认为能做的一切，理应肯定。惠绵，我只是厌倦了小确幸，厌倦了关起门来自己鼓掌的自嗨感，我期待社会能脱胎换骨，有魄力有格局有辽阔的视野，展现无所不包无所不纳的海洋性格。如果我有钱也有权，我不想再造脚踏车，我要主动去找几个有能力升空的"火箭"，直接给燃料，待作品完成，直接推中、英、日文版，发射洲际导弹，而不是让他们困在文学市场荒芜角落忙着打零工。我们这一行不缺人才，缺一个霸气孟尝君。掷笔一叹，惠绵，知我者谓我心忧啊！

【第四论】逍遥游谈生死

1. 生死功课

【惠绵】：

从出生的一刻，就开始步向死亡。世间唯一公平的是"寿无金石固，贤圣莫能度"。如何活着，如何从容面对死亡，才是最难的生死功课。

我常常怀想两个名垂千古的文学家。一个是战国屈原，一个是汉代司马迁。屈原两度流放不曾求死，怀忧岁月创作《楚辞》诗篇，安顿漂泊灵魂。最后却因不忍见国破家亡，自投汨罗江，见证死去比活着更悲壮。李陵远征匈奴，兵败被俘，司马迁为其辩护而遭受宫刑，含垢忍辱完成《史记》志业，见证活着比死去更尊严。简媜！如果你是屈原，是否会求生？如果你是司马迁，是否会求死？一路行来，陷入绝望的幽谷时，你是否经历过生死关口的徘徊？

我二十四岁接受脊椎侧弯矫正手术，在鬼门关前走了两趟，其间仅相隔半个月。因小儿麻痹导致严重脊椎侧弯九十度以上（S型），准备研究所考试时，经常呼吸困难、胸腔疼痛。我暗许，若考取硕士班，休学上手术台。不想，上天垂听了我的愿念。不开刀将影响寿命，手术成功概率只有一半，倘若失败，可能死亡或瘫痪。我虽高唱壮士一去兮必复还，立誓活着回来完成学术未竟之志。但当我承受全身无法动弹之苦，忍受分分秒秒的锥心刺骨之痛，却几番求死。在众多至亲师友陪同抗战的力量之下（张碧惠和你，以及一〇六室姐妹、荣誉室友兄弟，皆是奥援的战将，至今铭刻心底。），经过一年复健，终于活了下来。三十余年后的今天，还能再借残躯，在讲台铿锵有力传道授业，在书斋孜孜矻矻著述论说，主要归功医师巧夺天工的医术（矫正为五十度），更要庆幸当年关键的手术抉择。选修生死课题的学分，真是千万艰难。

我并非战场上的常胜兵，潜意识对形残命运总是不能释怀，不免有轻生的意念与行动。进入天命之年，以"一身形残，还愿而来"八个字为座右铭，不再动念。突然，年初有一场奇异的梦境，不是拄杖行走，不是电动轮椅，而是回到童年的匍匐，我想去投海。路途绵长蜿蜒，不见天日，两面是厚重石头堆砌的高墙，大小乱石满地，手足并行，崎岖难行。半路巧遇指导教授曾师永义，欣然言道："徒儿！这是我从图书馆借来的四本书，带回去阅读写论文。"我收下，不敢道出即将前往自沉。书籍放在布袋之内，置于腹部之下，一手拖着，一手爬行。终于找到浩瀚大海，正要俯身投入之际，突然发现一本书不见了，非常着急，心想这是老师向图书馆借的书，不可遗失。如同电影镜头转换，我爬行回到图书馆门口，请托旁人："我掉了一本书，实在没有力气再回去寻找，拜托帮帮我。"这时一个十岁左右的小男孩，正在图书馆还书，馆员出来说："小男孩找到你的书了！"我握着小男孩的双手，含泪频频致谢……梦醒，泪湿衾枕。

你倾听之后，与赵国瑞恩师的解梦不谋而合："曾老师代表学术父亲，最后拉你回来是学术的力量，小男孩是传承的人。"上周对谈，你提及只有两件事能让我"起死回生"，一是研究一是学生。这场梦境似可印证！简媜！活着的功课，我已尽全力，没有遗憾，也没有缺憾了。你呢？

【简媜】：

惠绵，先回答你的问题：有时只有死能战胜死，有时唯有生才能战胜死。《楚辞》已成，屈原可去；《史记》未就，司马迁必须生。《报任安书》太史公自言："欲以究天人之际，通古今之变，成一家之言。"读此言，开吾眼界、扩吾胸襟、养吾气节。人生在世，浊骨凡胎数十载，有人拼长命百岁，有人夺千秋万世。屈原、太史公乃真英雄，死在自己钦定的荣耀里。

我们谈了三周稍嫌沉重的话题，最后一周"生死"也轻松不起来。虽然我写了谈生老病死的书，但你比我有资格谈"生死"，我仍记得那场脊椎侧弯大手术，据医生描述，接你的神经像水电工接电线，如今回想仍觉得毛骨悚然。你能活下来，是上天不让你死。

人生有两处危险路段，一是二十岁左右，轻则抑郁成疾重则自我结束；一是五六十岁之间，身体崩坍或重症夺命，这阶段出事的大多是秀异、拼搏之人，留下未竟志业，令人惋惜。这几年身边有几位优秀朋友跨不过六十门槛，令我感到死荫幽谷已近。想起今年初春，我打电话给碧惠，竟听到她在痛哭，她说同班同学冬青"快不行了"。即刻赶往医院，一进病房，看到两眼红肿的碧惠正在为她按摩背部减其病苦，我也按摩她的脚，不能相信这双少女般肤质的脚竟快要抵达终点，连带也想起当年病床上的你动弹不得却有一双儿童般的脚丫。我对冬青学姐说："很荣幸认识你……"她已发不出声音，但嘴边浮出浅笑，辨其嘴形应是："我也很荣幸认识你。"惠绵，我们离讲这句话的时间越来越近了。碧惠说，那天之所以大哭，乃是想到将来也要与姐妹们诀别，不能承受悲念。唉！如果躺着的是我，你能平心静气对我说"很荣幸认识你"吗？

台湾有史以来，从没像现在住了这么多老人。五十岁以上的有八百三十万人，扣去六十五岁以上三百一十二万，"老人候选人"有五百一十八万，阵容浩大，这群人是年金改革的"承担者"，我们这一代都在里面。从现在往二十年后看，如果你跟我一样预见台湾天空乌云密布的话，你就知道无缘社会（失去地缘、社缘、亲缘）、下流老人、孤独死是我们这一代的"宿命"，而我们只能认命。

通过年轻危险路段，能看着自己变老是生命给我们的恩赐。然而我观察，采自然工法让自己老下去是不负责任的，面对老化的第一步不是去把头发染黑、激光除斑，"老"跟人生其他阶段一样必须事先规划、认真学习，老年也有"学测必考题”，无非是那几道考古题；若是不面对不规划不安排，结局就是躺在病床上多管齐下，病房外上演争产风暴。年轻阶段，靠体力靠冲劲，老，要靠智慧。老人版智慧宝典第一章开宗明义叫"舍"。先修这个字，修成了，其他章节好念，修不过就等着看老天爷疼不疼你。

惠绵，你我人生走到这一步"大势底定剩半条烂命"，只盼这身体还能再撑个十多年（这不算多吧，抬头望天：身心健康的十多年喔！）让我们把志业完成，倒光最后一滴灵思，如果能在歇笔之年、行动自如之时、清理妥当之日离去，那真是"帝王级善终"、得到神之吻一般"美好的死日"啊！

2. 不必相送

【惠绵】：

虽然我尚未年老，但近年来肌肉无力、神经疼痛，早已进入"小儿麻痹后症候群"的历程。听说平均寿命是六十岁，得开始思考余年的安宁与照护了。

提起照护，不免要说一说往事。我们年轻时曾相约不婚，比邻而居，两栋房子之间凿个宽门，出入照应。不想，你没告知，偷偷结婚了。当时颇为埋怨，今有自知之明，与我为邻肯定灾难，感谢姚大哥拯救了你！

生活点滴需要照料，只好开始聘用人。早年担忧此事，有一次看复健科，顺便请问医生："我需要什么条件才能请用人？"医生面无表情："等你成为植物人。"这位医生应具有"前瞻"眼光，台湾当局立法机构三读通过，自二〇一四年六月起，凡持有重度残障手册，可以开立巴氏量表，进行聘雇，我是受惠者之一。可是有一天我将无力照管用人，该如何是好？创立伊甸基金会服务弱势及残障团体的杏林子，遭受用人殴打，被推下床，次日因旧疾新伤，猝然辞世。有人说："天道没有偏私，常帮助善良的人。"杏林子绝对是善人，何以致此？难怪司马迁沉痛质问："倘所谓天道，是耶？非耶？"

当前或无近忧，却有远虑。我本无公教优惠存款，遭遇年金改革池鱼之殃，退休金恐怕无以支撑生活费和用人费。若有房子，未来才能考虑"以房养老"。二〇一五年底，合库银行推出以房养老商品"幸福满袋贷款"，只要年满六十五岁，信用纪录良好，即可房屋申贷，每月稳定领取一笔费用，直到九十五岁。简媜！万一我活到九十六岁呢？真的是"幸福满袋"吗？活一天算一天！我突然只想拥有小确幸。

十余年前，曾经邀你和黄照美（《吃朋友》主厨）、魏可风（能量医学治疗师）相聚。我们取出备妥的"预立安宁缓和医疗暨维生医疗抉择意愿书"，表达疾病末期选择不急救之意愿（但愿安乐死也可以填写自愿书）。意愿书一定要由本人亲自书写，或由明文委托之医疗委任代理人填写，而且需要两位见证人。那天只有你未填写，你说：要尊重姚同学。后来忘记问下文了？

每次参加告别式之后，都会再次自我强调：拒绝一切仪式，千山独行，不必相送。我曾经很喜欢徐志摩翻译、罗大佑编曲的《歌》："当我死去的时候，亲爱，你别为我唱悲伤的歌。我坟上不必安插蔷薇，也无须浓荫的柏树。"原是欣赏死亡的潇洒，如今却钟情树葬。因此，不要坟墓、不要灵骨塔，要浓荫柏树、要安插蔷薇。简媜！如果我先你而去，千万千万记得我的请托。

树葬，意味回归大自然的怀抱，物化为一粒种子。庄子认为天地万物都是一粒"种子"，只是以不同形体变化更迭而已。生与死，如同圆上的每一个"点"，是开始，也是结束。

【简媜】：

哈哈（大笑中），其一，我们不会让你活到九十六岁！其二，我就知道你一定会提"见色忘义、弃友闪婚"这一段！当年我提喜饼去你的研究室，你听完始末眼眶泛红，我以为你是为我高兴，原来是怨我毁诺呀！这得怪你自己识人不明、误交匪类。其实，这两回事并不冲突。将来，说不定手足或知交比邻而居是"在家独老""安养机构同老"之外的第三选择。相较下，我更推崇这选项，有情谊基础的"仿家族共老照护方式"让子女较轻松放心。只是城市居大不易，说不定将来会把老人都迁到外岛。我问姚同学："如果有那么一天，你要去哪个岛？"他答："太平岛。"我要去澎湖，我说："如果你坚持要去太平岛，那我们的婚姻就走不下去了。"唉！

买房比邻而居共老，谈何容易！（题外一计，建商可考虑推出多屋合购、旧屋代售服务，圆老者"比邻而居"之愿。）

我们这一群朋友都是非凡之辈，能以正确观念思索生死课题。听闻太多困在照护病房缠着管子绑手绑脚，一躺数年花费数百万，终于停止呼吸让家人松一口气的例子之后，我对末段路程没太多惊恐。我家姚同学与我是心智等高线相当的知己，我们知道彼此意愿，"葬我于一棵被狂风吹歪的小树"乃是最佳归宿。我也很早就跟儿子谈生死课题，生命的内容我们能决定，但长短不由我们做主。我告诉他，如果有一天他必须为我的紧急状况做医疗选择，"不要用一般人的想法为我做决定，因为你妈妈不是一般人"。

我们四年级是苦命的一代（我虽是五年级但养成方式与认同感属四年级）。生于战后婴儿潮中段的我们，父母大多经历日本侵占或抗日，我们自幼听闻他们的灾厄故事，变成同情父母且感恩的一代。我们跟上一代的联结太深，接收一切观念与价值观，认为尽孝道是天经地义之事。这也使我们在快速翻转的社会里注定是奉养父母的最后一代，也是被子女弃养的第一代，如今 AI 人工智能势不可挡，我们更有机会成为由机器人照护的第一代"白老鼠"。

有一天我问姚同学："如果我先走了，儿子远在天涯，你能接受由机器人照顾吗？"他答："很好啊。""为什么？"他说的理由非常具有说服力："情绪稳定。"我们还讨论医疗床应该怎样设计才能让机器人帮病人换尿布时顺利"提领黄金条块"。我还幻想，万一我想自我结束，对它下指令："拿枕头，放我脸上，用力压三分钟，洗澡换漂亮衣服。"等到被发现时已气绝多时，大体也洗过了。希望这一段不要被设计者看到，免得预先防堵。

惠绵，人生有"五成"：成长、成熟、成功、成就、成全；你我都到了自我定义"成就"内涵、继而"成全"年轻世代的年纪。固然大环境前景堪虑，我们这一代仍应传递勤奋与奉献的圣火，努力像萤火虫发出微光，期盼社会有大放光明的一天。英雄旅程必有结束之日，但愿旅程最后一段，举起手向人世告别时，我们的脸上含笑、身姿潇洒，且如你我所愿：千山独行，不必相送。

十三岁就懂的事

——谢班长与简副班长相对论

【作者交代】

地球是圆的，岁月是一条念旧的抛物线，年少时一别仿佛沉入大海的朋友，总在中年以后浮出水面；有的藏在意想不到的人际网络，忽然顺藤摸瓜现身了，有的靠搜寻，网络世界是一个不需要侦探的地方，弹指之间熟面孔出现。有趣的是，会想找小学同学，通常是江湖走透、沧桑尝遍之后，而大部分的人不会拒绝跟小学同学相见，因为那是纯真岁月的遗迹，更重要的，我们对看过自己童年样子的人存有异样情怀，友情里的"类亲情"，能够"一起长大"又能挂在心上直到老迈，是极特殊的缘分，深似手足。

谢班长是我的小学同学。兰阳平原滨冬山河靠大海、年年淹大水的一所名叫"武渊"的简陋小学，那也是我阿公、阿爸、阿姑的母校，每年级只有忠、孝两班，一九六七至一九七三年，被编在"孝班"的四十多个小孩，六年间从未分班，一路打打闹闹、亲亲密密一起长大，导师却是来来去去，每年换一个新的。在此奇特制度下，我当了好几年副班长，而谢班长，足足当了六年班长——以其超龄的能力与人气，如果小学是十二年，他也会做好做满，不可能有竞争对手。我们班每个学生的家庭背景、学习成长概况、日常班务，最清楚的人不是导师而是他。而天底下真的有一种人，生来就是当领导者的料，也真的有一种人，像带着累世的修为来做人一般，IQ与EQ都高，质量接近完美。

十三岁那年，唱完骊歌"青青校树，萋萋芳草"，我们被命运押到各自该去的地方，鲜少联系，直到五十多岁再接续音讯，两人皆已白发苍苍，他的发色全白更甚于我，不必多言，岁月给我们的考验极不轻松。犹记得谈及中学时我的家庭发生变故，他竟说："发生这么大的事，怎么没跟班长讲？"完全是小学时大家遇事立刻跑去跟班长报告的实况，是以，我眼中的他，除了是肩负重任的"中国钢铁公司"一级主管，不时还会闪现小男生"谢班长"的影子，他眼中的我，除了是浪得虚名的作家，料想也会闪出绑两条辫子的小女生"简副班长"。当我们尽情畅谈十三岁以后的人生，我不免浮出一个古怪念头：他是男版的我，我是女版的他，如果这世上有所谓非血缘双胞胎，我跟他应该就是这层关系。而这些，六七岁就认识、一起长大的我们，当时并不知道。

在我穿针引线之下，谢班长不仅认识我家人也认识赵国瑞老师与李惠绵教授，很快地，性情相投者一拍即合，三家结成好友，互动亲切、相谈甚欢，惠绵顺理成章成为我们"孝班"的荣誉同学，一起接受谢班长无微不至的照顾与领导。既然我与惠绵曾热热闹闹谈过一场相对论，引起颇大回响，怎可饶过班长？在我邀请下，班长慨然应允，遂在初秋午后雷雨天气，完成一场缅怀童年、回顾人生、交换历练与感悟的对谈。

在我们这一代渐渐要迈入人生后半场之前，我特别希望他身上的特质与质量能借着我的文字呈现出来，鼓舞走在类似路上的年轻朋友。因为，"好天要积雨来粮"，当社会下起滂沱大雨，最能冲过雨幕的应该是"谢班长"这种人。

【这一天】

自二十四岁进"中钢"、长住高雄的谢班长，这一日北上至医院中医部回诊——依照常理，好朋友会吃同一家餐厅的菜与同一位医师的药。中午，我于餐厅设宴，请他与两个女儿便餐（可惜班嫂有事未到），他竟拉着一口艳色大行李箱现身，原来是帮在台北工作、计划去度假的女儿带来的。但打开箱子，里面却装着送我家与惠绵家的礼品与糕点。

我：每次看到你都是大包小包，我从来没看过一个男生像你这么多礼、细腻而且不厌其烦。

班长：对，（瞬间回顾、闪过一丝感慨神色），我这一生都在为别人活。

我：而且，我们脸上都有四个字"解决问题"，好像都在问题的第一现场，即使不在现场，也是第一个被通知的人。这是命，我相信你比我更能体会。

我看过一部影片，印象深刻；片中，老师叫一群学生排成一直线，状似要赛跑。起跑前，老师说，每个人的起跑线不同，需依以下的提问决定。他问："如果你的父母婚姻还维持的，请向前两步。""从小，你的父亲是尽责的，向前两步。""上过私校、补习班或请过家教的，向前两步。"才三个问题，拉出六步距离了。其他四个问题："不必担心手机费（或等同生活费）""不必担心父母账单的""没接受过学费减免""不用担心下一餐"，七个问题打出让每个人目瞪口呆的起跑点差距。班长，你可以向前移动几步？

班长：大概四步。

我：我应该是原地不动（笑）。当看到跟别人差十四步距离，很震撼也很心酸。我们的成长都很辛苦，小学时只知道你是永远的班长、永远的一百分、永远的第一名，喔，有一次换我拿第一名，下一次月考你又夺回去了，你是我人生中碰到的第一个打不赢的对手。你每天干干净净、整整齐齐、知书达礼地当我们的榜样，到底你是怎么长大的？

【卖菜郎】

班长：我是卖菜长大的（笑）。我是长子，有一个姐姐、三个妹妹、一个弟弟。大概四五岁，我记得还能坐进架在母亲脚踏车前面的儿童藤椅内，跟她到市场卖菜，她给我一只篮子里面放四五把菜，地瓜叶、空心菜等，叫我在骑楼边卖，她在眼睛看得到的不远处卖。

我会察言观色，很快找出卖菜诀窍，我会去抱阿婆大腿叫她买我的菜，很快卖完，再去母亲那里"补货"，收摊后，最大的犒赏是去吃一碗热米粉，配俗称"海猪肉"的海豚肉、三角油豆腐，非常满足。母亲会顺便买水果回家，都是水果摊淘汰的劣品，除了拜拜用的，我从小没吃过完好的水果。

我：我家也一样，从来没看过一颗不用削的莲雾，奇怪吃了居然没怎样。如果以童工的生产力衡量，你等于学龄前就"经济独立"了。

班长：我做过很多工作，初中开始除了种菜卖菜还帮人下田除草、割稻，寒暑假到成衣厂、梨山果园打工甚至当建筑泥水及板模工。其实我非常不喜欢假日及寒暑假，都得打工。初中时，在班上女同学妈妈开的裁缝店门前卖菜，还碰

340

到老师、同学。我在学校的成绩不错，人际关系也好，所以心里的感受还好。因为家境，我鲜少参加要花钱的旅行活动，初中有次班上旅游，我骗老师说会晕车无法参加，我姐对母亲说："弟弟在晒谷场那边哭。"我母亲说："要不然借钱让他去。"当然不能这么做。其实，生活清苦我并不觉得怎样，高中时，便当里的菜都是半个咸蛋、酱瓜、豆腐乳，有个同学对我说："你怎么每天呷咸蛋？"那一次让我的自尊心受了一点伤。

我：真是个谜，伙食这么糟，你从小还是长得英俊挺拔，看外表就像书香门第的大少爷。我记得你说过，小学时球鞋裂了，令尊用红塑料绳缝，所以有一次班级照相你刻意把脚缩起来不露出鞋。清寒家的孩子各有保存自尊心的方法。有个疑问，你的成绩都是拿县长奖的，哪来的时间念书？

班长：我上课很认真，每天吃过晚餐到睡觉前那一个钟头可以做功课，早上若是不必去菜园拔菜，也能念书，小学、中学的课业相对简单，我学数学、物理、化学蛮容易的，上了高中，我很想读书却身不由己，比较辛苦。

我：你是个好工人吗？

班长：我蛮受欢迎的，称得上老少咸宜，所以他们一需要小工就会来找我。我喜欢动脑筋，无论做什么事，都会思考怎么做才能做得又快又好，交出的成果甚至超出他们预期，可以当选"优良小工"，我人生的第一支手表是高中时自己赚钱买的。上了大学，我依旧打工、做家教。

我：嗯，我大学时兼了两个家教，第一支手表也是自己买的，公馆地摊。好像，我们的"时间"跟别人不太一样……谈到"优良小工"，我也不算差，考上大学那年暑假，我去成衣厂打工筹学费，刚开始做些品管工作，后来越做越复杂。老板大约看我是"吃少做多免休息的可造之才"，建议我不要念什么哲学系，改念夜间部，白天去他的台北公司上班，以我的家境应该立刻管应才对，可是我很清楚地知道这不是我的路。谈一谈大学，你怎会跑去念造船呢？

班长：家境因素是我做每一件关键性决定时的重要考量。初中毕业，我在家人要求下考师专，考上两所，但我志不在此。大学联考时，宜兰没有考区，考生必须前一天到台北住宿次日搭出租车至考场，我严重晕车身体不适，成绩不够理想。家人要我填师大，我考量清大纯数与海洋学院，那时看到一张海报讲当局推动"十大建设"：六项交通、三项重工业、一项能源建设，其中一项是"中国造船厂"，承建四十四万五千吨油轮，将来要自造，我想念造船系将来就业有保障，而且学校改制，基隆离家也近，就做了选择。毕业后，正好"中钢"在招募员工，这是我的第一份工作，应该也会是最后一份工作。

我：现在回头看，那个选择是对的吗？有没有遗憾？

班长：其实当年想重考，我的成绩底子不错，如果有机会再考一次应会不同，但考量家境遂作罢。现在回想，我的成长之路没有太多选择，一直有两条线形成的"轨道"必须遵循，我被环境"困住"，最遗憾的是没有机会出岛深造，如果当年能给自己三五年的时间与自由，想必会有所不同，一旦毕业、服役、踏入职场、赚钱养家，就成定局了。现在年轻人流行出外打工，我是反对的，很少有人打工的经验比我多，趁年轻"投资自己"最重要，一年、两年、三年过得很快，黄金岁月花在工地不划算。

李老师与五孝男生。谢班长（右三）把脚缩起来，因为球鞋黑白交接处用红塑料绳缝补，不想被照到。

【长子长女情结】

我：你说的"轨道"我完全理解，这其中有太多无法言说的难处，点滴在心，我们无法依随自心做选择，很重要的关键是，我们都是"心疼父母"的人，恨不能替代他们扛起现实重担。你是家中长子，我是长女，在现代社会长兄长姐的称谓即将消失，独生子女唯一的手足可能是狗。然而在我们的年代，偏乡、清贫农村且又子女众多的家庭，"长子长女"夹在父母与手足之间，处在很复杂的"成长位置"；在弟弟妹妹眼中，我们是父母的代言人，地位几乎等同上一代，在父母眼中，我们是弟弟妹妹的监护人，照顾好他们是做大哥大姐的"天职"，责无旁贷。小时候，要是弟弟妹妹做错事，我父亲会连我一起处罚，他认为我这个做大姐的失职没照顾好他们。这种"长姐教育"，成功地把我养成一个但求付出从来没想要跟弟妹争夺的姐姐。成年后，我听闻第一个小孩会因弟妹出生，心里有被掠夺感而引发异样行为，感到不解，我未曾与弟弟妹妹争宠吃醋，相信你也是。由于从小被十个亲、表弟妹叫"姐"，我到四十多岁才发现在人际关系方面出现几个倾向：一、不习惯叫别人"姐"，二、与我深交的女性朋友都是家中幺女，三、我会不知不觉出现姐姐样子，四、不争。你是长子，在家族传统观念里责任更重，谈一谈长子心情，付出与反馈之间平衡吗？

班长：我是家族及庄内第一个念大学的，一生都在为别人付出，不论家人、朋友，精神或物质，有求必应。虽然老家在宜兰、我住高雄，家族有事，二话不说南北奔波，我曾经每周跑回宜兰处理事情，是救火队长也是道歉队长。遇到事情，我会分析、建议供他们参考，他们都很尊重我，无论大小事最后我的意见都会被采纳。有一天我太太对我说："你这样照顾别人，不顾身体，你倒了谁来照顾我们？"才点醒我要做修正，以后要多爱自己一点。

（班长秀出 Line 上家族对话，能得到下一代侄甥辈之温言暖语、由衷感谢，足见这位大伯大舅何等受到敬爱。他天生具有万人迷特质，一回到老厝，左邻右舍老人家很喜欢找他聊天。对子女亦父亦师亦友，两个女儿跟他的互动就像前世情人般自然欢愉，他说写给女儿的信大概够出一本书了。一个男人，披挂孙子、儿子、长兄、女婿、丈夫、父亲六种角色，竟然毫无怨言且功德圆满，何等难得。）

我： 与你相较，我这个做大姐、大姑、大姨的远远不及。以往，我常单一地从"大姐"角度对待弟妹，拼搏不懈以为

邱老师与六孝女生。把手放在同学头上的就是简媜。

表率，直到一句话"我们是大树下的小草，晒不到阳光"才敲醒我，应该换位思考，才能感受有一个从小表现优异、太早获得虚名光芒的大姐，自幼被压抑得喘不过气，处处被拿来比较、永远"赢不了"，是一件非常厌烦的事。因而，我越靠近越协助可能导致越疏离越沉默。年长之后，我深切反省，才察觉到做我的家人蛮倒霉的，我的存在本身就会带给别人压力，再怎么好，都无法弥补声名光芒对他们造成的灼伤，才觉悟，"疏冷寡淡"是给彼此解脱、恢复自由自在的唯一方法，我应该全盘接受，离得越远越好。大树自己从来不觉得是大树，只是一株单打独斗、奋力想要亲近阳光的小草而已。人生难解之题何其多啊！慢慢走、细细领受，悟得"彼此相忘"也是一帖不错的药方。

【职场上的自我锻炼】

我： 先说两个小故事。第一个是《真希望我二十岁就懂的事》书上看来的，服饰店来了一位客人，要买蓝领白衬衫，第一家店员直接说没有，第二家店员说可以处理，请人将一件蓝衬衫与一件白衬衫互换领子，客人非常满意，临走，店员问顾客："我们也有一件白领蓝衬衫，您有兴趣吗？"客人连那件也买走了。第二个小故事是亲身经验，我与几位友人至林口一家有名的复合式商场，友人买了一客冰激凌，没想到分量挺多的，宜乎分享。我向柜台两位年轻女员工要纸盘、汤匙，她们回答："没办法，公司规定不能另外给。"

我目视流理台上有咖啡杯瓷盘，询问可否借用？"喔，没办法，不能借。""那么，我另外买一个纸盘可不可以呢？""没办法，公司规定不可以，都有录像。"我一句话也不说走开，因为，若开口就会说出严肃的话，我不想生气。她们两个继续盯着手机，不觉得如此对待客人有何不对，得到"这家店不能再来"的评语有什么关系？"服务"的定义是什么？就是"你说得出的困难我会设法解决，你没想到的我也预先解决"，而"敬业"是高难度觉知的两个字，一旦机器人上场，首先抢走的就是这两个只会说"不行，不能，不可以，没办法"年轻人手上的工作，她们恐将成为打工浪人，套句我外婆说的："一年换二十四个头家，转来呷尾牙还早早。"尾牙之前已换了二十四个工作，从没待到年终吃尾牙。她们这么年轻就对工作"无感"，不当一回事，非常恐怖。

谈谈你的职场心得吧，我觉得你的第一份工作是"班长"。还记得几年前我们失联二十几年又复联，你说你每天清晨四点起床，六点进办公室，让我佩服得不得了。不过，我也是五六点开始写作，副班长也不能太差。从毕业进"中钢"到现在身为一级主管，你一定有值得跟年轻人分享的独门功法。题外话，前阵子高雄豪雨淹水，停班停课，你还是天天进办公室，不觉得把自己卖给"中钢"了吗？

班长："自发性到班"应变台风天灾是"中钢"生产线主管主动积极一脉传承的文化，没人会觉得把自己卖给"中钢"。"中钢"给了我这一生最需要的经济资源，对"中钢"

我充满感激，感谢公司、上级，特别是一路支持的同事们。我喜欢动脑筋，面对问题、解决问题，擅长业务沟通协调，善用群体力量来达成目标。要完成一项任务，用"一己之力"是下策，用"众人之力"是中策，集"众人之智"是上策，当大家脑力激荡，各人踊跃提出见解献出创意、经过充分讨论取得共识促成行动方案，那就是"众人之智"，每个人可以从中看到自己的智慧与力量，做起来就有成就感。另外我擅长做的就是"把对的人放在对的位置做出对的事"，让大家有认同感与成就感。我对工作全力投入，会看书、听演讲，吸收别人的构想、创意、技巧，用在工作上，做中学、学中做。开会时不说"你们"而是"我们"，表示我们是团队是命运共同体。员工有问题，我不会隔着一张桌子与他面对面——这是上对下的位置，我会坐他旁边——这是可以讲悄悄话的位置。面对员工，"倾听"比什么都重要，有时听他讲完他的问题已经释怀解决大半，多倾听才能理解他的感受、找出问题症结，在不违法与公司大政方针之下找到解决之道。至于在工程现场的展开，我的经验是"文不如表、表不如图、图不如演（示范）"。

我：你是乐在工作的劳碌命与工作狂。我记得你讲过，你在职场上没有敌人，因为功劳不必在你，真是让我佩服，这种主管简直是奇葩。不过我完全相信，你小学时当班长就显现这种特质，全班每个人都跟你很好，从来没听过有人告你的状，只能说你是天生的领导者。接着，谈谈对世代的看法，是对立还是合作？你会给一般人泛称"困于低薪、追求小确幸"的年轻人什么忠告？需具备什么特质才能在竞争激烈的社会存活？

【世代：对立还是合作】

班长：因为苦闷，才会追求小确幸。台湾目前的困境来自转型没有成功，对年轻人来讲，他们恨我们是因为所有好玩的能快速致富的东西都被我们这一代玩完了，他们的苦闷是可以理解的。世代之间有误解，要坐下来谈、沟通，力气要用来互相理解，不要互相伤害。他们欠缺我们的奋斗精神与毅力，我们欠缺他们的创意与革新的能量，世代必须合体、合作、要共好。我建议年轻朋友：一、保"平安"、要"快乐"、有"健康"、再"其他"。二、要有自己未来目标的愿景图像（如：让自己具备"国际移动"的能力），接着"以终为始"，倒推回去找努力起始点及各阶段性应准备的轨迹方向。三、不妨透过职涯性向测验找出符合自己人格特质的发展方向，投入对的行业，选对了，才能走得久走得好，人生路上，"选择"很重要，选择比努力更重要。选了就要积极去厚实职涯生存能力的基本功。四、最重要的工作是找到"对的人"，牵手一生的伴侣。

我:茫茫人海之中，找到对的人很重要，我第一次见到"班嫂"就觉得你们是天造地设的一对，能与你一生相守、白头偕老。选择伴侣必须找到知己，知己不见得是梦中情人，但只有知己才能同甘共苦经营一个家、协力家族，无怨无悔地做我们的后盾。就这点而言，上天厚赐你我。"让自己具备'国际移动'的能力"，语重心长，也是暮鼓晨钟之言。你有三个孩子，我有一个，我们都不约而同期望他们朝世界走去。回想我们从那么匮乏的小村一路奋斗，用尽力气走到我们的资源与能力能抵达的极限；有时候我不免想，如果年轻时我们内心少一些肩负家计的急迫感，少一些提携弟妹的焦虑，敢借贷投资自己，给我们三五年时间，人生必定不同。不过，换个角度看，"此身不向今生度，更向何生度此身"。或许我们必须走的这条轨道是最能让我们修习这一生各种功课的地方，而回顾大半生，我们两个确实是认真的学生，再难的习题都未逃避，再苛刻的对待都承受，再难堪的结局都收下，渐渐走到肩上任务、心内牵绊要一一卸下的路段。接下来，我们谈谈老年。

【你必须丢的七样珍贵事物】

我：我在《坎伯的生活美学》书中读到一个有趣的仪式：某个聚会团体，要求会员花一整天时间思考生命中不可或缺之事，写下"值得你为它们活下去的七项事物"，并且找七个小东西代表这七项事物，拿在手上。

接下来是实境闯关游戏。夜里，大家在黑暗中走了一段路，来到第一扇门，一位戴着狗面具代表神话中冥府大门的守卫，伸出手说："给我你最珍贵的东西。"给出一样东西才能过此门。以此类推，其余的东西都要给出去。最困难的是最后一关，有两个人挡着，若想通过必须放弃你最珍爱的宝物。这个游戏有趣的地方在于仿真地启动每个人的自我对话、议决而后做出割舍，"割舍"是人生中最高海拔的习题。书中提到，每个参与者谈及"在放弃最后一件宝物时，都真的得到了解脱"。

我拟了七样事物：财富、成就、父母、手足、子女、夫妻、健康，要一样样丢，你最后丢的是什么？

班长：（认真地想了一会儿，做出选择）子女。

我们对谈间，一度窗外雷雨交加，此时已收住，步出户外，天色恢复清朗。我们接着要往惠绵家，探望面临健康难关的她；我不禁想，"父母、手足、子女、夫妻、财富"都不是问题，她的七样宝物是什么？除了健康，大概是"教学、研究、学术、论文、戏曲、著作"吧，只是，仅剩的健康能否撑得住满腹待下笔的学术大愿呢？神，愿意赐下慈悲吗？

至于我与班长，人生闯关游戏里，我们揣在手里的最后一项宝物是相同的，迈向最后一关途中，但愿我们从十三岁就懂、为家庭无怨无悔付出的这份辛劳，能获得上天嘉许，当我们必须交出最后一项时，这宝物光辉丰润，让我们心情轻快，无牵无挂。

但愿惠绵与我们都能无牵无挂，如此才能闭上眼睛领受属于我们的，那阵等了一百年，芬芳的风。

　　前面这条路，我想一个人走。让荒径上的心在这里休憩一会儿，被历史古迹包围，被盛放的花树迷眩，被爬墙的薜荔缠绕，被异类也是艺类、宛如普罗米修斯后裔的年轻盗火者感动；看他们凭着一双空空的手，纯粹的信念与奉献的热情，把荒芜变成心灵萤火虫复育的茂林。谁说荒径不能走成花径？

书，消失之前

【作者交代】

本文根据一篇旧文修改而成，更题为《书，消失之前》。两文之不同在于，旧文关注个案涉及人事，本文放眼趋势回到核心关注；当危及传统书籍存续的完美风暴——结合"数字网络生活习惯、短影音阅读潮流、轻薄短小风气、嬉怒笑骂调味、社群同温层取暖、AI人工智能突飞猛进"——已在目测可及的前方虎虎奔来，任何一桩个案都是微尘。遂回归文坛基础：杂志（载体）、作家、编辑，在人去楼空之前做一番回顾，纪念那个什么都没有的年代。

原文大幅删改去芜存菁、增补。且当作，沙滩上一只固执的小螃蟹，在灭顶大浪袭来之前，对它的小沙堡做了都市更新。

1. 一张"筹备处"旧照

在一个不恰当的时间，一张照片浮现脑海。

我正在疾驰的客运上。冬日雨水刷过车窗，近处行道树、远处无边际的新高楼旧公寓共构出一幅灰蒙蒙、无欢无味的城市面貌。从车行中回望街道、路标、店招，才惊觉自己日日生活于其中，已经习惯无田园抚慰、无自然润泽的街景而不觉其寒伧了。

因为回望，思维线索兀自抽长、蔓延，脱离了跟这趟车行相关的现实感——数小时之后我将在医院病房，探望一位陷入倒数的重症友人，我不知该对即将离去的人说什么——冷冬之晨不适合用来告别，想不出适切语句，以致思绪跳跃，如脱缰野马溯洄奔蹄，最后定格在一张照片上。

如果将人生比做一条步道，必有几处风景殊异之景点，值得独自赏玩。回顾前尘往事，自然不能跳过几处珍贵路段，或许是冬雨太凄迷，我放纵自己沉浸于年轻时走过的一处关键路段，那是大学毕业次年进入的一家筹备中的文学杂志，我的文学生涯的起点。

那时的社会还被一把大黑锁锁得紧紧的，那时的我刚在文坛冒芽，尚未出版书籍，成为作家之前先成为"编辑"，其实是一张白纸。

关于这本杂志，首先从记忆仓库蹿出的，不是冠盖云集的创刊酒会，不是气派高雅的办公大楼、原木办公桌，却是那张模糊的照片。

　　我仍记得是个初夏。上班第一天，带着兴奋、羞怯的心情，依照纸条所记找到楼层，打开"筹备处"办公室的门，吓一跳，那是间会议室，里面除了一条长桌、八张塑胶红皮座椅、一部电话，什么都没有。

　　不能称作家徒四壁，因为墙上挂着好大一幅王王孙"十二生肖象形字画"及一部启动时如轰炸机起飞的冷气机。

　　我是最早进来的那只刚踏入江湖、满怀兴奋的牛，天生劳碌命使我没有花太多时间抱怨。我选了离冷气机噪声远一点、靠墙位置坐下，庆幸自己是第一个进场的员工可以选到"财位"。把文具、笔记、茶杯摆上桌，将电话移近（我自觉须当接线生）完成安魂仪式，正式开工。接着，我被指示去各单位"化缘"，办公室的基础设备一样样进来，连稿纸都有了。

　　也许，这就是"筹备处"该有的样子，一无所有，更能激励年轻人的开创意志。然而，也只有二十多岁初出茅庐、浑身散发献身光芒的年轻人愿意在这种环境下埋头苦干。加上后来进入的美编、业务，几个"基层员工"把这间会议室当作"圣堂"，自行发光，闪耀理想色彩的光芒，奋斗着、感动着，熬夜赶工甚至有人天天穿同一件衣服。经询问才知已三日未回家。邻座恍然大悟，老是闻到食物馊酸味，原来是没洗澡的气味。

　　二十世纪八十年代，一个禁锢太久即将被冲破的社会，如果有人独具法眼，从半空往下看，必能透视这间积满稿件、资料的小室洋溢着亢奋的创业荷尔蒙、丰沛旺盛的青春活力，还有一股在这之后我不再遇到的献身精神。是的，愿意为理想献身的革命情怀。

而这些，正是此刻让我眷恋且黯然的原因。

那时候，不在乎老板与高干们拥有宽敞舒适办公室，而我们挤在连抽屉都没有的西晒小房间。那时候，一穷二白的我们耻于谈钱，以致从不问待遇、升迁、福利、假期、保险、退休。那时候，不在乎工时，没有打卡钟，却在午夜搭出租车回家，次日一早又坐回桌前埋头苦干，不知道什么叫加班费。那时候，没有计算机、手机，只有传真机、复印机，所有工作都靠手写。订单太多，大家分摊，把工作带回家，一人上班全家奉陪，帮忙抄写订阅划拨单，以求尽速建档、寄送杂志给读者。

为何愿意信任发行者所揭橥之文学意图必然崇高，服膺总编拟定之编辑政策必能一统江山，而认定自己这个小文青应该没日没夜地为一本伟大杂志之诞生而燃烧而觉得今生如此光荣？答案只有一个，我们献上了纯真，献上生命中第一道冷压初榨的纯真。

照片中，最抢镜的是纸类回收站才见得到的凌乱桌面，再来是桌上靠墙处用书堆高、竖着的创刊号杂志，封面的象征意涵迷倒所有人，惹湿禁锢时代里无数渴慕的眼睛。因此，靠墙竖放的创刊号像是被供奉着，如同我们在香火鼎盛庙里看到的神像一般。而我就坐在靠墙处，即使桌面不敷使用、稿件资料都堆到椅子底下了，"那尊神像"依然以神圣姿态竖得稳稳地不可动摇。

照片里有六个人，三位高干、三位基层，分属于编辑部、业务部与美术部。看来像是拍照者冲洗照片之前，发现底片还剩一张随意按下快门的结果，因为照片里的人尚未摆出底片昂贵年代大家照相前必定调整出的最佳笑容，以致三人没看镜头、三人看了镜头，我是最快摆出标准笑容的，这也是照片给了我的原因。而我留着，不是因为年轻的欢颜可喜，是为了记得。

记得吃苦岁月里那一颗颗纯真善美的心。当年的我知道有一天会回头想起这些，但没料到是在一个必须诀别的冬雨之日想起。疾驶的客运朝向无欢处所，我不想面对即将到来的诀别，更无法舒展往昔的纯真与善美已然消逝的事实。

人生难堪之处在于，世情淡泊之后，你犹然记得原初的热情与誓言。"还有人记得吗？"冷雨滂沱之中，我竟无法回答。

2. 作家

作家是天生的。成为作家，乃是回应缪斯确归之神的召唤；而它的召唤方式绝不仁慈甚至极度残忍，每一个勇毅地回应召唤而踏上创作之路的作家，其背上可能中箭、脚踝难免带血。作家驰骋于想象世界纵浪大化，然而毕竟也是血肉之躯，要养活自己极不容易，那是绵羊落入一头叫作现实虎口的争斗，遭受讪笑、咆哮、撕咬，伤痕累累之下，犹然在暗夜捻亮小灯，抢一把零碎时间耕耘稿田，字里行间淌着血迹与泪水，无人知晓。即使如此，但求灵感喷发完成杰作，不求荣华富贵。因为缪斯之神的敌人是时间，被缪斯召唤的作家必须以作品击败时间的勒索，这是一生战役，而真正的作家，即使身殉，依然无悔。

养作家难，养出一个"优异作家"更难，而想"养壮"这个优异作家那是难上加难——十年一世代，两百万个小孩中能养出几个有能力写进文学史的作家？盗火给人类的普罗米修斯被天神惩罚，将他锁在悬崖上，命老鹰啄肝，每日复生又遭啄食。锁在悬崖不得动弹近似伏案写作，当沉浸于情节之中而情绪跌宕或郁闷或垂泪，无异于老鹰啄肝。这折磨这痛苦，从生命的苦汁滴出文学甘蜜，活生生是作家实况。优异作家，必须撑得起折磨、耐得住寂寞，默默地长途跋涉，自我鞭笞，不写出心中巨著死不瞑目。当此时，文坛奖项鼓舞、评论界肯定、出版书市挹注，皆是后发之事。一个优异作家，养壮自己的秘诀只靠两个字，"意志"。

3. 编辑

如果编辑不是天使化身，无法解释怎有一种人死心塌地把心血一瓢又一瓢地浇灌于作家的原稿、打字稿、校稿、清样上，视此书如己出，为之擘画定位、修葺剪枝、勘误补注、盯紧美编、联系业务、导引企划，甚至亲自上媒体宣传，务使此书上市能惊动读者与评论家，销售一路长红，佳评最好如海水倒灌、山洪暴发。

如果编辑不是缪斯派来守护作家的天使，怎么解释他们如此卑躬屈膝地承接来自作家的所有要求？那些灵思国度的子民、在写作囚笼内闭关的作家，固然有温润之人善体编辑辛劳，然亦不乏天生沾着皇室习气、公主派头，把编辑当作宫中老奴、王府奶妈使唤的。或是案前卡关，焦躁难耐濒临疯狂，呼编辑出来夜饮。当此时，全世界只有等着要出版他的书的编辑，关心其书写进度及一切老奴该关心的事，必然也要再听他慷慨激昂地骂不知第几遍文坛仇敌，再次表明相挺到底，只差没像比干把心拉出来丢在桌上让他看这颗心有多烫。最后，会了酒钱招了出租车把醉倒的作家送回家，待躺上自己的床已是天亮。

某回，与一出版社主编喝咖啡毕，她特地要到某家药局买药膏，说是某作家身上有个伤口久久不愈，像"老妈子"的她打听到某一款药膏具奇效，特地为他买去。数月以后，我读到这作家以这伤口为引子写成小说，看书背，换另一家出版社了。"老妈子"编辑知道他会跑掉还为他买药膏，这情分非来自功利计算，乃是守护天使的本能关怀。

而编辑，只是校对抓错字的底层劳工而已吗？美国传奇编辑家麦克斯威尔·珀金斯（Maxwell Evarts Perkins，1884—1947），发掘菲茨杰拉德、赏识海明威，他的名言："我唯一的职责是，将好书交到读者手中。"壮哉斯言。

电影《天才珀金斯》里，到处被退稿、苦无出版机会的小说家托马斯·沃尔夫（Thomas Wolfe，1900—1938），闯进珀金斯办公室，看着他背后书架那一排书，说：

"伟大的著作，看看这么多作品，你有停下来想过，每一行字句投入多少汗水吗？对信念的小小见证，在黑夜中呼喊，当风吹袭松树，奢望有人看到、听到并且了解。"

当他说毕，两人对望，脸上同时浮现笑意。

托马斯·沃尔夫的小说稿件来到珀金斯桌上，他看出这个年轻人是个天才型作家，决定出版其处女作。珀金斯对他说："这本书是你的，我只是希望能以最完美的形式将你的作品呈现给世人。"

编辑是伯乐，从"未来社会"来到现今、独具慧眼的一种人，编辑那张台面是一棵叫作"奉献之树"的刨造的。一生消磨在书稿之中，看坏了眼睛、坐驼了背，他们得到的仅是一份微薄得说不出口的薪水，书末版权页密密麻麻字堆里挂在"责任编辑""校对"下没人在乎的名字而已。

不仅作家欠编辑一个感谢，凡出版社老板都应感谢这一群把青春岁月献给出版的天使们。

天才作家是上天给这世界的礼物，大编辑家何尝不是老天赐下的瑰宝。托马斯·沃尔夫曾把书题献给珀金斯，赞誉他是一位"伟大的编辑"。作家与老编之间的情谊，是心灵知己，笔耕路上永远的战友。

出版业的不景气时代已经来临。出版界连年饱受业绩滑落考验，吹起熄灯号的书店不可计数，关门行列中也有我们年轻时徘徊过的连锁大书店。作家、出版社、书店、读者四者乃命运共同体，携手共创一社会之文学命脉、文化风景，当社会剧变，书与阅读的概念裂解，旧式优雅随风而逝。

在天完全暗下来之前，在书消失之前，在生命离席之前，走过垦拓时代的作家仍然坚信，世界太残破，必须用文学修补。坚持信念的编辑仍然相信，拯救的钥匙可能藏在一本好书中。

我曾经欺骗了你

晚春早晨，一块旧招牌无意中出现，使我想起一家短命出版社、你以及幽灵也似的一本书。

二十八岁那年，一无所有的我会买下那栋透天厝，其实跟你有关。彼时，你已罹病四年，严重的脑炎后遗症逼得全家不得不迁至山坡上这座荒废社区，而我，困于新创出版社需有办公室与书库，自己也厌倦了在城市中不断搬迁，正在寻觅落脚处。正巧，你家隔邻欲售屋，你母亲邀我买下，一起当邻居。她知道，与你同年的我，曾经同为某家文学杂志同事，也同样立志成为作家，不会嫌弃你每日发出的受苦声音。

我决定买下。刚开始，无暇了解隐藏在你内心深处的文学梦有多重，我眼前有好大一头现实猛兽要喂养。我才二十八岁，有限的积蓄投入创业火炉，此时身上干涩，购屋头款只好央求母亲拿房子抵押助我，其余向银行贷款，胆敢背负双份百分之十三房贷利率的贷款，盘算，最糟的情况是半年后山穷水尽付不出贷款，卖屋搬家。脸皮一向薄如蝉翼、自尊心又如铜墙铁壁，根本没打算向亲友借贷。既然存款水位仅有半年，我一日当三日用，书桌上自家出版社待校书稿、信函堆积一处，撰写中的创作文稿也积成一处，为了养活自己付房贷的外接稿件也堆了一处。你母亲交给我的剪贴簿与手稿，就这么放在另一张桌上，看着我燃烧青春喂养现实这头贪婪的野兽。

有一天，我什么都不做，专心看你的散文、小说原稿，看完只有一哭。

"我相信人之相遇相知，都是难得的缘分，不管命运之神如何踏碎我们安居的城堡及一切梦想，有一个东西永不会被夺走，那就是爱！因着这个字，当同行的友伴被陨石击中，忍不住要回答她的哭喊。"我在札记上留下这段话。

你那时躁动不安，日日以欢快表情高声叫着："我二十二岁立志当作家，包括做家事的家。"文学与爱情，都是你我的梦啊！我已顺利踏上文坛，眼看你陷在斗室中无法复原，捧读那么才华横溢的一颗心写出的文章，竟兴起为你圆一个梦的念头。

我编辑你的手稿，邀你的师友家人撰文，更蒙我们的老主编痖弦先生慈悲首肯，我草拟内容再由他以漂亮的字体誊抄，为此书作序。那时我参与创办的出版社虽惨淡经营，但伙伴们颇具文人惺惺相惜的春风性情，同意我以出版社名义实际上由你母亲付费来印制这本书。

印制之前，我带着合约书与一张支票到你家。你母亲从地下室带你上来，坐好。我以出版社发行人兼总编辑身份问你愿不愿意把书交给我出，奇特地，你竟然安静下来，回答："好。"当我请你在合约上签名，你拿笔的手那么自然顺畅，这不就是那只写文章的手吗！

"我只是媒人，所有闻悉这件事的你的朋友，都义不容辞来为你祈福。我仿佛看到，在荒郊野外，众人摆设丰富的爱之飨宴，把心愿揉成一炷檀香，一千声一万声，要从病魔手中唤回原来的你。"我写着。

书出，你翻看的神情是自你病后家人从未见过的，那是原来的你，那是原来的你！然而终究是海市蜃楼一现而已。从此，你的书陪你关在房间里，被你"啃"读到绽了线、毛了边。

我如此欺骗了你，那纸用来做戏的出版合约撕毁，支票也销去，都是假的。

然而，师友家人对你的疼惜与情义是真，我祈祷你能带着文学灵魂从死荫深渊慢慢爬出回到文学的户口簿里是真，一群人愿意"成全"你的梦、文坛长辈与朋友看了书之后上山探你、给你祝福，都是真的。

从你罹病至今三十四载，我们两家也先后搬离山庄。每年一两次探你，你都还记得我的名字，记得我们曾是邻居，曾在同一家杂志任职。时光静静流淌，当年，你叫我以后生的小孩要用你的名字之一字命名，我答以不婚不生，后来竟在那栋透天厝里又婚又育，才知，命运之神要我咬牙背那么重的房贷不是为了出版事业，是为了准备建造一个家。我当然不能用女名去命名男孩，但他从小知道隔壁奶奶家的房间里有一个生了病的阿姨。流过的时光在你我身上留下烙痕，我白发苍然，你的三分头也像芒花白，长年困于室内晒不到太阳，快速老化竟至无法行走。

一切如烟了，真的也好，假的也罢，人生教我们的这一课叫绝望。

今年初春探你，你已认不得我，也记不得我的名字。只是呼吸而已，只是存在而已。

曾经，老天对你那么好。你曾说："我是哭着长大的，也是笑着的。"

搬离山庄多年之后，决定将透天厝售给亲戚，堆放于地下室的藏书必须清毕。晚春多雨，从阴暗角落搜出布着尘垢、早已倒闭的出版社的招牌，恍如一梦啊，因而忆起那一段糅杂梦想与遗憾、等待与失落、奋进与失败的岁月。

如今，我只希望仁慈的神能带你走，换一个健康的身体，成全你的文学梦，把晶莹剔透的文采都原封不动放入新身，让你有朝一日乘愿再来。

书 街 骊 歌

——金石堂城中店熄灯有感

六月属于凤凰树，当火焰般的凤凰花在羽状树叶间燃起，便是骊歌轻唱的时候。

骊歌原是标示一个学习阶段的完成，所以行囊满载，又即将迎向另一阶段旅程，因此蓄势待发。挥别过去的歌声中有感恩，展望未来的旋律里有斗志，骊歌里有成长的甜蜜也有诉不尽的离愁，因为拥抱之后必须互道珍重，翻过去的那一页永不能重返，明日太阳升起，飞鸿各奔东西。

今年响起的骊歌令我伤感。月初在台大体育馆参加儿子的毕业典礼，四千多个位置座无虚席，尤其楼上环形家长区近乎满溢，料想有些家长的心情与我类近：看着子女完成大学教育而有一份做父母也完成阶段性任务的喜悦，却也为这所大学正在经历前所未有的巨大危机而郁抑不欢。一时之间汹涌的乌云笼罩我心，世局动荡，又一代年轻人奔向社会，迎接他们的是何种考验？明日脱下方帽黑袍，有何装备足以攻克难关?

月底,另一场"毕业典礼"更加撩动心绪,犹如我这一代曾听闻的那首《惜别》歌词:"为何不回头再望一眼,为何不轻轻挥你的手,你就这样离我而远去,留下一份淡淡的离愁。"是的,淡淡的离愁,刘文正、邓丽君、张艾嘉、凤飞飞都唱过这首感伤之歌,然各人声情不同;刘文正像告别青春,张艾嘉像告别童女自己,邓丽君像告别爱情,而当年的凤飞飞唱来,像告别一个时代。

一个我熟识的时代就要翻页了,在旧名"本町通"的重庆南路,六月二十四日金石堂城中店最后一夜,熄灯前,我来到现场。

其实,四月熄灯消息发布之后,我已来过一趟,用我这一代才有的深沉眸光再一次漫行,从仁爱路台大医学院、常德街台大医院旧馆、旧名新公园的二二八公园、武昌街明星咖啡馆、重庆南路书街、台湾银行及地标建筑。这一区域路径藏着我的青春足印,书与爱,沉醉与幻灭,如此珍藏却又不禁情怯。这岂是我独有的,恐怕是我辈的集体梦境,青春燃放成烟火之滔滔河畔。

二十世纪初日本侵占时期,本町通与荣町附近共同经纬出台北最具文化气息与商业繁荣的街景,光复后改称重庆南路、衡阳路……深具古典风华的洋楼群依然守住艺文气势;那时候,每一个穿高中制服的小文青书包里都藏有一条书街叫作重庆南路,每一段刚萌芽的恋情若不曾上西门町看电影,不曾浸泡于重庆南路书店一手牵着另一手提书走出店门，大约前景不妙。一条街的面貌取决于建筑，其故事取决于庶民记忆，被记得的街才有故事可言，不被记得的建筑只能叫不动产。重庆南路百年来以书为名，但它不仅是卖书的地方，更是提供苦闷青春寻觅灵魂出口的冲积扇，年轻生命的心灵驿站。当一条街叠印无数青春足迹，收集浪涛般的成长记忆，这条街就拥有自己的身世，能说出自己的故事了。

然而，再古老的心灵驿站也必须在社会变动中承受撞击。

二十世纪七十年代是"惊蛰与惊叹年代"，开创台湾出版盛世的出版大军如大地、远景、联经、时报、远流、洪范、九歌、尔雅……皆创立于这时期。禁锢的心灵拥有高飞的机会，当年稚嫩的我也受这一股清新风气潜移默化而兴起创作梦。

这股新风潮何等澎湃，眨眼才几年，社会丕变，一九八三年金石堂在汀州路开立第一家复合式书店，惊动平静的读书生态圈。明亮具现代都会气息的空间、书籍陈列分类清楚，流动的音乐与飘着咖啡香的附设餐厅，书店面貌改变了，这岂是一进门即闻到纸张油墨与尘埃相糅气味的传统书店能迎战的。一九八三年是杀气腾腾的一年，离解严尚有四年，那一年张大千辞世，一个颠沛流离时代的象征人物带走了半边天霞彩；而免洗餐具出现，即将带来外食界大变革；有一支叫"计算机鼠标"的鼠辈也刚刚诞生，几年后它成为每个家庭必备的"宠物"；我辈做学生时打工兼家教赚得生活费，除了买书之外必定要逛录音带店买一卷，放入录音机重复听 A 面 B 面，让披头士劝我们"Let It Be"的录音带遭遇到强敌，CD 出现了，不久，很多影音重瘾者包括我忍痛丢掉录音带与录像带，重新建置 CD 与 DVD；也就在这一年，台湾新电影引领潮流赚了我们不少钱、激发昂扬的自信心，而中文计算机发稿跨出惊天动地的第一步，从此铸字厂与凸版印刷向下萎落，气质温文尔雅仿佛来自熏风荷塘围绕着的书斋的"铅字"，注定步向衰广；铅字印成的诗集与书籍，字里行间仿佛听得到老灵魂的咏叹，行家读者纷纷哀悼铅字之死如同眼盲。金石堂书店就在这一年元月诞生，称得上是开了宁静革命第一枪。

一九八四年，承续前一年之革新态势也出现新事物，美式流行文化排山倒海进入台湾；麦当劳在民生东路开设第一家店，专指年轻、都会、专业的"雅痞"（Yuppie）一词开始流行，未来的篮球大帝，时年二十一岁的乔丹加入芝加哥公牛队，为 NBA 带来新里程碑。篮球非我所爱，但在潮流洗礼之下竟也买了关于大鸟博德的翻译书读了一阵；"雅痞风"占领新兴时尚根据地东区，艺文圈里老派的还是穿中山装、改良式旗袍出没于各文学奖决审会议，被评审的年轻作家要不就邋遢得像街友，要不就雅痞得让人讨厌，但同样认为老爷爷老奶奶压他们压得太久了；麦当劳带来的快餐文化开始影响儿童的口味，其窗明几净的用餐环境把路边摊贬至庶民生活底层。这一年台湾人口才一千八百万，电话机五百万台，从 1 至 0 转盘式黑电话机竟然没有磨光打电话者的耐心，人人都有一本自己的电话住址联络簿，上头用蓝笔黑笔红笔标记联络人的迁移记录；"行政院长"孙运璿中风的严重性只在政治高层造成山崩，庶民的我们大多不认识这人，多年之后才听闻，如果他不中风台湾的发展可能大改写，才认知一个人的血管也有"蝴蝶效应"。这一年，金石堂继续出手，在重庆南路书街大手笔开张城中店，具有历史风情的古迹洋楼有了新页，被视作本町通艺文荣景从近代进入当代之起点。

细数之下才发现，这两年发生的事联手把时代翻了页。

一九九八年有一部浪漫喜剧电影《电子情书》，汤姆·汉克斯与梅格·瑞恩继《西雅图未眠夜》被塑造成银幕情人后再度联手演出。二十年前正是手写书信走到尽头、E-mail 当红之际，两个在现实世界书店产业对垒的敌人竟在匿名的网络上结成好友，继而发展恋情。如今看来宛如上古史剧情，在当年却是大受欢迎且引发出版、书店行业热烈讨论的。电影里大型连锁书店将街角小书店逼至绝路的剧情让人对号入座；剧中，继承母亲经营小书店的凯瑟琳使尽招数反击，最终不得不结束营业，时势造英雄的另一面是时势吞噬落伍的人，"没有人能让情况好转"。这句台词揪痛许多人的心，原来我们这些写书做书卖书读书的人面对大环境变动是那么脆弱且渺小。最后一夜，凯瑟琳独自关灯，取下门上挂铃，回顾空荡荡的书架、柜子，昏暗中浮现小时候与母亲在店里共舞的情景。这一幕，让很多人在电影院流泪。最后，四十二年历史的铁门拉下，有一页永远翻过去了。

然而，谁能料想现代社会翻页速度如此之快，电影剧情换了戏服在现实上演，当年时势之所在竟也遭逢强敌，以台北重庆南路为例，几年之间一条书街摇身变成商务旅店，百年三层洋楼里的连锁书店竟也走到熄灯时刻；曾经一场场新书发布会在此举行，满墙作者签名见证了作者与读者喜相逢的盛况，这些怎么都留不住呢？岁月没有背叛谁，只是老了，跑不过翻脸无情的潮浪。

　　现今当道的潮浪不鼓励读书，甚至是扼杀阅读之可能性。读书，必须心情平静才看得进去，暴怒、狂喜、悲郁时都无法展卷。

　　这是一个裂解已成定局且相互为敌的时代，社会处于活火山状态，对生命意义、人生价值不感兴趣，却对寻仇灭敌充满亢奋。族群、党派、意识形态，兵发两路彼此对峙着，政治信仰独霸一切，理性萎缩了，斗争本能比病毒更容易传染、引动连锁反应，当它与着魔的自我中心结合，亲情、爱情、友谊也挡不了"顺我者昌逆我者亡"此种扭曲的思维，却自以为在替天行道。强烈地感受着自我的快意恩仇，却已无法感受他人的感受。

　　网络世界数字生活，改变了现代人际模式、生活惯性；集结在社群网站里的"伪社交"、全面启动的智能生活，我们面临重新定义自己的课题；什么都可以忘，唯有手机不能忘，没手机，进不了生活现场，岂止变成异乡人更要成为外星客了。如此潮浪下，怎能不重新定义"阅读"？轻薄短小的文字影音组合，超越"国际时空"边界，填满我们的分秒空隙。如果不警觉，一个重度手机瘾者，可以在社群里分享一切鸡毛蒜皮的事；包括早午晚临睡一天转寄五十个长辈图、琐碎日常（指头受伤贴创可贴照、炒菜照、新买衣服照）、养生保健、政党恶斗新闻、名嘴评论、好康折扣、笑话、谣言（假新闻）……如果一天收两百则，看过后转发给一百多组，收回应，再转发，这一天就用完了。

社会激情氛围与网络社群两股力量如火如荼，必然阵亡的就是传统定义下的纸质书，尤其是方砖似的以大量文字组成的思想结晶，被扫到生活辖区之外，我们不会问朋友：你多久没碰手机，也不会问：你多久没碰书？前者犹如呼吸无须问，后者犹如往生的宠物也不必问。

心静不下来，不耐烦思考，读书的人萎缩了。传统那条书链：写书人（作家）——出书人（出版）——卖书人（实体书店）——买书、读书人（读者），面临断裂。得到的是什么，失去的是什么，总是如此，在乎的人越来越少。

初夏黄昏，寻常周日，都会华灯转旺，寻觅美食或赶赴艺文约会的人群各有路径。我穿过二二八公园，赴一场熄灯会，步履称不上蹒跚，但也接近离情依依了。百年书店洋楼灯火灿亮，多寻常的初夏一日，却因人潮纷纷涌入而有着不寻常的盛况。特地前来甚至远道自中南部北上要一起度过最后一夜的读者啊，你们心里想的我都知道，社会要翻页了，"没有人能让情况好转"。除此之外，没有人能抹去我们珍藏着的记忆，关于一本书、一家书店如何丰润了人生。

最后一夜的最后一场惜别会，我朗诵了艾米莉·狄金森的诗《那天，我掉了一个世界》：

> 那天，我掉了一个世界
>
> 有人找到吗？
>
> 它的前额系了一排旱子，
>
> 你看了就认得。
>
>
> 有钱人——可能不会看它一眼
>
> 不过——对我俭省的眼睛，
>
> 却是比金钱更有分量——
>
> 喔阁下——请为我寻获它！

时间倒数，结束之前，我恳请现场读友一起诵读苏东坡《水调歌头》，用声情与诗情标记这最后一夜：

> 明月几时有，把酒问青天，不知天上宫阙，今夕是何年。我欲乘风归去，惟恐琼楼玉宇，高处不胜寒。起舞弄清影，何似在人间。
>
> 转朱阁，低绮户，照无眠。不应有恨，何事长向别时圆。人有悲欢离合，月有阴晴圆缺，此事古难全。但愿人长久，千里共婵娟。

但愿人长久，千里共书香。

这来自波动心绪与依恋情丝的爱书人声浪，海涛般拍打着这栋古迹洋楼，想必百年来唯一一次百多人在此同声朗诵，这惜别之音渗入砖墙缝隙会不会让老建筑之灵醒转也惜着人潮呢？诵至"人有悲欢离合"让人感伤，读到"但愿人长久"不少人红了眼眶。

我说，请允许我改最后两字作为今夜句点："但愿人长久，千里共书香。"在不被察觉的瞬间，书香二字让我动了离情。

十点，熄灯之际，书店创办人周正刚夫妇、董事长周传芳夫妇、第一任店长杨秋福先生、最后一任店长陈奕茹女士及全体工作同仁列队向读者鞠躬作别："谢谢光临"，此时此刻，这句话叫人伤感。

但愿人长久，但愿告别是重逢的开始：此处熄灯，他处开灯。

离开后，过马路，我回望百年洋楼，那么淡定优雅的建筑，

375

仿佛对夏夜人潮说："珍重再见，很庆幸成为你们生活的一部分。凡被留恋的，会再次回来。"

至于我，一个作者，挥别之后依然回到案前，捻亮台灯，接续未完成的故事。

一切已经发生，一切尚未发生。

"小阳·日栽书屋"，
心灵萤火虫复育的地方

二〇一八年仲秋，寒露前一日，屏东小旅行，大吉。

秋日早晨，台北微凉，对面山丘的栾树不久前才披上黄花树冠，一阵金雨之后，转眼间已结出玫瑰红蒴果。台北连日雨水，南台湾靠近巴士海峡的地方，据报阳光灿烂。

这趟文学之约是个意外。年初，进入书稿写作阶段，依照往例除了偿还旧债不安排活动。每本书的闭关时间往往超过一年，从穿着羽绒外套笔耕到坐在凉垫上挥汗打字，无心度日只想窝在稿田蜗步前进，连日常庶务都恨不得有一个助理一个管家帮我打点。有一天，来了一道邮件发出邀请，预约秋日演讲，来自屏东，名叫"小阳·日栽书屋"的地方。

屏东，当日一趟来回必须花去十小时。依照往例，回函应该是："感谢邀请，然因赶稿不克前往……"奇妙地，键盘前我迟疑了。台湾之南，风中之叶靠近叶柄的地方，推广书籍、深耕文化的伙伴们必定比资源阔绰的台北辛苦数倍，我既然连远在天边的成都、西安都去了，自己家乡屏东还有什么理由嫌远？于是回函变成"感谢邀请，欢喜赴约"。

左营高铁站，迎面而来的两位女子具有奇气，三四十岁，看起来青春能量尚有库存；一位是志工、此次委身当司机开车的瑜老师，一位是书屋的依芸店长。车程中，我问："为什么叫小阳日栽？"角色转换，她们说故事，我听。

店长兼员工的依芸，说起能在日式古迹房子开书屋，充满欢愉。清营巷那一区密布日式风格老军舍、官宅，积蓄着日本侵占时期及国民党来台军营进驻的历史风烟，如何活化、改造，使之成为具有在地特色，能说出屏东故事的新文创场域，考验着县府谋划与招揽人才的能力。曾在大学担任行政工作的依芸，寻思人生新方向，不能忘情对艺文的热爱，多年前向县府租下"清营巷一号"老屋，原屋主老伯伯是个雅士，将这栋八十年老屋养护得很好，正是推行艺文、图书的最佳根据地。老屋摇身变成一人独立经

愿阳光永远照着热情奉献的人。

营的书屋，从此，把门窗、前庭后院都打开。

　　隐身在巷子尽头，才下车，依芸快步开侧门进去，再打开红色大门正式迎接我，又赶忙拿出布帘挂上，一人分饰多角，克难得既自然又自在。"小阳·日栽书屋"招牌具有简约手感风情，挂在树荫下磨石墙上，像一个诚恳的人对你微笑。庭院虽不大，喜欢园艺的依芸一手整理花树，"日栽"不就是每天都要实作的意思吗？而干活当然是为了书籍为了艺术。如今，草地如茵，花树茂盛，六年前种下的扶桑树开满粉红、亮橘花朵，一个有昏黄灯光与温情的所在，可以招

八十年老屋，成为艺文驿站。

薜荔爬满屋墙，光阴在此结巢。

呼邻人进来翻一翻书，邀请过客坐一会儿，听一场演讲或音乐演出的舒心小屋。

屋前屋后花木扶疏，连最难管理的薜荔都以驯服的脚步爬满外墙与窗框。喜欢园艺的人必然也喜欢木作，屋内处处展示她的璞美品味以及手作木工成品。她说，前屋主老伯伯回来看过，很高兴她把这里变成艺文小屋。随国民党来台的老伯伯在这屋建立家园养儿育女，老迈了需搬迁，看到接手屋子的是个爱书爱古迹尊重文化传承的人，心中定有所托得人的安慰。心灵的后裔，超越血缘。

我问："能打平吗？"她坦言，为了坚持纯粹的艺文局面，必须靠接案来挹注，幸好今年有善心企业予以补助，才能顺利邀请各路名家前来参与。每一场聚会交流，每一次感动共鸣，背后都有一双勤奋的手，独自推着自己的心愿，心愿像一块石头上面坐满人，朝向一个名叫文学、艺术、音乐的地方慢慢前进。接着，石头上有人跳下来一起推，这些人叫志工。

午后的文学约会那么舒畅自由，初次相见变成知音重逢。说故事的人，听故事的人，沉浸在这八十龄老屋的情味里、芬芳中，仿佛文学族亲一起回到家，共话桑麻。

就让荒径上的心在这里休憩一会儿，让这本漫行过文学、人生的书停在小阳日栽书屋的澎湃绿意里。坐下来，被历史古迹包围，被盛放的花树迷眩，被爬墙的薜荔缠绕，被异类也是艺类、宛如普罗米修斯后裔的年轻盗火者感动；一双空空的手，凭着纯粹的信念与热情，把荒芜变成心灵萤火虫复育的茂林。

"这才是值得称颂的人，值得记忆的故事，这样的人生真好！"

我的文学族亲们，继续前行吧，让时间与风雨在后头追赶，把热情一半交给太阳一半托给月亮，相约，活在无怨无悔的喜悦里。